KB160398

대한민국, 가까운 오늘의 기록

정치 · 사회 · 국제 · 교육 편

대한민국, 가까운 오늘의 기록

정치 · 사회 · 국제 · 교육 편   **강규형** 지음

이담 Books

　필자가 학위를 마치고 귀국했을 때는 IMF 구제금융 시기였다. 서울은 잿빛 도시로 보였고, 삶은 팍팍했다. 그 당시 낙樂은 대학교에서 강사·비정규직 연구교수로 나의 천직인 '선생님' 일을 하면서 가르치는 보람과, 문화적인 취미생활을 간간이 하면서 글을 쓰는 것이었다. 다행히 여러 언론매체와 음악잡지에서 글 청탁이 들어왔고, 그 이후 꾸준히 나의 글쓰기는 계속됐다. 어떤 때는 그동안 익힌 지식과 문제의식을 가지고 한국사회를 분석하고 나름대로 옳은 방향을 제시했던 사회비평을 했고, 어떤 때는 초창기 힘든 생활 속에서도 문화를 향유하며 즐거운 글쓰기를 했다.

　동아일보, 조선일보, 중앙일보, 주간조선, 주간동아, 월간조선 등에 썼던 시사 칼럼들과 Classical CD Guide(구舊 월간음악), Choir& Organ, Stereo·Music, Club Balcony와 같은 음악전문지와 월간 '미르' 등에 썼던 음악칼럼을 비롯한 문화 이야기들을 모아보니 꽤 많은 분량이었다. 그래서 그중 선별된 글들을 가지고 21세기 초반기를 정리·분석하고 기록을 남기는 차원에서 두 권의 책을 발간했었다. 극히 일부분 오자교정이나 윤문을 하거나, 분량상 실리지 못했던 부분을 첨가한 경우도 있지만, 대개는 원문을 그대로 살렸다. 제목도 그대로 살렸지만, 편집자의 의견에 의해 바뀐 제목 중 원래 의도와 약간 다른 경우는 저자의 원래 제목으로 바꾼 경우도 있다.

『대한민국, 가까운 오늘의 기록 : 정치, 사회, 국제, 교육 편』은 『21세기 첫 10년의 기록』의 개정증보판이다. 이제 세월이 흘러 첫 십년decade이라는 용어를 쓸 수 없어서 개정증보를 하면서 제목을 아예 바꿨다. 자매편인 『21세기에서 문화와 예술을 바라보다: 음악, 문화, 예술, 스포츠 편』은 문화와 스포츠 분야를 다뤘다.

그동안 여러 과목을 가르쳐 왔다. 그런데 '역사와 문명', '음악감상법', '서양음악의 이해', '서양음악사', '현대세계의 이해'와 같은 과목을 가르치며, 학생들에게 프린트물의 형태로 해당 글들을 나눠주는 것은 비효율적인 측면이 있었다. 그래서 이번 기회에 수업을 듣는 학생들에게 잘 정리된 수업교재용 책을 제공하는 것도 괜찮은 일이라 생각해서 책을 출간하는 의미도 있다. 초판을 낸 후에 또 많은 글들을 발표해서 그 글들을 포함한 개정증보판을 내게 됐다.

그동안 필자의 글을 실어준 여러 매체들에 감사함을 느낀다. 그 과정에서 맺은 수많은 좋은 인연은 계속 이어져 오고 있고, 필자 인생의 큰 자산이다. 먼저 학문적인(또는 사적인) 토론과 대화를 통해 나의 지적 영감을 자극한 여러 분들에게 감사드린다. 필자의 나이를 초월한 예술을 사랑하는 친구들, 나의 사랑스럽고 자랑스러운 제자들, 그리고 이 책이 나오는 데 여러모로 도움 주신 모든 분들께 감사를 표하고 싶다. 무엇보다 필자에게 따뜻한 보금자리를 마련해 준 명지대학교에 느끼는 고마움은 각별하다.

마지막으로 2006년에 영면하신 아버님과 나의 글의 가장 '열렬한' 애독자인 어머님과 나의 가족들에게 마음속 깊은 사랑과 존경을 보낸다.

2013년 8월 남가좌동 연구실에서

강규형

제2부 사회경제

제3부 국제정세

제4부 교육·학술

국내정치

제1부

'2013년 체제론' 버려야 2013년 집권 가능하다

　지난 4월 총선에서 야권이 추구한 것은 야권 연대의 결성과 그것을 통한 '2013년 체제'로의 전환이었다. 이 연대는 민주당과 통합진보당뿐 아니라 무단 방북한 부의장 노수희를 통해 '위대한 령도자 김정일 동지는 영원히 우리와 함께' 운운하며 조화를 바친 범민련 남측본부 같은 골수 종북從北 등을 아우르는 '잡탕 연대'였다. 이들은 노무현 정부가 추진했던 한미 FTA와 제주 해군기지 건설 폐기를 핵심 정책으로 내세웠다. 이들 뒤의 자문 기구는 백낙청 교수가 주도하는 소위 '원로원탁회의'였고 여기서 '2013년 체제론'이 개진됐다. 그 안에는 복지·환경 등의 내용도 있지만 핵심은 한미동맹 해체, 북한 인권문제 제기 반대, 북한 핵문제의 통일 후 해결 등을 요구하며 세계 체제와 등을 돌린 폐쇄적이고 민중민주주의적인 '남북국가연합' 체제로 전환하자는 급진적인 주장이다. 이것은 상상력의 부족을 보여준 놀랍도록 구태의연한 발상이었다. "야당의 대통령 되겠다는 사람들은 색깔 공세를 각오하고 천안함(사건이 조작이라는) 문제를 들고 나와야 한다"는 백 교수의 주장도 맥을 같이한다.

　총선 압승이 눈앞에 보였을 때 야권 연대는 날 선 송곳니를 드러내며 기세등등했다. 그러나 정권 탈환을 위해서는 무엇이든 할 수 있다는 안이하고 원칙 없는 낡은 틀 안에 안주했기에 그들은 패배했고, 그 결과 야권 연대와 2013년 체제론이 흔들리고 있다. 2013년 체제론은 우파가 향후 계속 집권할 것이라는 이전의 '2008년 체제론'만큼이나 허망하다. 민주당은 자신의 후보를 대선에 내보낼 수 있을지조차 모른 채 이미 붕괴된 진보당과의 연대 대신에 안철수 교수와 새로운 연대를 애원하는 처량한 신세가 됐다.

총선 후 민주당의 대표대행이었던 문성근 씨는 범좌파 통합 추진 단체인 '백만민란民亂'의 설립자이기도 했다. 지난 총선 당시 부산광역시 북강서을 지역구 TV 토론회에서 자유선진당 조영환 후보가 "'백만민란'의 주제가를 지은 윤민석은 '김일성 대원수는 인류의 태양'이라는 노래도 만들었다"고 하자 문 씨는 "그랬어요?"라고 반문하며 "그런 사실은 몰랐다. 확인해보겠다"고 답했다. 그러나 아직도 이에 대한 답변은 없다. 윤 씨는 민주당가의 작곡가이기도 하다. 이러고도 대한민국에서 집권을 바라는가? 요즘 민주당의 로고를 바꾸느니 마느니 하는데 당가부터 먼저 바꿔야 하지 않을까. 또한 정강·정책의 서문 첫 문장에 '촛불 민심'을 들먹이는 정당이 미래를 지배할 수 있다고 생각하는지 민주당에 진지하게 묻지 않을 수 없다. 민주당은 바른말을 하며 새로운 '미스터 쓴소리'로 부각된 황주홍 의원이 충언忠言을 하듯이 내적 쇄신과 방향 전환을 통해 위기를 돌파해야 한다.

진보당은 어떤가. 고도 산업화를 통해 많은 도시 노동자를 배출한 한국은 좌파 정당을 하기 쉬운 나라다. 과거 민주노동당이 건전한 사회민주주의 노선을 견지했으면 30%대 지지는 쉽게 확보했을 것이다. 더 잘했으면 독일 사민당과 같은 수권 정당으로 발전했을 것이다. 그러나 습관적인 종북·친북親北 성향 때문에 민노당과 그 후신인 진보당은 무너졌다. 비교적 건전한 좌파 인사들조차 눈앞의 이익인 총선·대선에 눈이 멀어 종북주의자들과의 연대를 통해 쉬운 길을 가려 했고, 그 결과 진보 정당 정립의 길은 더 멀어졌다. 안타까운 일이다. 강하고 건전한 진보 정당을 만들고 싶었으면 훨씬 더 긴 호흡으로 갔어야 했다. 한국의 좌파 정당은 마르크스주의를 포기하고 개방적인 자유민주주의, 시장경제, 친미親美 친서방 정책을 포용한 서독 사민당의 1959년 고데스베르크 강령綱領과 같은 수준의 결단을 내려야 한다. 사민당은 이 혁신적인 정책 전환 덕분에 결국 집권에 성공했다.

백낙청 교수는 '2013년 체제 만들기' 출간 간담회에서 "만약 총선이 여당 승리로 끝난다면 이 책을 절판해야 할지 모르겠다"고 했다. 그렇다. 총선에 패하고도 아직 판매 중인 이 책뿐만 아니라 그 논리 자체를 절판해야 한다. 야권은 2013년 체제론이라는 허무맹랑한 관념을 극복해야 2013년의 집권 또는 미래의 집권이 가능하다는 역설逆說에 처해 있다. 야권의 연대 대상인 안철수 교수도 2013년 체제론을 어떻게 평가하는지 밝혀야 한다. 그의 책에 있는 '채찍만 써서 남북 갈등이 심화됐다'거나 '(천안함 폭침에서) 이견을 무시하는 정부 태도가 사태를 악화시켰다'는 주장은 2013년 체제론을 주장하는 자들이나 얘기할 만한 낡디낡은 화법이다. 대통령직은 대중의 감동을 쉽게 (어떤 때는 값싸게) 이끌어낼 수 있는 '무릎팍도사'나 '힐링캠프'가 아니다. 더 내공을 키워 더 균형 잡힌 사회관을 가지고 대권 경쟁에 임해야 하지 않을까.

<조선일보 아침논단> 2012.09.17

종북의 계보학 Ⅰ

1970년대 이전에는 북한의 국력이 남한보다 강했다. 그래서 당시 남한의 권위주의 정부에 대한 비판세력 중 일부는 북한을 대안으로 생각하고 추종했다. 이런 종북從北운동의 대표적인 예가 통일혁명당이었다. 통혁당統革黨은 북한의 직접 지도와 자금 지원을 받으며 대한민국 타도를 추구했다. 그 주도자 중 김종태 등 세 명은 사형당했고, 신영복 등은 무기징역 등을 선고받고 복역 중 전향서를 쓰고 석방됐다. 그러나 이들은 이제 와서 북한과의 연계를 부정한다. 반체제운동 할 때와 조사받을 때 보여준 그들의 '혁명적 패기'는 어디 갔나? 아니면 전향서가 허위였나? 일본의 적군파와 같은 공산테러운동을 추구했던 남민전南民戰은 이런 흐름의 연장선에서 1970년대 결성됐다. 이들은 북한에 도움과 지도를 요청했다. 그러나 북한 당국은 이들의 비조직적인 행동을 불신했다. 이번 총선에 당선된 이학영(민주통합당) 같은 이들은 혁명자금을 얻기 위해 강도 행각을 벌이다가 체포됐다. 한때 북한과 공산주의를 대안으로 생각한 것은 있을 수 있는 일이다. 그러나 각 사건 관련자들의 솔직한 고백과 명확한 입장표명이 필요하다.

1980년대는 종북운동의 전환점이었다. 광주민주화운동의 여파와 정통성을 결여한 전두환 체제에 대한 분노로 인해 대학가에선 급진주의 담론談論 투쟁이 전개됐다. 계급투쟁을 먼저 전개해야 한다는

PD민중민주주의파와 민족통일운동을 우선시하는 NL민족해방파이 대립했다. 이 투쟁에서 NL이 승리했고, NL 내에서는 북한의 주체사상을 신봉하는 주사파가 비非주사파를 압도하면서 최종 승리자가 됐다. 이들은 처음에는 북한의 지원 없이 자생적으로 생겨났지만, 이후 북한과의 연계가 이뤄졌고, 북의 지원을 받은 민족민주혁명당이 창당됐다. 그러나 '원조' 주사파인 김영환이 주체사상에 회의를 느끼고 민혁당民革黨을 해체할 때, "강철(김영환의 필명)이 고철 됐다"고 반발하며 민혁당을 재건한 잔당과 그 후예들이 요즘 물의를 일으키고 있는 통합진보당(통진당)의 당권파들이다.

생전의 황장엽 선생은 중소분쟁의 와중에서 줄타기하는 북한의 입장을 옹호하기 위해 자신이 북한에서 이론화한 주체사상이 남한에서도 유행할 줄은 몰랐다고 토로했다. 주사파들은 그저 북한 방송을 들으며 베낀 내용을 유인물로 뿌렸을 뿐이다. 그러나 어려서부터 '민족지상주의'라는 민족 담론의 영향을 받은 한국 청년들에게는 감성적·민족적 접근의 NL이 이론적 접근의 PD보다 더 입맛에 맞았다.

서구의 좌파는 공산주의와 결별하고 사회민주주의로 향하며 의회민주주의를 기초로 하는 자유민주주의의 품에 안겼다. 그러나 한국의 좌파 이론투쟁에서 공산계열, 그중에서도 NL, 그것도 가장 저급한 주사파가 승리한 것은 비극이었다. NL이나 PD 모두 진보가 아니다. 그들은 그저 진부陳腐한 퇴보退步일 뿐이다. 그들의 반미反美주의는 "미국만 없었어도 공산통일이 가능했다"는 것에 다름 아니다. '종북'은 원래 민노당 내 PD가 당권파인 NL을 맹비난하면서 분당할 때 사용해서 유행한 용어이다. 이렇게 종북 NL파를 비판했던 심상정 등 PD파가 아무런 해명 없이 종북파와 다시 손잡고 통진당을 만든 것은 원칙 없는 야합野合이었고, 지금 통진당 사태라는 비싼 대가를 치르고 있다.

안철수 교수의 부친에 따르면 안 씨는 "대한민국에 빨갱이가 어디 있느냐?"고 했다 한다. 안 씨는 훌륭한 벤처기업가이지만 정작 정치와 사상논쟁에 대해선 식견이 전혀 없는 '책상물림'임을 잘 보여주는 에피소드다. 아무리 좌파학자들에게 속성과외를 받아본들 무슨 소용이 있겠나? 이런 안이한 사회인식이 얼마나 위험한 것인지를 요즘 통감할 것이다.

그동안 종북주의자들은 자신들의 실체를 대중에게 잘 숨겨오며 여러 정당에 침투해 들어갔다. 시인 최영미는 '돼지의 변신'이란 시에서 이렇게 얘기했다. "그는 원래 평범한 돼지였다/감방에서 한 이십년 썩은 후에/그는 여우가 되었다… 감옥을 나온 뒤/그를 사람들이 높이 쳐다보면서/… 냄새 나는 돼지 중의 돼지를/하늘에서 내려온 선비로 모시며/언제까지나 사람들은 그를 찬미하고 또 찬미하리라…"

요즘 통진당 NL 당권파가 보여주는 경악스러운 민얼굴은 바람직한 현상이다. 민주주의와는 아무 상관없는 그들의 진면목이 낱낱이 드러나고 있으니 말이다. 당신들은 계속 자신들이 흠모하는 북한체제식 투쟁을 계속하시라. 그래야 순진한 사람들이 '돼지를 선비로 오인하는' 불상사가 없지 않겠는가.

<조선일보 아침논단> 2012.05.14

종북의 계보학 II

1980년대 대학가는 들끓었고 많은 학생이 체제전복 운동에 투신했다. 그중 일부는 개인적인 문제와 정신적인 결함을 체제에 대한 분노로 대리분출한 부류였다. 그러나 대다수는 '변혁變革'의 꿈을 가진 순수한 이상주의자이거나 정의파 열혈청년들이었다. 적어도 방탕한 생활을 하는 오렌지족들이나 벌거벗은 출세욕만 가진 학생들보다 이들의 인간성이 더 좋았다. 그러나 아쉽게도 그들은 자유민주주의적 가치의 결핍을 우리 사회의 문제로 생각하지 않았기에 자유민주주의를 추구하지 않았다. 대신 대한민국 체제전복이라는 전혀 다른 대안을 찾았다. 진보가 추구했어야 할 건전한 사회민주주의조차도 기회주의적 '개량주의改良主義'로 매도됐다.

그것은 잘못된 방향이었다. 오렌지족들은 그저 정신나간 오렌지족으로 남았지만, 여러 급진주의 이념에 투신한 청년 중 일부는 시간이 갈수록 괴물로 변해갔다. "목적이 수단을 정당화한다"는 논리는 그들의 일탈을 합리화시켜 주는 도구였다. 마치 제다이의 기사 아나킨 스카이워커가 어둠과 악惡의 화신인 다스 베이더로 변한 것 같은 가공할 변신이었다. 캄보디아 전체인구의 20% 이상을 학살하며 '킬링필드'를 연출한 크메르 루주 정권의 주역 폴 포트도 원래는 수줍음이 많은 평범한 교사였다. 사상이 그를 살인마로 만든 것이다.

요즘 통합진보당의 종북주의자 본진本陣이 보여주는 몰상식한 행태는 '공중부양' 강기갑 전 의원을 합리적인 정치인으로 보이게 할 정도이다. 그러나 본질적으로 통진당 사태는 '이상한 사람들'과 '더 이상한 사람들'의 당권黨權싸움처럼 보인다. 신당권파에도 종북從北 인사들은 많다. 임수경 의원의 폭언파동에서 드러났듯이 민주통합당에도 종북·친북 인사들은 꽤 있다. 북한이 만든 '통일의 꽃'이란 프레임에 왜 우리가 갇혀 있는가? 임씨는 기실 '통일의 장애물'이고 북한 정권에 이용당한 '친북親北의 꽃'일 뿐이다. 그런데도 한 고등학교 한국사 교과서는 1989년 문익환·임수경의 불법방북에 대한 정부 당국의 적법한 대처를 '탄압'이라고 왜곡 표현하고 있다.

19대 국회 이전에도 이미 많은 종북·친북인사가 이당 저당을 통해 국회에 입성했다. 민주당 대표였던 한명숙 씨 자신이 통혁당 사건으로 유죄판결을 받았었다. 임종석 씨의 사무총장 임명과 공천, 임수경·김용민 씨의 공천, 통진당과의 연대 등 민주당을 어려움에 빠지게 한 결정은 거의 한 전 대표의 작품이었다. 과연 원로운동가다운 행보였다. 공교롭게도 요번에 GPS 교란기술을 북한으로 유출하려다 구속된 이 모 씨는 통혁당 재건운동을 하다 1972년 검거된 비전향 장기수 출신이다.

민주당은 골수 주사파들이 작사·작곡한 당가黨歌부터 당장 바꾸는 것이 국민에 대한 도리일 것이다. 종북주의의 민낯이 속속 드러나는 이 상황에 그런 당가를 그대로 두고 대선을 치른다는 것은 정치적 자살행위에 다름 아니지 않겠는가.

대한민국 체제 부정자들은 자신들을 '민주화 인사'로 위장하길 즐긴다. 이들을 민주화 인사로 인정하고 보상금을 준 과거 정부의 잘못된 결정들이 이런 위장술을 도왔다. 그들은 전향해서 자유민주주의의 품에 안긴 옛 동지들을 '변절자 새×'라고 욕하며 저주한다. 김영환・최홍재(NL주사파 출신), 하태경・한기홍(NL비주사파 출신), 신지호・박성현(PD파 출신) 같은 전향자들은 각 계파의 미未전향자들이 과거에 한 일뿐 아니라 현재의 정체를 너무나 잘 알기 때문이다. 마찬가지로 남로당원이었다가 전향한 박정희 전 대통령도 공산주의의 본질을 꿰뚫어볼 수 있었다. 공산주의에서 전향하는 것은 폭력조직에 가담했다 빠져나오는 것보다 훨씬 더 어렵다. 용기가 없거나 어리석은 경우는 영원히 빠져나오지 못한다.

요즘은 민주사회를위한변호사모임(민변)이나 참여연대, 민노총 등에서도 종북주의에 대한 비판이 제기되고 있다. 그러나 그동안 종북주의자들과 탱고를 같이 춘 것은 그들이 아니었나? 일례로 작년에 적발된 '왕재산 간첩단 사건' 때 민변 변호사들은 증인에게 묵비권 행사를 요구하며 수사를 방해했고, "수사기관이 증거물을 몰래 심어 놓았다", "파일 내용은 조작됐다"고 억지를 부렸다. 또 민변과 여러 좌파 시민단체는 일제히 이 사건을 '정국돌파용 공안사건'이라고 매도했다. 이제 와서 느닷없이 종북주의 청산을 요구하기 전에 자신들의 행적부터 반성해야 하지 않겠나.

<조선일보 아침논단> 2012.06.18

윌슨주의를 따른 이승만, 레닌주의를 따른 김일성

20세기는 윌슨주의와 레닌주의의 경쟁 역사였다. 우드로 윌슨이 주창한 자유민주주의와 정치적 자결自決주의, 그리고 레닌이 주창한 전체주의적 공산주의라는 두 거대 사상의 대결이 20세기를 장식했고, 그 귀결은 윌슨적 가치의 승리였다. 1910년 미국 프린스턴대에서 한 야심 찬 한국 젊은이가 훗날 미국 대통령이 되는 윌슨 총장에게서 국제정치학 박사 학위를 받았고 윌슨의 정치적 이상도 전수받았다. 개화파의 막내로서 입헌立憲제를 주장하다가 모진 옥살이를 한 이승만이 유학 생활에서 조지워싱턴대 학사, 하버드대 석사에 이어 한국인으론 첫 박사 학위Ph.D.를 받은 것이다.

지난 10월 3일 윌슨의 이름을 딴 프린스턴대 우드로 윌슨 스쿨(공공정책대학원) 내에 이승만 홀이 명명命名됐다. 필자도 참석한 이 명명식은 차분하게 진행됐다. 마치 이승만이 스승이었던 윌슨의 품에 편안히 안긴 것 같은 느낌이었다. 순간 많은 생각이 스쳐갔다. 필자는 1980년대에 대학을 다니며 조직적인 '이승만 부정否定' 세뇌를 온몸으로 받은 세대다. 리영희 교수 등의 책을 읽으며 이승만에 대한 증오를 키워나갔다.

물론 이승만은 인간적인 약점이 많은 사람이었다. "나 아니면 안 된다"는 독선과 고집이 강했고 정치적 술수에 능했다. 신익희·조병옥 등 대한민국의 초석礎石을 함께 놓은 애국 인사들에게조차 권력을 나눠주는 것을 꺼렸다. 또한 너무 노년(73세)에 집권했고 거기에 장기 집권 문제까지 겹쳐 비극적 결말을 맞았다.

그러나 이런 과오는 그의 빛나는 공적과 같이 공평하게 다뤄져야 한다. 집단농장화나 문화대혁명 과정에서 수천만 명을 죽음으로 내몰고 나라를 파탄 낸 모택동에 대해 등소평은 이렇게 평가했다. "공칠과삼功七過三. 공이 7이라면 잘못은 3이다." 같은 기준으로 보면 이승만은 어떻게 평가돼야 할까. 아마도 '공구과일功九過一'이 아닐까.

길고 고달팠던 독립운동 생활은 물론 의무교육 실시, 자유민주주의 노선, 한·미방위조약 체결, 독도를 포함한 평화선線 선포 등 민주공화국의 초석을 놓은 그의 공적을 다 열거하기엔 지면이 모자란다. 그중 농지개혁만 언급해 보자. 대부분 국사 교과서는 '북한의 토지개혁은 무상몰수·무상분배였기에 성공적이었고 남한의 토지개혁은 유상몰수·유상분배였기에 불완전했다'는 식의 오류를 앵무새처럼 되뇐다. 그렇게 북北의 토지개혁이 성공적이었다면 왜 북한의 농업은 엉망이고 농민들은 국가 농노農奴와 같은 존재인가? 그리고 북한은 토지의 무상분배를 한 적이 없다. 토지의 소유권이 아닌 경작권만 줬을 뿐이고, 그마저도 나중에 집단농장화했다. 소유권 없는 자유는 존재할 수 없다. 반면 남쪽에서는 지주가 사라지고 자영농이 자라났다. 그리고 여러 경로를 통해 근대적 산업자본이 형성됐다. 반면 필리핀은 농지개혁과 근대화·산업화에 실패해 아직도 15대 지주 가문이 국부國富의 50%를 차지한다. 대통령도 배출한 아키노와 코후앙코 가문이 대표적이다. 다음 달 개관하는 대한민국역사박물관 건물은 원래 필리핀 회사의 감리로 1961년 세워졌다. 당시 1인당 국민소득이 우리의 3배였던 필리핀의 국민소득은 지금 한국의 10분의 1에 불과하다.

　이승만은 결국 자기 성공의 제물이었다. 그가 자신이 세운 자유민주주의 원칙에 위배되는 통치를 했을 때 교육받은 국민은 용인할 수 없었다. 경제 발전으로 먹고살게 되고 시민으로 성장한 국민이 박정희의 권위주의를 더는 못 받아들였던 것과 같은 이치였다. 그러나 이승만은 선각자였고, 윌슨의 이상을 따라 대한민국의 방향타를 옳은 방향으로 잡고 공산주의와 대결한 지도자였다. 역사는 결국 윌슨·이승만 노선이 레닌·스탈린·모택동·김일성 노선보다 옳았음을 증명했다.

　돌이켜 보면 '이승만 죽이기' 교육은 '1948년 체제'를 부정하려는 노력의 일환이었다. 대한민국 임시정부와 대한민국을 갈라놓으려는 시도도 많았다. 그러나 3·1운동의 정신으로 세워진 임시정부와 1948년에 수립된 대한민국은 통합된 과정의 산물이었다. 1919년은 정신적 건국이자 대한민국이 수태된 날이었고, 그 이후는 고통을 수반한 임신의 기간이었으며, 1948년은 합법적이고 자유로운 선거를 통해 대한민국이란 갓난아이가 탄생한 실질적 건국의 해였다. 그 중심부에 이승만이 있었으니 그는 임정과 대한민국의 첫 대통령이었다. 이렇게 난산難産 끝에 태어나 많은 시행착오를 거치며 소중히 성장해간 대한민국 체제를 부정하는 자들이나 그들과 야합하는 사람들이 대한민국을 주도하려 나서는 작금의 상황이 한심할 뿐이다.

<조선일보 아침논단> 2012.10.22

대한민국 정통 야당 어디 갔나

민주당은 "지려고 해도 지기 어려운 선거를 졌다"고 자책하며 "뼛속까지 개혁하겠다"고 다짐한다. 그러나 패배 원인에 대한 진단도 정확하지 못하고 절박함도 느껴지지 않는다. 과거에도 새누리당은 상대편도 놀랄 정도의 쇄신을 해온 데 반해 민주당은 늘 현실에 안주하는 태도를 보였다. 압승이 예상된 지난 총선을 지휘했던 한명숙 당시 대표는 종북본진從北本陣과 연대하는 등 온갖 자충수를 남발하며 민주당을 패배로 이끌었다.

실패에서 교훈을 얻지 못하는 학습 능력의 부족은 민주당의 고질적 악습惡習이다. 이후 자기 쇄신의 기회가 있었음에도 구태를 못 벗어났다. 안철수라는 돌발 변수의 도움을 받았지만 대선에서도 결국 패배했다. 혹자는 대선 후보가 문제였다고 책망한다. 그러나 문재인 후보는 민주당이 내놓을 수 있는 최상의 품격 있는 후보였고, 그나마 그였기에 48%의 득표가 가능했다.

문재인 전 후보는 선대위 해단식 날 '친노親盧의 한계와 진영 논리에 갇힌 것'을 패배 원인으로 꼽았다. 맞는 말이지만 다는 아니다. 자신들이 추진한 정책도 정략적인 이유로 뒤집어 불신감을 준 것도 이유의 하나였다. 2007년 대선 후보이기도 했던 정동영 의원은 2011년 10월 20일 국회 외통위에서 어색함을 감추지 못하고 이렇게 발언했다. "(한·미 FTA를 타결한 것은) 참여정부 맞아요. 뭐… 어… 거기에 대해서… 어… 개인적으로 잘 몰랐고!" 참여정부의 핵심이었던 분이 그 중요한 내용을 잘 모르고 찬성했다고? 제주 해군기지 등에 대한 의견도 뒤집으면서 정 씨도 민주당도 망가져 갔다.

민주당의 제일 큰 패배 이유는 현실 감각을 상실한 구시대 인물들을 진영의 멘토로 떠받들며 '2013년 체제론' 같은 허무맹랑한 논리를 모토로 삼고 눈앞의 이익을 위해 대의大義를 저버린 것이다. 빛나는 자유민주주의적 정통 야당의 전통에서 완전히 이탈했고, 반反대 한민국 세력과 연대를 끝내 버리지 못했다. 더욱이 '6·25는 미국이 기획하여 주도한 한반도 파괴 전쟁'이라고 주장한 이수호 전前 전교조위원장을 서울시 교육감으로 지지했다. 그것은 많은 사람에게 야권 연대 집권 후에 올 근본주의적 '탈레반 정권'의 탄생과 그 후유증을 염려하게 하였다. 필자의 한 지인은 줄곧 민주당 지지자였지만 이번에 야권에 투표하지 않았다. '통일부장관 임수경, 문화부장관 공지영, 법무부장관 조국 또는 이정희, 청와대 대변인 김용민….' 야권 연대 집권 시에 칼춤 추며 설칠 사람들과 직책이 오버랩돼 현기증을 느꼈기 때문이라고 그는 토로했다.

민주당은 사실 2007년 대선의 참패 직후에 혁신을 해야 했다. 그러나 광우병 난동 때 중심을 못 잡고 시류에 영합하면서 편리한 과거 방식으로 돌아갔다. 대중의 폭력에까지 편승했다. '뉴민주당 플랜' 같은 개혁안은 휴지통에 들어갔다. 필자는 야권에 서독 사민당의 혁신안이었던 1959년 고데스베르크 강령綱領을 참고하길 권했다(조선일보 '아침논단' 2012년 9월 17일자). 이 정도의 개혁이라야 뼛속까지 개혁이라고 할 수 있지 지금 정도의 자성自省은 화장 고치기에 불과하다. "국민이 무식해서 졌다"는 토로는 2007년 대선 때의 '못된 국민,

노망 난 국민' 같은 못난 변명을 연상시킨다. 아직도 남 탓인가?

문재인 전 후보는 자신을 '역사의 죄인'이라고 표현했다. 그의 역사적 죄罪라면 과거 NLL을 부정하고 그것에 대해 거짓말한 것일 수는 있어도 선거에서 선전 끝에 패배한 것일 수는 없다. 자기들만이 선善이라는 것은 그 얼마나 독선적이고 오만한 생각인가?

민주당은 잘못된 가치관과 노선을 고수했기에 '지려 해도 질 수 없는' 선거를 '이기려야 이길 수 없는' 것으로 만들어버렸다. 이제 민주당은 정통 야당의 정신으로 돌아가야 한다. 신익희·조병옥·김홍일 장군·박순천 등의 전통이 바로 그것이다. 독립운동 경력이 있으며, 1948년 대한민국 건국의 초석이 됐고, 이후 정통 야당을 이끌던 인물들이다.

선택은 간단하다. 대한민국 체제 내의 (미국 민주당식) 리버럴 정당으로 가든지 (영국 노동당식) 사회민주주의적 건전 좌파의 길을 가는 길이 그 하나요, 지금처럼 체제 내에 도저히 통합될 수 없는 잡탕 정당으로 연명하는 길이 다른 하나다. 5년 후에 다시 원로 원탁회의 같은 것을 결성하며 '2012년 어게인'의 결말을 맞고 싶은가? 그렇지 않다면 민주당은 전면적 노선 전환과 내적 숙정이 필요하다.

그럴 용기가 있는가? 이번에 비상대책위원장에 선출된 문희상 의원은 다행히 정통 야당의 핏줄을 갖고 있는 분이지만 다른 비대위원들은 기대에 한참 못 미쳐 걱정이다. 민주당이 건강해야 대한민국이 건강해진다.

<조선일보 아침논단> 2013.01.17

신부님 우리들의 신부님

조반니노 과레스키의 소설 '신부님 우리들의 신부님' 시리즈는 1979년부터 1980년대 초까지 한국 출판계를 강타한 베스트셀러였다. 이탈리아 한 시골 마을의 교구신부인 돈 카밀로와 읍장인 공산주의자 페포네의 갈등을 코믹하게 그린 이 소설에서 '신부님'은 거칠지만 따뜻한 캐릭터로 사람들의 존경과 호감을 사는 인물로 묘사된다.

그런데 요즘 우리 주위에선 일부 신부神父들의 정치선동 때문에 성당에 나가기 싫다는 천주교 신도들을 많이 본다. 선동 레퍼토리도 다양해 한미 FTA 반대, 4대강 사업 반대, 해군기지 건설 반대 등의 사안을 두루 아우른다. 연전에 정진석 추기경께서 4대강 사업 반대가 천주교회의 공식입장이 아님을 천명하고 다른 한편으론 북한의 현실을 비판했을 때 정의구현전국사제단은 즉각 이를 '추기경의 궤변'이라 비판하고 그를 '골수 반공주의자'라고 매도했다. 일부 사제들은 추기경의 사퇴까지 요구했다. 이때 천주교 신자인 한 지인이 "4대강 공사야 이들 신부보다야 서울대 공대 출신인 추기경께서 뭘 알아도 더 잘 알지 않겠느냐"고 농담을 했던 기억이 난다.

가톨릭은 존경받는 역대 추기경들의 높은 권위와 상대적으로 우수하고 엄격한 사제들의 교육 등으로 우리 사회에서 신도 수보다 더 큰 위상을 갖고 있다. 권위주의 체제 시절 천주교 정의구현사제단은 양심의 등불이었다. '박종철 고문치사 사건'을 용감히 밝힌 그들은 존경의 대상이었다. 당시 사제단 대표였던 고故 김승훈 신부에게 "신부님, 자랑스러운 우리 신부님. 우리는 신부님을 사랑합니다"라고 앞서 언급한 소설 제목이 패러디된 카드가 전달돼 화제가 됐었다. 그러나 민주화 이후 낄 때 못 낄 때를 구별 못하고 좌충우돌하는 그들은 더 이상 존경받지 못하고 있다. 올해 초 수원교구의 한 신부는 '해적'이라는 문구가 들어간 제주 해군기지 반대 만화를 나눠주고 "연평도 포격은 북한이 한 일이 아니다"라고 주장했다가 이에 대해 이의를 제기한 중학생 신도를 폭행한 혐의로 고소당하는 처지가 됐다.

어느 나라나 성직자들이 일으키는 여러 문제야 어제오늘의 일이 아니다. 그런데 천주교 사제들에겐 그들이 감내해야 할 고뇌의 정도가 큼을 알기에 어느 정도의 인간적인 일탈에 대해선 관대함이 허용되는 분위기도 있다. 콜린 매컬로의 소설 '가시나무 새'에서 신부님과 여신도 사이의 정신적·육체적 사랑도 용서받지 못할 계율위반이라기보단 '인간적인 사랑'으로 그려졌다. 그러나 세계적으로 천주교계의 가장 큰 골칫거리인 사제들의 아동 성추행 같은 천인공노할 일에 관용이 허용돼선 안 된다.

그런데 한국에서 이에 버금가는 가증스러운 일이 벌어졌으니, 바로 천주교 인권위원회와 정의구현사제단이 노무현 정부 시절인 2003년 11월 "1987년 KAL기 폭파 사건은 조작된 것이고 정부가 폭파범이라고 한 김현희는 가짜"라는 선언문을 발표한 것이었다. 당시 신부들의 선창先唱에 맞춰 MBC를 필두로 한 각 방송사들이 이 선동에 미친 듯이 가세했다. 요즘 파업하는 방송인들은 그때 무엇을 했던가 묻고 싶다. 과거사위원회들도 이 황당한 주장을 조사하느라 많은 국고를 낭비했다. 이들 위원회에서 조사를 개시한 위원장들은 공교롭게도 성직자인 오충일 목사와 송기인 신부였다. 요즘 재차 주목받는 이 사건에 대해 당시 조작이라고 주장했던 신부들은 비겁하게 답변을 회피한다. 북한 외무성 리근 미국국장은 2007년에 "우리는 KAL기 테러 이후에는 테러한 적이 한 번도 없다"고 말하며 그 사건이 북한의 소행임을 인정했다.

과거 인권운동과 반정부 운동의 리더였던 고故 지학순 주교는 1985년 남북 이산가족 상봉 때 북한을 방문해 어린 시절 성당을 같이 다녔던 여동생과 감격적인 해후를 했다. 그러나 여동생은 "수령님이 하느님이요, 우리 공화국이 바로 천당인데 왜 오빠는 천주교를 믿느냐"고 면박을 줬다. 지 주교는 큰 충격을 받고 돌아왔다. 남쪽에서 그가 항거한 권위주의 체제보다 몇 만 배 더 혹독한 북쪽의 현실을 보았기 때문이다. 과레스키의 소설 속 신부님은 공산주의자와 투쟁하지만 한국의 일부 신부들은 거짓 주장을 하며 오히려 북한 정권이나 종북주의자들이나 좋아할 일을 하지 않았는가.

양심을 가진 천주교인들은 신부님들에게 고해성사를 하며 회개한다. 이제는 신부님들이 공개적인 고해성사를 할 차례다. 신부님 우리들의 신부님! 우리는 KAL기 폭파 사건이 정부 조작이라고 매도한 일에 대해 그대들의 회개를 들을 준비가 돼 있소. 회피하거나 침묵하지 마시오. 어차피 이 사건의 진상조사특위 구성이 추진되고 있습니다. 지금이야말로 당신들이 처절한 양심의 고해告解를 해야 할 때가 아닌가요.

<조선일보 아침논단> 2012.07.16

안철수, 지름길보다는 좀 더 먼 길이 낫다

컴맹에 가까운 필자는 안철수 씨에 대해 경외심을 가졌었다. 자기 분야에서 더 큰 공헌을 할 인물로 기대했다. 그러나 그의 근래 행적은 필자의 기대를 한참 벗어난 듯하다. 그는 오래전 단국대 의대 교수직을 그만둘 때 "교수가 학생 몰래 다른 일을 하면 학생은 불행한 것"이라고 했었다. 그러나 안 씨는 다시 교수가 된 후엔 본연의 책무인 교육과 연구보다 무슨 콘서트니 하는 외부 활동과 방송을 통한 인기몰이, 즉 '다른 일'에 더 신경을 썼다. 외부 강연에선 '세계적 석학'이란 낯 뜨거운 수식어가 현수막을 장식했다. 하지만 그가 세운 안랩의 성과는 철저히 국내용이지 국제적으로 선도하거나 통용되지 않는다는 점은 자신이 가장 잘 알 것이다. 그러다가 느닷없이 한국 사회의 문제를 일거에 해결할 기세로 전혀 경험이 없는 정치에 뛰어들어 이젠 대통령 후보까지 됐다. 솔직히 혼란스럽다.

안 씨 측은 많은 검증이 들어오자 "왜 안철수 후보를 성인군자 취급하느냐"고 반발했다. 하지만 솔직히 얘기해보자. 안 씨가 성인군자처럼 보이게 한 것은 바로 본인 자신 아니었나? 토크쇼나 저서·강연에서 보여주고 싶은 부분만 보여주거나 띄워주는 분위기 속에서 과장과 왜곡이 있었다. 일례로 교과서에도 소개된 '바이러스 연구를 하느라 밤을 새우다가 군대 내무반에 들어가고 나서야 가족에게 연락하지 않은 것을 알았다'는 '신화神話'는 허구임이 밝혀졌다.

그런데 위키백과에는 같은 내용이 아직도 수정되지 않고 있다. 자라나는 새 세대에게 허구를 가르치지 않으려면 안 후보 자신이 그 대목의 삭제를 요구해야 하지 않겠나.

그의 주장엔 타당한 내용도 많다. 그러나 1980년대의 대학 신입생이 선배에게서 '사회의 부조리'에 대한 학습을 받고 나서 사회 개혁을 외치는 듯한 느낌이 들기도 한다. 그 시기를 격하게 경험한 486들은 설익은 감성만으로는 사회문제가 해결될 수 없다는 것을 안다. 그러나 안 후보처럼 그 시대를 제대로 경험하지 못한 '늦깎이 486'들은 뒤늦게 그런 감성에 사로잡히기 쉽다.

그의 화법도 모호하다. 이것도 틀리고 저것도 틀리고, 이 말도 맞고 저 말도 맞는다는 편리한 주장을 펼 때가 많다. "제주 해군기지는 국가 안보 차원에서 필요하다"면서도 "대통령이 되면 주민 말씀을 다시 한 번 경청하고 사과드리겠다"는 식이다. 그러니 이리저리 간만 보고 듣기 좋은 얘기만 하는 '간철수'란 별명을 얻었다.

그러나 국가의 최고 지도자는 그런 안이한 얘기를 하는 자리가 아니고, 결단을 내리고 책임을 져야 하는 고독한 자리다. 옳은 결단을 내리고도 욕을 먹을 수 있다. 갑자기 나타나 충분한 검증 없이 고도의 전문성과 경험이 요구되는 직책을 달라는 것은 국민에 대한 예의가 아니다. 변칙적인 방식으로 정치에 뛰어들었고, 국회의원·시장부터 차근차근 올라가는 수련 과정도 생략했다. 혹자는 오바마 미국 대통령도 혜성처럼 나타났었다고 말한다. 그러나 오바마는 대통령직에 도전하기 전에 주州 상원 의원과 연방 상원 의원을 거쳤다.

안 후보는 몇몇 사안에 대해선 함구하거나 대답을 꺼린다. 어떤 사안은 위험한 인식도 있다. 대한민국 발전의 혜택을 온몸으로 입고 살아왔는데도 거기에 대한 감사의 표시는 거의 없이 비판만 하는 '강남 좌파'적 성향도 있다. 최근 문재인 민주당 후보는 국기나 애국가를 부정하는 세력과 연대하지 않겠다고 천명했다. 그러면 지난 총선 때는 왜 종북 세력과 연대했는가. 민주당 내에도 그런 사람들이 있는 것은 어찌할 것인가. 안 후보도 대한민국 부정 세력에 대한 입장을 명확히 밝혀야 한다. 안 후보의 '300명이 넘는 멘토'와 캠프 내에도 문제 있는 사회관·역사관을 가진 사람이 없지 않다.

안씨가 우리 사회의 인재임은 확실하다. '안철수 현상'은 새로운 대안 세력을 만들고 싶은 사람들의 열망의 산물이기도 하다. 입문 과정은 잘못됐지만 이왕 이 길에 들어섰고 "돌아갈 다리를 불살랐다"고 하니 정치에서도 업적을 이루길 바란다. 그러려면 어색한 단일화 놀음이나 할 것이 아니라 독자적인 자신의 토대를 구축해 새 정치 세력을 창출하는 승부를 걸어야 한다. 그것이 대다수 안 후보 지지자들이 바라는 바일 것이다.

안 후보는 어쩌면 대선에서 승리할 수도 있다. 그러나 본인과 나라를 위해 지금보다 훨씬 깊은 내공과 경험을 쌓고 더 균형 잡힌 역사관·사회관을 갖춘 후에 국가 지도자가 되는 편이 나을 것이다. 그는 아직 나이가 젊고 배워야 할 것도 많다. 진정으로 건전한 정치 세력을 만들려면 지름길보다는 좀 더 먼 길을 가는 것이 현명한 선택 아니겠는가.

<조선일보 아침논단> 2012.11.23

안철수가 돌아왔다, 자백했다, 그러나 아직도 멀었다

안철수가 돌아왔다. 서울 노원병 보궐선거에 뛰어들어 동분서주한다. 그는 며칠 전 "이런 과정을 안 거치고 정치했다면 실수를 많이 할 뻔했다"며 "(대선) 당시에는 공중에 붕 떠 있었던 것 같다"고 했다. 맞는 말씀이긴 한데 그 얘기를 들은 필자는 "그걸 이제 아셨는가?" 하는 허탈한 생각이 우선 들었다. 그러나 곧 (안 씨 본인도 일부 인정하듯이) "이렇게 아마추어리즘의 극치를 달리는 분이 대통령이 됐을지도 몰랐잖아?" 하는 섬뜩한 느낌이 들었다. '안철수의 생각'이란 책은 구름 위에 붕 떠 있을 때 쓴 것인 셈이다.

필자는 작년 대선에서 안 씨에게 "지름길보다는 좀 더 먼 길이 낫다"(아침논단 2012년 11월 23일자)는 조언과 함께 정치적 경험과 식견을 더 쌓을 것을 주문했다. 내 글을 읽고 결심했을 리는 없지만 공교롭게도 그 글이 나간 날 저녁에 안 씨는 후보 사퇴를 했다. 안 씨는 요즘 자신의 경험 부족을 절감하며 전과는 달리 밑에서 차근차근 밟아 올라가려는 자세를 보인다. 그렇다면 대선 때에 "정치 경험이 없는 것이 장점"이라고 호언했다가 이제 와서 정치 경험을 쌓겠다는 모순에 대해 설명해야 한다. 과거의 치기稚氣 어린 주장이 틀렸음을 인정해야 한다는 뜻이다.

나에겐 안 씨를 볼 때마다 대비되는 사람들이 있다. 과학기술계에서 안 씨보다 훨씬 더 높은 위상을 가졌던 김종훈 전 미래부장관 내정자도 그중 하나지만, 더 큰 의미를 갖고 다가오는 인물들이 있다. 세계사에 이름을 확실히 남긴 두 우주 비행사, 닐 암스트롱Armstrong과 존 글렌Glenn이다. 두 사람은 우연히도 같은 오하이오 주 출신으로 6·25전쟁에서 전투기 조종사로 같이 활약한(각각 78회와 63회 출격 기록) 참전 용사이기도 하다.

작년 8월에 타계한 암스트롱은 1969년 달에 첫걸음을 디딘 인류 역사의 영웅으로 엄청난 인기를 얻었다. 많은 사람이 정치인이 되길 원했지만 그는 거절하고 신시내티 대학 항공우주공학과 교수 등 과학기술자로서 본업에 충실하며 조용한 생애를 살다가 조용히 타계했다. 그러기에 그의 삶은 더 빛난다. 물론 그가 정치에 나섰어도 좋은 일이었다고 생각한다.

글렌의 행보는 약간 달랐다. 1962년 2월 미국 역사상 처음으로 지구 궤도를 비행하고 귀환한 뒤 그가 누린 인기는 하늘을 찔렀다. 뉴욕 브로드웨이에서 펼쳐진 그의 퍼레이드에는 역사상 가장 많은 색종이가 뿌려졌다. 그 후 본업인 군인으로서 역할에 충실하다가 해병대 대령으로 전역한 뒤 정치에 뜻을 품고 지역 정치부터 시작했다. 상원의원 예비 경선에서 패배를 맛보기도 했지만 결국 1974년 오하이오에서 상원의원으로 당선되고 미국에서 상당히 영향력 있는 정치가 중 하나로 차근차근 성장했다.

1984년 대선에서 민주당 경선에 참여했다가 떨어졌지만 그는 여전히 국민의 존경을 받았다. 특히 그의 마지막 상원의원 임기 말인 만 77세라는 고령에 우주 비행사로 자원하고 합격해서, 1998년 10월 우주왕복선 디스커버리호에 승선해 최고령 우주 비행사로 기록됐다. 우주 비행을 하는 도중에 상원의원 임기 24년을 끝내는, 세상에서 가장 멋진 은퇴 세리머니를 갖기도 했다. 2012년엔 오바마대통령에게서 국가 최고훈장인 <대통령 자유메달>을 수여받았다.

안 씨는 이미 암스트롱이나 글렌의 길을 가기엔 너무 엇나갔다. 개인이나 사회로서나 아쉬운 일이다. 그러나 이제라도 그들에게서 배울 점이 있다. 자신의 본분을 지키고 능력 이상의 일은 벌이지 말라. 정치에선 차근차근 정도正道를 걷고, 혹시 원래 꿈을 이루지 못한다고 해서 낙담하지 말라. 당을 만들지도 당에 입당하지도 않고 혼자 하는 정치는 한계가 있다. 성공한 기업가 출신으로 한때 선풍적 인기를 끌었던 로스 페로Ross Perot도 처음엔(1992년) 무소속으로, 다음엔(1996년) 자신이 급조한 '개혁당'으로 대선에 임했지만 두 번 다 한참 처진 3등에 머물렀다. 페로도 개혁당도 정치 지도에서 사라진 지 오래다.

안 씨는 자신의 행적을 점잖게 윤색潤色하고 선전하는 능력이 있다. 자신을 과대평가하는 듯도 하다. 안 씨의 과거 군 입대 에피소드 허구는 아직도 고등학교 국어 교과서(금성출판사) 등에 버젓이 실려 있다. 진정한 정치를 하려면 이런 낯 뜨거운 오류부터 시정하고 새로이 시작할 일이다. 김지하 시인도 '깡통'이라 표현했듯이, 안 씨의 정치는 아직 '치유' 차원에서만 맴돌고 원대한 비전과 냉철한 현실 인식은 행방불명이다. 일례로 현 북핵 위기 상황에서 과거 안 씨 특유의 어정쩡한 양비론이 먹혀들긴 어려울 것이다. 안 씨가 진정한 정치 지도자와 개혁가가 되려면 훨씬 더 많은 수업료를 지불해야 할 것 같다. 안 씨의 심기일전을 기대한다.

<조선일보 아침논단> 2013.04.15

두 公人의 허위―노태우와 윤이상

2억 원을 '선의'로 줬다는 곽노현 서울시교육감의 발언이 화제다. 곽 씨는 원치 않는 곳에서 '무상급식'을 받을 수도 있는 위기에 처했다. 인간은 결국 위선의 삶을 산다고 한다. 모든 인간은 하루에도 여러 번 거짓말을 한다고도 한다. "인생은 연극이다." 페르소나persona · 인격는 희랍어로 가면이란 뜻이다. 그러나 공인公人의 발언과 행동의 허위는 다른 차원의 문제다. 최근 전혀 성격이 다른 두 공인의 허위가 눈에 띈다.

노태우 회고록이 나왔다. 회고록을 써서 후세에 남기는 것은 좋은 관행이다. 더구나 이 책은 여러 사람의 도움을 받아 공들여 준비한 티가 역력하다. 필자는 노태우 씨가 저평가된 전직 대통령이라 생각한다. 혹자는 그의 치적인 민주화의 진전과 북방정책이 단지 시대의 흐름에 떠밀려서 한 것이라 평가절하한다. 그러나 시대정신에 역행하는 정치지도자가 어디 한둘이었던가. 12 · 12쿠데타와 5 · 17을 논외로 하고 대통령 시절만 본다면 그는 공적도 많은 대통령이었다.

그러나 아쉽게도 전직 대통령의 격에 맞지 않는 허언虛言이 책에 꽤 있다. '미운 놈 하나 조지기'도 균형을 잃은 서술이다. 자서전이란 원래 자기 관점에서만 유리하게 쓴다지만 너무 심한 부분이 많다. 수천억 원에 이르는 부정축재에 대한 서술은 낯 뜨겁기 짝이 없다. "통치자금"으로 모아둔 것을 후임자(김영삼)에게 전달하려 기회를 놓쳐 그냥 가지고 나왔다는 변명은 어이를 상실케 한다. 차라리 퇴임 후 영향력 유지와 '다른' 사적 용도로 쓰려 챙긴 것이라 솔직히 고백하는 편이 나았을 것이다. 공식적으론 "29만 원밖에" 없다는 전두환 씨도 실제론 막강한 자금력으로 영향력을 어느 정도 유지하고 있지 않나.

친동생, 조카에게 "맡겨둔" 비자금을 찾으려 벌이는 인척간 법정투쟁은 또 뭔가. 전직 대통령이 국민에게 절대 보여줘선 안 될 볼썽사나운 모습이다. 미국에 체류하던 노 씨 가족이 거액을 불법 분할예치했다가 유죄 선고를 받고, 미국 당국의 가택수색에서 돈다발을 묶는 스위스은행 띠가 나온 것 등 더 민망한 예도 많지만 전직 대통령에 대한 예우상 이쯤 해두자.

고 윤이상 씨는 자칭 권력의 "피해자"였다. 그는 1963년 평양으로 비밀리에 불법 입북하는 등 북한과 밀접한 관계를 유지했다. 그 대가로 10년형을 받은 후 동백림 사건(1967년)이 조작이라 강변했다. 윤이상평화재단도 계속 그렇게 주장한다. 그러나 당시 수사가 엄혹했던 것은 맞지만 조작이 아니라는 것은 뒤집을 수 없는 팩트다. 이 사건은 당국의 기획이 아니라 북한에 포섭됐던 임모 교수의 자수로 시작됐다. 그런데 윤 씨는 엉뚱하게 임 교수를 이중 스파이라고 근거 없이 매도하며 자신의 과오를 덮으려 했다.

오길남 씨 가족송환운동으로 윤 씨는 다시 화제의 중심에 섰다. 오 씨는 윤 씨의 권고로 가족과 입북했고, 탈북 후에는 윤 씨로부터 재입북 협박을 받았다고 한다. 협박에 사용한 것이 북한에 남겨둔 가족의 서신, 사진, 녹음테이프라 한다. 윤 씨가 전한 오 씨 부인의 서신엔 "(북한에) 돌아와도 괜찮을 것 같다"고 쓰여 있었고, 윤 씨는 부인의 뜻에 따르라고 윽박질렀다고 한다. 반면에 윤 씨는 자신은 오히려 오 씨 가족 송환에 노력했으나 오 씨가 북한 체류 시 "차관급"이어서 불가능했다고 주장했다. 또한 오 씨가 가족사진을 보며 "히히덕"거리며 가족에 대해선 이미 잊었다고 말했다 강변했다. 두 사람의 상반된 주장 중 누구 말이 더 맞을까. 둘 중 하나는 분명 인간 이하다.

그런데 북한에선 차관급을 대남방송요원이나 공작원으로 쓰나. 북한 체제의 비호를 받으며 김일성을 찬양하기 바빴던 윤 씨가 사진과 서신을 보여주며 재입북을 강요했을까 아니면 가족 송환을 위해 노력했을까. 상식적인 판단에 맡기자. 평생 "자유, 순수, 화합을 추구했다"고 자부하는 사람이 남의 자유를 속박하는 데 협조했다면 천벌을 받을 일이다. 공교롭게도 북한 수용소에 들어가 생사를 알 수 없는 오 씨 부인은 윤 씨와 같은 경남 통영 출신이다. 참고로 윤 씨 부부는 김일성을 만난 순간 "분단된 조국의 운명을 짊어지고 꿋꿋이 걸어 나가는 김 주석의 모습에 감격해" 눈물을 흘렸다. 더 심한 예도 많지만 역시 예술가에 대한 예의로 이 정도에서 그치겠다.

세계적 작곡가 윤이상을 기리는 통영국제음악제는 계속돼야 한다. 대한민국은 열린 사회다. 그러나 "평화운동"이니 "민족에 대한 사랑과 화합, 화해의 세계를 추구했다"느니 하는 위선적인 문구는 삭제하자. 윤이상기념공원 기념관도 그냥 두자. 그러나 그가 "애국자"라는 허구도 역시 수정돼야 한다. 아쉽게도 그는 북한의 애국자였지 대한민국의 애국자는 아니었다. 공인의 허위는 사람들을 불편하게 만든다.

<동아일보 동아광장> 2011.09.02

야권, 천안함 逆안보장사에 책임져야

다가오는 3월 26일은 우리 해군 장병 46명이 차디찬 바다에서 순직한 천안함 폭침 2주년이 되는 날이다. 최근 이해찬 전 국무총리는 정부가 천안함 사건을 2010년 지방선거용으로 "많이 악용했다"고 주장했다. 물론 과거 권위주의 정권 때 여론 조작을 하려고 '안보장사'를 한 일이 많고, 그 결과 국민의 불신 분위기가 확산된 것은 우리 사회가 풀어야 할 숙제이다. 천안함은 방어선이 뚫린 것도 문제요, 당황해서 조사 처리가 매끄럽지 못했던 것도 문제였다. 그러나 오히려 이 사태를 이용한 '역逆안보장사'가 횡행했고, 선거에서 폭침을 부정한 사람들이 이득을 봤다.

작년 분당 보궐선거에서 손학규 당시 민주당 대표는 천안함 사건에 대한 의견 표명을 요구받자 "정부 발표를 믿는다고 했다. 그 질문을 하는 의도가 무엇이냐? 그렇게 해서 색깔론을 제기하자는 건가" 하고 반발했다. 손 씨야 그랬을지 몰라도 그동안 야권 전체의 행태를 보면 전혀 그렇지 않았다. 합리적인 의심과 비판은 건전한 것이다. 그러나 천안함 관련 의혹 제기는 정도를 넘어섰고, 집요하게 북한을 옹호하며 헛된 종북從北성을 보여줬다.

얼마 전 한 중견 언론인으로부터 재미있는 이야기를 들었다. "천안함의 북한 소행을 부정하는 사람들은 두 부류로 나뉜다. 첫째는 진짜 그렇게 믿는 광신도형이고, 둘째는 북한 소행임을 믿지만 정치적으로 이용하려고 부정 또는 회피하는 형이다. 두 부류 다 저질이지만, 후자가 더 저질"이라는 지적이었다. 조용환 헌법재판관 후보자는 국회 청문회에서 "천안함 폭침은 북한이 저질렀을 가능성이 크나, 직접 보지 않았기 때문에 확신할 수는 없다"고 말했다. 이 정도는 애교에 속한다. 박원순 서울시장은 서울시장 보궐선거 때 "북한 소행이라고 믿는다"면서도 "(이명박) 정부가 북한을 자극해서 억울한 장병이 수장되는 결과를 낳았다"고 엉뚱한 발언을 했다. 그런데 '좀비'들이 설치는 인터넷 공간에선 북한 책임론을 끝까지 부정·회피한 최문순 강원지사와 달리 그것을 인정한 박원순 서울시장에 대한 성토 분위기도 있었다. 최 씨는 의원 재직 시 천안함이 북한에 의해 폭침됐을 가능성을 "홀인원이 한 다섯 번쯤 연속으로 나는 확률"이라고 강변했다.

'뉴민주당 플랜' 입안자인 김효석 의원은 민주당 내에서 합리적인 정치인 중 하나로 꼽힌다. 아쉽게도 개혁 지향적인 뉴민주당 플랜은 사장死藏됐지만, 그는 망나니 같은 종북주의 운동가 출신과는 차원이 다른 사람이다. 그러나 그런 그조차 좌초와 피로 파괴가 겹쳤을 가능성을 거론하며 "두고 보면 여러 곳에서 양심선언이 있을 수 있으며 이것은 시간문제"라고 했다. 그러나 그가 기대했던 '양심선언'은 결국 나오지 않았다. 그 밖에 박영선·강기갑·이정희·박지원·백낙청·김용옥 등 많은 야권·학계 인사의 비상식적인 발언이 이어졌다. 이들 중 과연 누가 광신도형이고, 누가 '천안함 장사'를 하려는 부류일까.

야권이 현재 총·대선에서 유리한 고지를 차지하고 있다 한다. 그러나 그들의 국가관·안보관 그리고 진실성 부족은 큰 문제다. 민주당이 경기도 포천·연천에 공천한 이철우 전 의원은 '중부지역당 사건'의 핵심 연루자로 김일성·김정일 초상화와 조선노동당기旗를 보관하며 북한 체제에 충성을 맹세한 바 있다. 그는 초상화 등은 안기부가 조작한 것이라 반박했지만 옛 혁명 동지의 증언으로 그의 변명이 거짓임이 드러났다. 한때 공산 혁명에 투신한 것이 큰 흠은 아니지만, 그 사실에 대해 거짓말을 하는 것은 심각한 사안이다. 그는 민주통합당 당가黨歌 작사가다. 당가 작곡자는 '김일성 대원수는 인류의 태양'이란 곡의 작곡자이기도 하다. 이것이 민주당이 내세우는 자신의 정체성인가?

야권은 천안함 관련 과거 언행을 대충 덮고 지나가고 싶겠지만 절대로 그렇게는 될 수 없다. 필자가 예전에도 언급했듯이 이것은 진실 게임 즉 '한국판 드레퓌스 사건'이 될 것이고, 게임 결과는 결국 드러나게 돼있다. 허위가 밝혀졌을 때 그들은 어떤 행태를 보일 것인가. 변명이나 궤변으로 상황을 모면하려 할까. 역사가 나중에 이들의 언행을 우국충정으로 평가할까, 반역으로 평가할까. 그들이 총·대선에서 승리한들 과연 역사 앞에 떳떳할 수 있을까.

야권은 이제 천안함에 대한 과거의 헛된 언행을 사과하고 허물을 다 털고 다시 시작해야 한다. 폭침 2주기는 그들에게 좋은 기회를 제공하고 있다. 그렇게 하지 않고서는 이 문제는 그들에게 영원한 멍에와 치욕으로 남을 것이다.

<조선일보 아침논단> 2012.03.12

학자 보고서를 마녀사냥한 한국은 아직 암흑시대다

총선은 예상대로 시끄러웠다. 선거란 원래 상호 비난이 난무하게 마련이다. 김용민 민주통합당 후보의 패륜적 발언처럼 실제 있었던 일은 마땅히 비판받아야 하고, 당선자 중 성추행 논란 등이 사실로 밝혀질 경우도 마땅히 조치돼야 한다. 그러나 허위 사실을 가지고 비방해선 안 된다. 후진 사회일수록 중상모략이 잘 통한다. 불행히도 한국은 이 점에선 후진적 암흑사회다. 이번 선거도 그랬다. 그중 가장 심각한 예를 하나 살펴보자.

이영조 경희대 교수가 새누리당 서울 강남을 지역구 공천을 받은 직후부터 무차별적인 마녀사냥이 시작됐다. 그가 진실화해위원장 재직 시절인 2010년 발표한 영문 보고서에서 "제주 4·3은 폭동", "광주 5·18은 민중 반란"이라고 했다는 것이 비방의 요지였다. 이런 음해는 보고서 발표 당시 한 인터넷 신문이 무분별하게 저질렀고 여러 매체와 인터넷 공간에 무비판적으로 인용됐다. 국회에서도 야당 국회의원들은 사실 확인도 안 하고 그를 매도했다. 이러한 '인격 살인'은 이번 선거 과정에서 그대로 재연됐다. 여기에 새누리당의 일부 비상대책위원이 가세하면서 그는 소명 기회도 갖지 못하고 공천이 전격적으로 취소됐다.

이 문제는 결국 엄밀한 발표문 분석을 통해서 시비를 가려야 한다. 선거는 끝났지만 우리 사회 특유의 사람 죽여놓고 어물쩍 넘어가는 태도는 용납될 수 없다. 먼저 '민중 반란'이라고 악의적으로 오역誤譯된 popular revolt란 영어 단어를 살펴보자. revolt는 '항쟁', '의거', '반란' 등 여러 뜻으로 쓰일 수 있다. 그러나 발표문의 문맥을 살펴보면 '항쟁'의 뜻으로 쓴 것이 자명하다. 발표문은 '광주민주화운동Gwangju Democratic movement' '광주학살Gwangju massacre'이란 단어를 여러 차례 병기하며 5·18의 성격을 명확히 규정했다. 5·18기념재단의 영문 홈페이지도 revolt란 용어를 사용하고 있다. 헝가리 국민이 공산 압제에 항거한 1956년 '헝가리 의거'도 Hungarian Revolution이나 Hungarian Revolt라 부른다.

이영조 교수는 또한 4·3의 배경을 설명하면서 "1948년 4월 3일 제주도에서 'a communist-led rebellion(공산주의자가 주도한 반란)'이 발발했다"고 서술하고, 그 이후 진압 과정에서 많은 양민이 희생된 사실을 밝혔다. 이는 공정한 서술이다. 제주 4·3진상규명위원회에서 발간한 공식 보고서도 "4월 3일 남로당 제주도당 무장대가 무장 봉기한 이래··· 진압 과정에서 수많은 주민이 희생당한 사건"이라고 설명한다. 남로당 제주도당이 5·10 제헌 선거를 방해하기 위해 4월 3일 새벽을 기해 무장봉기를 조직적으로 일으켜 무차별 살해와 방화를 해 초기의 양민 희생을 야기했다는 사실은 이견異見의 여지가 없다. 그러나 이후 군·경에 의한 과잉 진압이 진행돼 무고한 희생자도 많이 발생하는 비극이 생겼기에 우리 정부는 여기에 대해 사과한 것이다. 남로당 제주도 무장봉기의 최고 지도자였던 김달삼은 북한으로 탈출해 훈장을 받고 최고인민회의 대의원으로 선출됐으며 무장 공비를 이끌고 남파돼 태백산에서 활동하다 1950년 3월 토벌대에게 사살됐다.

수구 좌파의 전형적인 수법은 쓰러뜨릴 목표를 정하면 허위 사실을 가지고 무차별 맹폭猛爆을 가하는 것이다. 여기에 좌파 언론과 정치인이 합세하고, 인터넷 공간에선 생각 없는 네티즌들이 이런 허위를 무비판적으로 실어나른다. 이영조 교수는 수구 좌파의 반反대한민국적 사고에 동조하지 않았다는 점 때문에 집중 공격 대상이 됐다.

　수구 좌파의 야비함이야 원래 그렇다 치고, 이에 가세한 새누리당 비상대책위원들의 행태는 무엇인가? 물론 급박한 선거전 와중에 신속히 사태를 진정시키려 한 점은 이해되지만 그렇다고 진실을 호도하고 허위에 동조한 것은 용인될 수 없다. 이영조 교수의 공천에 문제를 제기한 비상대책위원들은 이 교수의 발표문은 제대로 읽어봤는지 궁금하다. 이들은 외국 유학을 한 사람들이라 영문 발표문을 이제라도 읽을 수 있을 것이다. 그리고 다른 사람들을 많이 평가해 봤으니 본인들 주장이 옳았는지는 양심적으로 판단할 일이다. 본인들이 틀렸다면 지금이라도 이 교수에게 사과하는 것이 온당하다. 이런 민감한 문제는 학문적 엄정성과 이성적 판단이 요구된다. 그렇지 않다면 우리는 아직도 암흑시대를 살아가는 우중愚衆일 뿐이다.

<조선일보 아침논단> 2012.04.16

민주당에 투표했던 사람으로서

필자는 2008년 4월, 18대 총선에서 민주당(지역구)과 진보신당(비례대표)에 투표했다. 지역구 특성상 한나라당이 압도적으로 당선됐던 곳이라 균형을 맞추려 했음이요, 종북從北주의에 찌든 민주노동당에서 과감히 뛰쳐나온 진보신당에서 건전한 진보정당의 싹을 보고 싶었기 때문이다.

2007년 말 대선에선 한나라당 후보에게 투표했지만, 같은 해 있었던 민주당 대통령 후보 경선에도 참여해 소중한 한 표를 행사했다. 필자가 지지한 사람은 민주당 후보로 선출되지 못했다. 경선 기록이 남아 있을 터이니 확인해 봐도 좋다.

이보다 훨씬 전 민노당이 출범했을 때 책임 있는 정당으로 커 나가길 기대했고, 실제로 그런 칼럼을 썼다. 그러나 이제 민노당에 대해선 기대가 사라졌다. 민노당 창당 주역 중 하나이며 정책위 의장을 지낸 주대환 씨는 민노당을 탈당했고 한국의 진보 정당에 이제 희망이 없다고 단언한다. 민노당은 수권정당은커녕 건전 야당인가에 대해서도 의문을 제기할 수밖에 없다. 대안으로 출범한 진보신당도 노동조합이라는 기반이 없기에 고전 중이다.

한국의 좌파左派 정당이 지리멸렬하기에 그 공백을 메우려 민주당이 유사類似 진보정당의 역할을 수행하고 있다. 그러나 다음 대선에서 민주당의 집권 가능성을 점치는 사람은 많지 않다.

얼마 전 민주당은 이런 위기를 타개하고자 '뉴 민주당플랜'을 발표했다. 그러나 한국 정당사에 주요 정당의 새로운 정강政綱 정책이 이렇게 주목을 못 끈 적이 있을까 싶을 정도로 무관심 속에 묻혀버렸다. 정가政街에서조차 이런 플랜이 있었는지도 모르는 사람들이 꽤 있을 정도다. 그 플랜이 진실성에서 의심받기 때문이라고 생각된다. 호박에 줄 그어 수박이라고 하는 것으로 본다는 것이다.

천안함 피격은 현대사의 분수령이 될 것이다. 침몰 이후 오늘날까지 한국의 이른바 좌파들이 일관되게 그리고 필사적으로 북한과의 연계를 배제하려는 것을 보고, 그들의 실체는 결국 대부분 알량한 종북주의 또는 반미反美주의에 불과하다는 것을 재확인했다. 노동신문이나 조선중앙방송 서울지국이라는 비아냥을 듣는 일부 언론매체들은 그들의 운동장이다. 누가 더 정신 나간 괴담을 올리느냐에 따라 찬성 수와 찬성 댓글이 폭주하는 일부 인터넷 공간도 그들의 무대다. 그들은 북한이 공격을 인정했다 해도 안 믿을 사람들이다. 그만큼 인식 왜곡의 뿌리가 깊다.

책임 있는 정치인들까지 괴담 같은 얘기들을 여과 없이 주장했다. 이것이 더 큰 문제다. 천안함 피격 직후 민주당이 국회 본회의 대표연설에서 안보를 강조했을 때 필자는 가슴속에서 공감할 수 없었다. 민주당에서 최고위직을 지낸 분을 포함해 몇몇 주요 인사들이 천안함 침몰이 "좌초와 피로파괴가 겹친 일"이며 "두고 보면 여러 곳에서 양심선언이 있을 수 있으며 이것은 시간문제"라고 했다. 어떤 사람들은 '미국 관련설'을 풍기고 다녔다. 이러고서 "정권을 맡겠다"고 할 수 있을까. 민주당 내에 이 나라와 민주당의 미래를 생각하는 사람들이 있다면 그들이 양심선언을 해야 한다.

민주당의 뿌리는 해방 직후 결성된 한민당이다. 한민당은 문제가 없지 않았지만, 적어도 제1공화국 성립에 큰 역할을 했고 헌정사에서 정통 야당의 젖줄 역할을 했다. 그런데 민주당이 2008년 광복 63주년과 건국 60주년 기념식을 보이콧한 것은 민주당의 정체성 혼란을 여실히 보여준 사건이었다. 자신의 뿌리를 잊어버린 행동이었다. 필자는 대한민국 부정否定세력에 부화뇌동했다고까지 생각한다.

한 사회 내에서 사회민주주의부터 시장지상주의까지 다양한 스펙트럼이 존재하고 건전한 비판세력이 있어야 한다. 그러나 국체國體를 부정하는 것엔 단호히 대처해야 하고 심각한 안보위협에는 단결해야 한다.

지방선거 얘기를 하려는 것이 아니다. 그 결과가 어떻게 되든, 근본적인 각성과 변화가 없다면 민주당의 수권 정당으로서의 위상은 갈수록 흔들릴 수밖에 없을 것이다. 진정성이 없다면 뉴플랜 아니라 뉴뉴 플랜, 제3, 제4의 길을 내세워도 소용이 없다. 민주당은 종북주의·수구좌파 세력과 완전히 결별해야 할 때가 왔다. 민주당에 표를 주었고, 아직 희망을 걸고 있는 사람으로서 꼭 하고 싶은 얘기다.

<조선일보 아침논단> 2010.05.22

이상한 나라의 앨리스

요즘 인기 TV 드라마에서 주인공들을 맺어주는 책으로 언급돼 때 아닌 인기를 누리는 소설이 '이상한 나라의 앨리스'다. 도지슨이란 영국 수학자가 루이스 캐럴이라는 필명으로 1865년 발표했고, 이후 디즈니 애니메이션으로 만들어지면서 꾸준한 인기를 얻고 있는 동화다. 앨리스라는 소녀가 꿈을 꾸다가 '이상한 나라'로 들어가 모험을 한다. 이 나라에는 반대되는 일들이 뒤죽박죽 얽혀 있는 비현실적인 패러독스와 부조리가 난무한다. 정신의학에서는 형상이 왜곡돼 보이는 증상을 '이상한 나라의 앨리스 증후군'이라고도 한다.

되돌아보면 2010년 대한민국도 앨리스가 방문한 이상한 나라와 별반 다를 바 없었다. 대표 케이스는 뭐니 뭐니 해도 천안함 폭침을 둘러싼 그로테스크한 상황 전개였다. 온갖 궤변과 음모론이 난무하며 국민을 현혹했다. 광우병 파동과 비슷했다. 한 출판사는 상호 배치되고 비상식적인 주장들로 가득 찬 '천안함 시리즈'를 연속으로 출간했다. 이런 책이 국내 최대 서점인 교보문고의 '추천도서'이니 뭔가 잘못되지 않았는가.

처음에는 피로 파괴니 좌초니 별 주장이 다 있었지만, 결국 침몰 원인은 폭파에 의한 것이다. 그렇다면 어뢰공격 아니면 기뢰가 원인인데, 스모킹 건smoking gun·결정적 증거인 어뢰 잔해가 나오면서 결론은 명확해졌다. 한반도 문제에 정통한 러시아 학자인 안드레이 란코프

교수는 폭침이 있고 난 직후, 그리고 어뢰가 발견되기 전에 예언적인 주장을 했다. 한국의 좌파들은 설사 '북한 어뢰의 파편이 나와도' 안 믿을 것이라고.

정말 그랬다. 이제는 지엽적인 문제로 물고 늘어지며, 한국 정부가 조작했다는 설이 득세했다. 원인 조작을 위해 어뢰 잔해를 '심어 놨다'는 얘기다. 이런 주장을 하는 사람들에게 한번 묻고 싶다. 이명박 정부가 정말 그렇게 '유능'하고 주도면밀하다고 믿고 있는가? 이명박 정부는 '담론談論'의 가치를 경시하는, 즉 '실용'으로 가치와 이념의 부재를 메울 수 있다고 착각하는, 때때로 무기력하고 허술한 정부이지, 그런 '악마적 천재성'을 가진 체제가 아니다.

2009년 6월의 혼란 분위기에 편승한 시국선언 교수들도 정도는 훨씬 약하지만 마찬가지다. 의견 표시야 자유지만 1980년대도 아니고 지금에 와서 '민주주의의 역행'을 주장하는 것이 마치 권위주의 시대에 민주화 운동을 한다는 촌스러운 착각과 자족감을 줬을지 모르겠다. 그러나 지금은 통제되지 않은 민주주의의 과잉과 대의민주주의 부정이 문제지, 민주주의의 부재가 문제의 핵심인 세상은 아니다.

세계적 명성의 좌파학자인 이매뉴얼 월러스틴은 "천안함은 곧 잊혀지고 역사의 미스터리로 남을 것"이란 희망 섞인 예측을 했다. 그럴까? 천안함 사건은 결국 결판날 진실게임, 즉 '한국의 드레퓌스 사건'이 될 것이다. 조작이라 주장하는 물리학자와 지질학자는 곧 다가올 폭침 1주기를 맞아 열전도나 알루미늄 화학반응의 세계적 권위자들이 참여하는 국제심포지엄에 참여하길 권한다. 절대로 회피하지 말기 바란다. 거기서 '에너지 보존의 법칙'보다 '김정일 정권 보존의 법칙'이 더 중요한 것이라고 솔직히 말하기 바란다.

진실이 더 명백해졌을 때 그들은 또 북한 핵의 경우처럼 넘어갈 것인가? 북한은 '핵을 만들 의도도 능력도 없다'고 강변하다가, 핵실험을 하고는 '미국에 대응하는 자위용'이라 둘러대다가, 이제는 남한에 대고 노골적인 핵위협을 한다. 그래도 국내의 친북좌파는 말이 없다. '반 핵 반전'을 외치다가 이제 와 '반핵'은 쏙 빼놓는 시민단체들. 핵실험 하고 핵무기 만드는데도 침묵하는 환경단체들. 본질적으로 공산주의와 상극인 기독교 인사, 단체, 언론들이 북한 감싸기에 급급하고 북한 인권에 대해선 완전히 침묵하는 것. 모두 다 불가사의한 일이다.

　처음엔 조작이라고 하다가, 이제 와서 북한 공격에 대한 안보를 허술히 했다고 주장하고 그러면 "폭침을 인정하는 것이냐?"라고 물으면, 또 그건 아니라고 하는 민주당도 이상한 나라의 제1야당 자격을 가지고 있다. 수권을 꿈꾸는 공당公黨이 이렇게 중대한 사안에 그렇게 줏대 없이 입장을 정리 못 하고 시류에 떠밀려 다니는 것이 한심하다.

　물론 대한민국의 '이상함'은 '부카니스탄'이란 애칭으로 불리는 북쪽 체제에 비하면 귀엽고 재미있는 수준이다. 북쪽 이야기는 엽기적인 막장 호러 영화이다. 북쪽이 괴기스럽다면 남쪽은 기묘할 뿐이다. 원래 '앨리스'는 귀여운 이야기다. 그러나 이런 그로테스크한 재미도 오래가고 반복되면 식상해진다. 잠에서 깨어나 앨리스가 돌아가는 '정상적인' 세계처럼 올해는 이전보다 덜 이상한 해가 되었으면 한다.

<동아일보 동아광장>　2011.01.07

좌파 상업주의의 이율배반

좌파 교수들의 보루로 유명한 한 대학교에 재직하고 있는 교수들에게서 들은 얘기다. 중도 좌파 성향의 학자도 이곳 교수가 되는 순간 갑자기 '극우 꼴통보수'로 분류된다. 국내파가 다수인 이곳 주류 교수들이 학생들에게 가르치는 주메뉴가 반反세계화·반미反美·민족공조인데, 희한하게도 본인들 안식년은 필사적으로 영미권으로 가려 한다는 것이다. 그러는 실제 이유는 거기서 안식년을 하면서 자제들 조기 영어교육도 자연스럽게 시키고 세계화에 대비시키는 것이란다. 처음엔 충격적인 얘기로 들렸지만, 지난날 일어난 일들을 반추反芻해 보면 놀랄 일도 아니다.

그중 극소수 '생각 깊은' 분들에겐 '지피지기知彼知己면 백전백승'이라는 모토하에 '제국의 심장'에서 미국의 '실체'를 알게 하고 미국에 대한 증오심을 키우기 위한 심모원려深謀遠慮가 있을 수도 있겠다. 미국은 '제국' 맞다. 많은 문제를 가진 나라이기도 하다. 그러나 이들에게 당장 미국의 헤게모니가 붕괴되고 난 후 나타날 전 세계적 무질서anarchy에 대한 인식과 해법은 전무하다. 미국이 모범적인 '자유주의적 제국'에서 벗어날 때 가해지는 비판은 옳지만 무조건적 미국 혐오는 싸구려 감성일 뿐이다. 한국에서 반미·반세계화는 장사가 되는 하나의 패션이고 삶의 양식樣式이었다. 이것을 '좌파 상업주의'라 한다.

반미정서로 먹고사는 정치인들이나 지식인들이 자제들은 조기유학 보내고, 미국 영주권자·시민 만드는 일은 이제 더 이상 뉴스거리도 아니다. 예전에 미국 대사관 앞에서 자제들 조기유학을 위한 비자발급을 위해 줄 서서 기다리면서도 쉴 새 없이 친북반미 발언을 했다는 전설은 아직도 회자膾炙된다. 보내는 학교도 엄청나게 비싼 명문 사립 고등·대학교부터 돈 내고 보내기엔 정말 아까운 듣도 보도 못한 5류 무명대학까지 참으로 다양하다. 반세계화와 반反엘리트 교육에 앞장서는 전교조 선생님들 중 무시 못할 수의 사람이 한국식 교육을 불신하고 자제들을 조기 유학보냈다는 것은 알 사람은 다 안다.

이런 이율배반적인 이중성은 인류사에서 어제오늘의 얘기가 아니다. 서구에서는 이들을 캐비아 좌파·샴페인 좌파라 불렀고, 한국에서는 오렌지 좌파·겉멋 좌파·강남형 좌파라고도 부른다. 진보좌파라는 왜곡된 어감이 주는 이점을 누리며 무책임한 인기영합적 발언을 일삼으면서도, 생활은 자신들이 철저히 혐오하는 '부르주아' 지향적이다. 이런 모순에 별로 불편해하지도 않는다.

한국의 좌파는 다른 나라의 보편적 좌파가 국제주의를 추구하는 것과 정반대로 폐쇄적인 민족지상주의의 특성을 보인다. 연구 대상이다. 지금 대한민국에선 세계화 지향의 대외 개방노선과 '우리 민족끼리' 폐쇄노선의 팽팽한 줄다리기가 한창이다. 후자를 지지하는 사람들은 소수지만 강한 결속력을 가지고 인터넷 공간을 지배하고 있기에 의외로 강한 세를 확보하고 있다.

폐쇄체제를 선택해 나날이 쇠락해 가는 북한과 달리, 해방 후 대외협력노선을 택하고 운영해 번영을 누리는 대한민국으로선 당연히 개방체제를 유지하고 발전시켜야 한다고 생각한다. 물론 한편으론 세계화에 잘 대처하고 부작용을 줄이는 방법을 강구해야 한다. 그러나 꼭 그것이 당위는 아니다. 개방체제가 갖는 단점도 있으며 한국인의 선택에 의해 폐쇄체제로 가는 것도 하나의 대안이긴 하다. 그러나 그 선택의 결과는 감수해야 한다. 예전에 중국산 마늘 수입을 막기 위해 관세를 30%에서 무려 315%로 올리자, 중국이 한국 휴대전화 등에 대한 수입금지라는 무자비한 보복을 가한 케이스는 좋은 예다. 마늘 무역장벽으로 얻는 이익은 약 1,500만 달러였는데, 휴대전화 등 금수로 얻은 추산 피해는 물경 5억 달러가 넘었다. 결국 한국은 무릎을 꿇어야 했다.

이 세상에 완벽한 체제는 없다. 어떤 선택이건 음과 양이 있으며 결국은 손익을 따져 이익이 더 커 보이는 쪽을 택해야 한다. 만약 폐쇄체제를 택한다면 그동안의 번영은 깨끗이 포기할 자세가 돼 있어야 한다. 세계화의 과실은 즐기면서 겉멋으로 촌스러운 반세계화나 외치는 이중성의 효용은 이제 시효가 끝나가고 있다. 이쪽저쪽 이점만 취하려 하는 것은 '도둑놈 심보'다. 특히 정치권과 지성계가 이런 이중성과 위선성에 탐닉하고 저질스러운 대중영합적 경향을 보일 때 우리 사회의 미래는 암담하다.

<중앙일보 중앙시평> 2010.07.08

대한민국을 미워하는 병

북한 주민의 '대한민국 국민화' 작전이 수립됐다 한다. 을지프리덤가디언UFG연습에서 이 계획을 가상 훈련했다고 통일부가 얼마 전 밝혔다. 북한 급변急變사태 때 치안질서 및 행정력 회복 등의 안정화를 도모하는 정책이다. 언젠가 닥칠 사태에 대비한 적절한 계획이라 생각된다. 그러나 이 보도를 보면서 오히려 '대한민국 사람들의 대한민국 국민화'가 더 시급한 일이 아닌가 하는 생각이 문득 들었다.

양승태 이화여대 교수는 최근에 펴낸 저서 『대한민국이란 무엇인가』에서 대한민국의 국가로서의 존립에 의문을 제기한다. 국가란 집합적으로 추구하는 가치나 이상에 의해 규정되고 구별되는데, 공통 가치를 결여한 대한민국은 큰 문제를 갖고 있다는 것이다.

몇 달 전 끝난 남아공 월드컵에서 한국인들은, 특히 젊은이들은 다시 "대한민국"을 소리 높여 외쳤다. 이전의 국제적 스포츠 이벤트에서도 똑같은 열정이 넘쳐났다. 그러나 현실에서는 대한민국에 대한 부정과 폄훼貶毀가 난무한다. 이러한 모순은 어디에서 기인한 것일까? 한국인들은 '대한민국'의 진정한 의미와 가치를 알고 있을까? 그러기에 무작정 외치는 "대한민국"이란 구호는 무척이나 공허하게 들린다.

좌파 지식인의 대표격인 분이 요즘 열심히 공부한다는 소문을 여러 믿을 만한 소스를 통해 들었다. 그런데 공부하는 분야가 본인의 전공이 아닌 물리학·화학·선박 좌초·어뢰 등에 대한 것이며, 그 목적은 천안함 폭침爆沈이 "절대 북한의 소행이 아니며 대한민국 정부의 조작이라는 것"을 입증하고 강변하기 위함이라 한다. 이 정도면 거의 병적인 집착 수준의 국가 정체성 부정이다. 그런데 국민의 약 20%가, 특히 많은 젊은이가 이런 생각을 공유한다는 것은 우리 사회의 사회정신의학적 취약성을 보여 준다. 진정 국가로서의 존재를 의심해 봐야 하는 상황이 아닌가.

해방 후 식민지체제를 탈피하고 근대 국민국가를 건설하기 위해 민족주의 교육이 강조됐다. 손상 받은 자존심을 회복하기 위한 당연한 과정이었고 또 기대했던 성과도 냈다. 그러나 국가와 민족을 혼동하는 폐쇄적 민족주의가 뿌리박는 부작용이 생겨났다. 과거 권위주의 시대에는 과도한 국가주의도 문제였다. 최고지도자가 곧 국가이고, 국가를 위해 모든 것을 희생해야 한다는 잘못된 생각이 횡행했다. 그런데 이러한 세태에 대한 반反작용으로 어느 사이 반反국가주의가 퍼져 나갔다. 대학에 들어가 공부하던 1980년대 초반 당시, 필자가 철저하게 배우고 세뇌된 것은 조직적인 대한민국 미워하기와 반국가주의였다. 폐쇄적 민족지상주의와 반국가주의의 결합은 강력했다. 이런 사조는 오랜 숙성 과정을 통해 근래 맹위를 떨치고 있다. 미래세대를 키우는 국사 교과서에서조차 대한민국을 부정할 정도다.

주위에서 '애국'이란 개념이 촌스러운 단어로 인식되며 점점 사라져가고 있다. 막무가내식 불복종, 방종과 반항이 민주주의라 착각하는 것이 이런 흐름의 한 현상이다. 이러다가 대한민국이 성숙하기도 전에 쇠퇴하는 것이 아닌가 하는 의구심조차 든다. 공항·고속철·치수사업·항만 등 인프라Infra 건설에 대한 (합리적인 비판이 아닌)

무조건적인 반대는 이런 풍조의 또 다른 현상이다. 인내심 있는 설득의 부재, 그리고 4대 강을 꼭 동시에 착공해 임기 내에 완료해야 하는가에 대한 의문은 있다. 그러나 인천국제공항 건설에 대해 갖가지 터무니없는 이유를 대며 결사반대한 사람들이 한마디 자기 반성도 없이 비슷한 레퍼토리로 이제는 4대 강 사업도 무조건 반대한다. 재미있게도, 절대 짓지 말았어야 할 경제성 없는 예천공항, 무안공항 등 포퓰리즘적인 선심성 사업에는 별 반대가 없었다.

한마디로 대한민국은 현재 좌우를 초월한 공통가치를 못 갖고 방황하고 있는 나라다. 이제는 정반합正反合의 발전과정에서 합을 지향할 때다. 즉, 과거의 거친 권위주의적 국가주의와 현재의 파괴적인 반국가주의를 변증법적으로 넘어서서 우리가 속한 공동체에 대한 합리적 애정을 키워야 한다. 그러기 위해서는 대한민국을 더 나은 공동체로 만들기 위한 '공화주의적 애국共和主義的 愛國'의 덕성으로 무장해야 하지 않을까. '공화주의적 애국'이란 시민적 일체성을 중시하고 "자신의 역사와 문화를 가진 특정 공화국의 법, 정치체계, 생활방식에 충성"하는 것이다(모리치오 비롤리, 『공화주의』).

대한민국의 정통성을 인식하고, 그 발전과정에 대한 객관적인 인식을 불러일으키는 길을 찾아야 한다. 지금 우리에게 필요한 것은 새로운 차원의 애국이다.

<중앙일보 중앙시평> 2010.09.09

초현실주의 연극

공산독재자 차우셰스쿠는 평양을 방문하고 받은 '감동'을 떨칠 수 없어 수도 부쿠레슈티를 평양처럼 개조했고, 세습을 시도했다. 그가 병약해지고 나서 루마니아는 사실상 부인 엘레나와 아들 니쿠에 의해 통치됐다. '국모國母'로 칭송됐던 엘레나는 소싯적 학습지진아였고 초등학교도 졸업하지 못했다. 그러나 '국모'가 되고 나선 갑자기 '천재'가 돼 화학박사 학위를 받고 '세계적인 과학자'로 변신했다. 루마니아의 과학자들이 쓰는 많은 논문에는 엘레나가 제1 저자로 강제로 명시됐다.

1989년 12월, 차우셰스쿠는 상황이 어떻게 돌아가는지 전혀 파악하지 못했다. 성난 군중이 테라스에 있는 그에게 야유를 퍼붓는 것을 환호를 보내는 것으로 착각하고 손을 흔들어 답례했다. 경호원에 의해 황급히 방 안으로 이끌려 들어간 그와 엘레나는 헬리콥터로 피신했지만, 곧 자기 측근들에게 체포돼 크리스마스 날 처참히 처형됐다. 총살형은 TV로 생중계됐다. 사형되기 직전 엘레나는 울부짖었다. "내가 이 나라의 국모이니라. 너희들이 어찌 감히 국모에게 이런 짓을 할 수 있단 말인가?" 김정일은 평양에서 이 장면을 보면서 경악했다.

차우셰스쿠 치하 루마니아에서 일어난 일은 초현실적 희극surreal comedy이었다. 하도 기괴해서 꿈인지 생시인지 구분이 되지 않는 몽롱한 세계였다. 희극은 갑자기 비극tragedy으로 돌변했다. 때때로 희극과 비극은 동전의 양면이기도 하다. 이런 식의 전위적인 희극은 북한에서도 일어난다. "솔방울로 수류탄을 만들었다"는 할아버지를 빼닮은 혹은 닮게 치장된, 그리고 고혈압·당뇨병을 갖고 있는 27세의 김정은은 갑자기 '대장'이 돼 "세 살 때 한시漢詩를 받아 적었다"는 등의 찬사를 받는다. 3대 세습 해프닝의 유일한 긍정적 효과는 이 희극을 놓고 벌어지는 좌파 사이의 논쟁과 바람직한 분화分化다.

원래 사회주의는 근대산업화사회의 문제점 해결을 꿈꾸며 생겨난 이상주의적 사상이었다. 인간해방이라는 거창한 목표를 추구한 이 사상은 근대화의 한 방식으로 이해되기도 했다. 초창기 소련의 급속한 경제성장은 "소비에트 모델"이라는 거대한 대안을 제시했고, 거부하기 힘든 매력을 제공했다. 많은 이가 여러 이유로 이 사상에 매혹됐던 것은 전혀 놀랄 일이 아니다.

한국인들도 예외가 아니었다. 일제 강점기는 물론이고 이후에도 사회주의에 투신한 사람들은 셀 수 없이 많았다. 일례로 반공을 주요 정책으로 삼았던 제3공화국의 핵심 인사들 중 상당수가 과거 사회주의 운동 경력을 갖고 있었다는 것은 더 이상 비밀도 아니다. 사회주의에 심취하고 추종했다는 것만으로는 죄가 될 수 없다. 역사 속에서 포용되고 이해돼야 할 사안이며, 미래의 통일한국에서도 이 원칙은 지켜져야 할 것이다. 단, 그동안 벌어졌고 현재 진행되고 있는 반인륜적 죄악에 대해 눈감아서는 안 된다.

그러나 현실에 적용된 사회주의는 철저하게 실패했다. 이론적·실제적으로, 그리고 도덕적으로도 총체적인 파산을 맞았다. 오죽하면 사회주의권의 마지막 총아인 피델 카스트로조차 최근 "쿠바 사회주의 모델은 쿠바에서도 기능하지 않는다"고 실토했겠는가. 현재 지속가능한 사회주의 모델은 선거를 통한 노동자 정당의 합법적 집권을 추구하는 사회민주주의 하나만 남았다. 한국 좌파의 운명도 결국 건강한 사회민주주의 모델을 집권가능한 대안으로 성장시킬 수 있느냐에 달려 있다.

그러나 아직도 '수령님을 경애하는' 주사파들은 물론이고 북한 체제에 호의적이고 굴종적인 종북주의자들이 주류를 형성하는 좌파의 앞날은 암담하다. 북한 세습을 영국이나 일본과 같은 입헌군주제 국가의 세습과 다를 바 없다 하고, 남한에도 "60여 년간 지속되는 친미정권의 세습이 있지 않느냐"고 처연하게 항변하는 눈물겨운 노력을 보라. 대한민국에서도 초현실주의 희극은 존재한다. 그럴수록 그들의 자살골 행진은 계속된다. 다행인 것은 이런 얼치기 좌파들을 비판하고 진정한 진보의 싹을 틔우려는 양심적 진보인사들과 '사회민주주의연대'의 외침이 소리를 내고 있다는 점이다.

개혁·개방을 통해 북한 주민들을 잘살게 하고 정치적 폭압이 대폭 완화된다면 김정은 아니라 죽은 김일성이 환생해서 통치하는 희극이 상연돼도 상관없다. 혹시라도 이 희극이 루마니아에서처럼 김씨 왕조의 비극으로 변한다 해도 알 바 아니다. 단지 이런 비극이 북한과 대한민국 주민들에게까지 화를 끼치면서 번지질 않길 간절히 기원할 뿐이다.

<중앙일보 중앙시평> 2010.10.28

보수가 지금부터 넘어야 할 산

이명박 후보와 '새로운' 보수는 수많은 악재에도 불구하고 예상을 뛰어넘는 압승을 거뒀다. 이회창 씨의 15%를 더해 보수진영이 63.8%가 넘는 표를 얻었다는 것은 불과 몇 년 전만 해도 상상할 수 없는 일이었다.

돌이켜 보면 2002~2004년은 진보진영의 전성기였다. 그러나 불행히도 그 시기는 낡고 저질적인 진보가 판을 치던 시기이기도 했다. 대한민국 정통성은 부정됐고, 불법 시위는 난무했으며, 맹목적 친북반미 정서는 최고조에 달했다. 어떤 이는 시대착오적 구호가 난무하던 그때를 '한국판 문화혁명'의 시기라고도 했다. 오죽하면 중도보수의 유명 논객과 신자유주의의 대변자가 공히 "진보의 시대나 진보정권이 10년은 더 갈 것"이라 체념했겠는가. 그즈음 한 재벌 총수는 우파단체에 대한 지원을 금지하고, 다른 재벌 총수는 진보 비정부기구 NGO에 "몇 십억 원 정도 지원"하며 잘 보일 것을 검토하라 했단다.

"달도 차면 기우나니." 그러나 혁신우파를 주창하는 뉴라이트의 등장으로 상황에 변화가 생겼다. 여기에 결정적으로 집권세력의 무기력이 더해지면서 너무 쉽게 보수정권이 등장했다. 이번에도 역시 역사는 인간의 상상력을 뛰어넘었다. 그러나 새로운 보수정권이 승리에 도취해 있을 수만은 없는 몇 가지 난관이 존재한다.

첫째, 한국 보수는 건전한 숙성과정이 짧고 약하다. 신보수를 제외하고는 시대정신을 잘 파악하고 있는 것 같지도 않다. 정권을 되찾는다는 열의에 불타 진보세력에 대한 비판에는 강했으나, 정권 쟁취 이후의 장기 청사진이 아직은 불투명하다. 더구나 승리에 도취해 급속히 기득권 세력으로 변할 위험성도 있다. 그래서 정권 교체로 인해 생긴 전선 변화에 따라 새롭고 더 강한 진지陣地를 쌓아야 할 필요성이 제기된다. 진보건 보수건 수구세력과 맞서는 건전세력을 육성해야 할 때가 바로 지금이다. "노망난 국민"이나 "못된 국민" 탓만 하며 정신 못 차리는 진보세력이 지금은 무너져 내리고 있지만, 결국 폐허 위에서 새 진지를 쌓을 것이다. 그들은 뿌리가 깊기에 시간이 지난 뒤 업그레이드돼서 돌아올 것이다. 또 그래야만 건강한 견제세력으로 기능을 할 수 있다.

그러면 한국의 보수는 대비가 돼 있는가? 아쉽게도 그들의 뿌리는 얕다. 지지부진한 이승만 박사 기념사업회와 박정희 기념사업회의 활동을 보면 이런 우려는 현실이 된다. 변변한 우남 기념관이나 박정희 자료관 하나 만들지 못하는 보수는 아직도 갈 길이 멀다. 특히 한국 보수는 밑으로부터의 문화, 가치, 사회운동을 가일층 강화해 나가야 한다.

둘째, 기대 수준의 폭발이다. '흠 많고 약점 많은' 후보를 이렇게 압도적으로 당선시킨 것은 시대정신이기도 하지만, 당선인이 이끌 새로운 체제에 대한 기대가 크기 때문이다. 새 정권은 너무나 많은 것을 약속했다. 특히 경제는 확실히 살려놓겠다고 했다. "노무현 정부가 국민 모두를 못살게 했다면, 이명박 정부는 국민 모두를 잘살게 만들 것"이라고 강조했다. 아무리 믿을 수 없는 것이 선거판의 공약이라지만 나가도 너무 나갔다. 그러나 불행히도 올해 세계 경제는 흐림을 예보하고 있다. 경제는 물론 교육, 사회, 대북관계 등 쉽게 풀 수 있는 문제는 하나도 없다. 새 정부가 각 분야에서 기대에 미치지 못할 경우 신보수정권에 대한 지지는 신기루처럼 사라질 것이며, 아울러 한국 보수의 기반도 같이 무너져 내릴 개연성이 있다.

가장 행복한 순간이 당선인 시절이라 한다. 소풍 갔을 때보다 가기 전날 김밥 쌀 때가 더 즐거운 것과 같은 이치리라. 그러나 '새로운 보수정권'이 마냥 행복감만을 느끼기에는 상황이 녹록하지 않다. 이제는 기쁨을 뒤로 하고 이런 문제들을 냉정히 직시해야 할 때다.

<동아일보 시론> 2008.01.12

한나라당이 진화하려면

적어도 1990년대 중반까지는 대학가에 졸강과 휴강이 난무했다. 필자의 학창시절인 1980년대의 교수들도 격동기의 학생에게 지적인 감동을 주기에 역부족이었다. 그러나 열심히 체계적으로 가르치는 분도 계셨다. 훗날 교육부장관이 되는 윤형섭 교수의 '한국정치론', '비교정치론' 수업이 그랬다. 당시로는 이례적으로 많은 양의 논문을 읽게 한 이 수업이 강조했던 점 중 하나는 정당구조의 문제점이었다. 요약하자면 자발적 당원이 만든 자생적 정당이 권력을 창출하지 않고, 거꾸로 권력이 정당을 급조하는 구조를 가졌기에 한국 정당체제는 취약하다는 지적이었다.

이승만의 자유당부터 노무현의 열린우리당까지 권력자가 바뀔 때마다 새 정당이 계속 만들어지고, 권력자의 퇴장과 함께 당도 '바람과 함께' 사라졌다. 게다가 정치인의 이해관계에 따라 정당이 순식간에 해체되고, 쪼개지고, 합쳐지거나, 간판만 바꿔 위장 '신장개업'하는 악순환이 계속됐다. 짧은 헌정사에 너무 많은 정당이 명멸明滅해서 주요 정당조차 이름을 다 기억하기 힘들며, 이제는 새로 쓸 이름조차 거의 없을 지경이다. 나중에는 '무지개당'이니 '헬레니즘당'이니 하는 기상천외한 당명이 나올지도 모를 일이다.

게다가 정당의 정체성과는 전혀 상관없는 이름도 난무했다. 민주정의당이 대표적인 예이다. 5공화국도 공과를 같이 갖고 있으며, 의

외로 역사에 순기능을 한 측면도 있다고 생각한다. 그러나 전두환 체제가 절대로 써서는 안 되는 단어가 바로 민주였고 정의였다. 다른 예인 새천년민주당은 '21세기를 주도하는 백년 정당'을 추구하다 불과 몇 년 만에 사라졌다. 선거 때만 되면 '새로운 피를 찾아 해매는 드라큘라'적 속성을 가진 한국 정당과 거기에 일부 호응하는 소위 재야在野의 구태가 재발했던 현 제1야당 민주당의 현란한 변신과 탄생과정은 마치 마음대로 분리·합체·변신하는 '트랜스포머' 로봇을 보는 것 같았다. 트랜스포머는 장난감이나 영화로 족하다. 이름만이라도 새로운 것을 선호하며 이런 행태를 조장하고 방기한 국민의 책임도 크다.

한나라당이 창당 11주년을 맞아 21일 여의도 당사에서 조촐한 현판식을 가졌다고 한다. 척박한 한국 정당사에서 한 권력자의 부침에 종속되지 않고 이만큼 장수하면서, 야당과 집권당 경험을 모두 가진 정당이 됐다는 사실에 진심으로 격려의 박수를 보낸다. 그 사실만 가지고도 한국 정당사에 큰 이정표를 세웠다. 그러나 한편으론 11주년이 별로 즐겁지 않아 보인다. 천신만고 끝에 압도적 표차로 집권에 성공하고 의회에서 172석이란 넉넉한 다수를 차지하고 있지만, 정국의 주도권은커녕 무기력한 모습만 보이는 데 대한 국민의 실망감이 크기 때문이다. 새롭고 효율적인 당청관계를 보여 주지도 못하고 있다.

한국 정당의 근본적인 한계에서도 자유롭지 못하다. 태어날 때 자생적 정당이 아니었기에 밑으로부터 생겨나는 자율성이 부족한 것은 물론이고, 지역당이란 부분적 색채를 좀처럼 떨쳐버리지 못하고 있다. 인적人的으로는 모태였던 민정당으로부터 거의 탈피했지만 사회의 그늘진 곳을 감싸 안으면서 '가진 자의 정당'이라는 오명에서 벗어나려는 노력은 부족했다. 또한 시대적 조류에 둔감해 낡고 고리타분한 느낌마저 준다. 손학규라는, 당내에서 상대적으로 젊고 진보적인 인물이 작년의 대선 경선 중에 탈당한 사실은 한나라당의 경직성과 이념적 협소함을 보여 준 실례가 아니었을까.

1997년 신한국당과 꼬마 민주당이 합당해서 생긴 한나라당은 기대 이상의 발전을 해 왔다. 그러나 현 상태로는 미래가 없다. 뼈를 깎는 고통을 통해 큰 나라, 하나의 나라라는 좋은 이름에 걸맞은 지속적인 정당으로 진화하길 기대한다.

<동아일보 시론> 2008.11.24

닉슨이 정적政敵 키신저를 중용한 까닭

레이건 행정부의 경제 자문위원회 의장이자 레이거노믹스의 대변자였던 머레이 와이덴바움Weidenbaum 교수와 박사과정 세미나를 할 기회가 있었다. 미국대통령 여러 명을 보좌하거나 자문에 응했던 그에게 한 학생이 질문했다. "접해본 대통령 중에 가장 스마트했던 분은 누구인지요?" 와이덴바움의 확신에 찬 대답은 다음과 같았다. "압도적으로 리처드 닉슨Richard Nixon이었지!" 그에 따르면 닉슨은 복잡한 현안懸案을 이해하고 해결해 나가는 지적 능력이 탁월했고, 모르는 부분은 전문가들의 의견을 경청했으며, 타당성 있는 의견이 개진되면 자신의 원래 의견과 다르더라도 수용하는 데 주저함이 없었다고 한다.

워터게이트 사건을 둘러싼 은폐공작과 거짓말로 불명예 퇴진했지만, 정책적 측면, 특히 국제정치에서 닉슨이 이룩한 업적은 눈부셨다. 그런데 그 외교적 성과는 기실 헨리 키신저Kissinger라는 걸출한 국제 경략가經略家의 능력에 기인한 바가 크다. 키신저는 원래 닉슨의 정적이었던 넬슨 록펠러Rockefeller 뉴욕 주지사의 측근이었다. 억만장자이자 공화당 내 진보파의 리더였던 록펠러는 세 번의 대통령후보 경선에 내리 참여했고, 그중 두 번은 닉슨과 치열한 경쟁을 했다. 키신저는 1968년 선거 때 록펠러 진영의 핵심 브레인으로 닉슨을 비판하는 데 앞장섰다.

그러나 후보 경선과 대선에서 연달아 승리한 닉슨은 각 단계에서 키신저를 포용하는 데 주저하지 않았다. 베트남전쟁의 후유증을 심하게 앓고 있었고, 소련의 군사력이 미국과 대등해지거나 미국을 능가한 시점에서 미국은 전과는 전혀 다른 세계전략을 추구해야 했다. 개인적으로는 키신저를 좋아하지 않았지만, 세계전략의 적절한 수정이란 면에서 그의 경륜과 식견이 절대적으로 필요했던 것이다. 결국 키신저는 원래 국제문제 전문가도 아니고 강경한 반反공산주의자인 닉슨을 설득해 세력균형에 기초한 현실정치Realpolitik론을 바탕으로 역사적인 공산 중국과의 화해와 소련과의 데탕트detente, 긴장완화를 이끌어 내는 데 성공했다.

역사적으로 이런 예는 많다. 볼셰비키였던 레닌은 혁명 후 서구 열강과의 정상외교가 필요해지자 멘셰비키파지만 외교경험이 풍부한 게오르기 치체린Chicherin을 외교수장으로 임명했다. 아예 경쟁자를 자기 사람으로 만든 예도 있다. 경선에서 격렬하게 1, 2등을 다투다 본선에서는 동일 티켓으로 정·부통령이 된 로널드 레이건/아버지 조지 부시, 빌 클린턴/앨 고어의 경우가 그랬다.

한나라당 경선이 끝나고 겉으로는 화합을 외쳐도 이명박, 박근혜 진영의 화학적 결합은 요원해 보인다. 왠지 겉돌고 있는 듯한 느낌이다. 이명박 후보는 "경제를 일으킬 리더십이 있을 것 같은 사람", "말만이 아닌 실적으로 뭔가 보여 준 사람"이라는 강력한 자산에도 불구하고 어딘가 2% 부족하다는 평을 받고 있다. 가치관이 실종된 실망스런 후보수락 연설에서 잘 나타나듯이, 특유의 실용주의만 가지고는 한계에 다다랐다. 가치가 결여된 실용주의는 자칫 포퓰리즘으로 빠지기가 쉽다. 물론 현재로선 "한 방에 보낸다는" 희망 하나로 상대편 음해에만 골몰하며 별 비전도 제시 못하기 때문에 20~30% 부족해 보이는 범여권 후보들이나, 20세기형 낡은 어젠다에서 한 발짝도 못 벗어나는 민노당 후보들보다는 유리해 보인다. 하지만 이 후보에겐 '하이 리스크 하이 리턴'(고위험 고수익) 펀드 같은 위태로운 측면도 분명히 존재한다.

이명박 후보와 박근혜 전 대표의 회동이 있다 한다. 이 후보는 이제 자신의 부족함을 채울 사람이라면 경쟁자와도 손잡고, 상대편 인재들도 필요하다면 과감히 등용해야 한다. 대권 가도에서의 정치공학적 측면에서건, 대권장악 후 나라를 잘 운영할 대국적 차원에서건, 그리고 사회가 나아가야 할 방향과 가치를 제시할 이념적 차원 모두에서, 인재를 가려내는 능력의 시험대에 섰다. 누가 얘기했듯이 "호감에 의한 만남보다 더 강렬한 것이 필요에 의한 만남"이다. 닉슨이 상대편의 키신저를 알아보고 중용했던 지혜가 필요한 시점이다.

<조선일보 아침논단> 2007.09.07

살풀이 시대를 넘어

　우리 사회는 미래의 최고지도자를 뽑는 중요한 선택을 앞두고 있다. 그래서 대권후보자들에 대한 많은 검증이 진행되고 있는데, 그들의 역사관에 대한 검증도 마땅히 이뤄져야 할 것이다. 대한민국의 정통성 인정, 건전한 시장경제, 자유민주주의, 국제협력노선… 우선 대한민국을 지탱하며 번영시킨 이 가치들이 역사관歷史觀을 검증하는 첫 번째 바로미터일 것이다. 위의 가치들을 부분적으로 혹은 전체적으로 부정하는 분위기가 근래 횡행했던 것도 사실이다. 그러나 여러 사람들의 노력으로 이런 가치들에 대한 재인식이 다시금 뿌리를 내리고 있다. 한 자리수 지지율을 가진 후보 몇 명을 제외하고는 이 기준에 대해 거의 의견일치가 이루어진 것 같아 다행스러운 마음이다.

　또 다른 척도는 누가 심도 있고 균형 잡힌 역사인식을 가지고 있느냐의 문제이다. 올바른 역사관은 올바른 미래비전의 시금석이기 때문이다. 우리 사회에는 역사를 단선적이고 도식적으로 바라보는 시각이 존재한다. 80년대에 특히 이런 역사인식이 유행했고, 그 여파는 지금까지 남아 있다. 동학농민운동－의병－독립운동－민주화 투쟁이 한 궤軌를 이뤄 꿋꿋이 이어진다는, 겉보기에 그럴듯한 논리체계가 그중 하나다. 그래서 동학을 계급혁명과 역사결정론의 시각에서 '갑오농민전쟁'으로 명명하고 한국 근·현대사 정통성의 시발로 보는 흐름이 있었다. 그러나 의병 중 상당수가 동학농민운동 당시 진압군이었다는 사실, 과거사 청산을 외치던 여권 '민주'인사들의 부친이나 조상이 조병갑 고부군수, 일본의 특무나 헌병이었다는 사실, 과거사 청산작업의 '초점'이었던 박정희 전 대통령의 부친이 1892년 경북 성주의 동학 접주接主, 지역 책임자로 활동했기에 박근혜 씨가 '동학 농민혁명 참여자 명예회복에 관한 법률'에 따라 혁명 참여자 신청과 유족회 가입을 할 수도 있다는 사실 등이 드러나면서, 단선적 논리체계를 믿고 편 가르기를 선호했던 사람들을 당혹스럽게 만들었다. 역사의 복잡성complexity을 이해하지 못했기에 일어나는 현상이리라.

"오로지 집단을 위해서만 쓰인 끼리끼리 역사는 역사로서 함량미달이다." 공산주의자이지만 훌륭한 역사학자인 에릭 홉스봄은 자기 집단의 일체감을 강조하기 위해 쓰이는 역사는 저급이라 일갈—喝했다. 한 국가의 지도자는 무릇 인간의 유일한 데이터베이스인 역사에서 많은 정보와 지혜 그리고 풍부한 함의를 겸허하게 끌어내야 한다. 역사를 단편적으로 인식하고 자신이 속한 정파의 목적에 역사를 끼워 맞추려는 태도를 갖는 사람은 일단 최고지도자로서 결격이다.

비스마르크 시대 독일은 비교적 빠른 시일에 놀랄 만한 성장을 이루어냈다. 그러나 성장 이면에 사회적 긴장과 왜곡이 생겨나 훗날 역사발전에 큰 그늘을 형성했다. 산업화와 민주화를 거의 동시에 이뤄낸 한국 현대사는 독일의 경우보다도 더 바람직한, 세계사에서 유례를 찾기 힘든 성공스토리이다. 그러나 그 이면에는 역시 그늘이 존재한다. 압축적인 성장과 격변적인 사회변화, 그리고 분단 상황을 겪으며 상처받거나 뒤처진 사람들이 많이 생겨났다. 그리고 이렇게 축적된 한恨이 몇 년째 분출되고 있다. 이것은 우리가 격동의 시대를 살면서 어느 정도는 치러야 할 대가이기도 하다. 나는 최근 세 정권에서 이 상처의 치유과정이 있었다고 생각한다. 특히 그 절정은 노무현 정부였기에 후세 역사가들은 이 시대를 "살풀이의 시대"로 규정하고 그 행위의 필요성을 부분적으로 인정할 것이라 확신한다.

때로는 살풀이가 카타르시스의 긍정적 역할을 한다. 그러나 마냥 살풀이만 하는 집안이 잘될 턱이 없다. 이제 국민들은 더 높은 수준의 사회통합을 요구한다. 그래서 살풀이의 시대를 끌어안으면서도 그것을 넘어설 수 있는 역사관을 가진 지도자를 갈망한다. 다시 말해 누적된 여러 사회갈등을 현명하게 치유하면서도, 민주화세력과 산업화세력의 화해에 기반한 선진화의 길을 열 수 있는 지도자를 바라는 것이다. 역사의 아픔에 기댄 포퓰리즘, 즉 대중영합과 대중선동주의에 얽매여 증오와 분노를 양산하는 미분微分의 정치가 아니라 포용을 지향하고 21세기 국가생존을 위한 선진화의 길로 들어서는 적분積分의 시대로 변환해 나가는 역사관과 미래 비전, 그것이 다음 대통령감을 평가하는 데 있어 3만 달러 시대니 한풀이니 하는 단선적 비전보다는 더 중요한 척도가 돼야 하지 않을까.

<조선일보 시론> 2007.03.17

책임지는 지도자를 보고 싶다

이시구로 가즈오의 원작소설을 제임스 아이보리가 감독한 '남아 있는 나날Remains of the Day'은 인상적인 장면으로 가득 찬 명화다. 영화에서 영국의 정치가 달링턴 경은 시종일관 대對 나치독일 유화정책의 필요성을 역설하고 끊임없는 양보를 주도하지만 바로 그 정책 오류 때문에 몰락하는 것으로 그려졌다. 실존 인물인 체임벌린 총리도 마찬가지였다. 그의 유화정책은 처절한 파산을 맞았다. 그러나 체임벌린은 자신의 정책이 실패했음을 깨닫는 순간 정책적 과오를 솔직히 인정하고 책임지는 자세를 보였다.

"나는 피와 노력과 눈물과 땀 이외에 아무것도 약속드릴 수 없습니다. … 우리의 목적이 무엇이냐고 여러분은 물어볼 것입니다. 나는 단 한마디로 대답할 수 있습니다. '승리'" 처칠의 전시내각 총리 취임 연설이다. 대학 시절 서양사를 처음 배울 때 감동적으로 다가온 내용이다.

그 못지않게 감동적인 것은 처칠의 전임자인 체임벌린의 잘 알려지지 않은 개전開戰 연설이었다. 그는 의회에서 침통하게 선언했다. "우리는 이제 독일과 교전상태에 들어갔습니다. … 오늘은 우리 모두에게 슬픈 날입니다만, 저 이상으로 슬픈 사람은 없을 것입니다. 내가 히틀러를 위해 노력한 모든 것, 내가 희망한 모든 것, 나의 공적 생애를 통해 믿어 왔던 모든 것은 깨어지고 부서졌습니다." 연설은 일말의 비장미까지 풍긴다.

우리의 지도층은 이런 책임의식을 보인 경우가 역사상 드물다. 매우 많은 예가 있지만 두 가지만 들어 보자. '점심은 평양에서 저녁은 신의주에서'를 외치다가 점심은 수원에서 저녁은 대전에서 먹게 될 위기에 빠진 대한민국 수뇌부는 '우리 군은 해주를 점령하고 북진 중', '의정부 이북을 제압하고 있다' 또는 '3일 늦어도 5일 이내에 평양을 향하여 북진할 결의이다'라는 얘기만 남기고 서울을 몰래 포기했다. 수많은 시민을 버려두고 한강다리마저 끊어 놓았다. 여기에 대해 일언반구 회한의 말조차 남기지 않고 애꿎은 공병감만 사형에 처했다.

그 지역 출신 5, 6공 정치 실세인 유학성 씨의 선심성 공약으로 추진돼 1989년 개통되고 2002년 증축된 일명 "유학성공항"이라 불리는 예천공항은 이제 완전히 폐쇄됐다. 거기에 쓴 혈세가 천문학적 숫자이다. 건설교통부 관계자는 "잘못된 정책 판단과 정치권 인기 전략이 맞물린 예산 낭비의 전형"이라고 혀를 찼지만 책임졌다는 사람을 보기는커녕 사과 한마디 들은 적이 없다.

북핵 문제가 초미의 관심사다. 이 사태에 대해 책임지는 사람이 없다는 점은 안타까운 일이다. '북한은 핵을 개발한 적도 없고, 의도도 없고, 능력도 없다', '대북 지원금이 핵개발로 전용된다는 얘기는 터무니없다'고 호도했던 사람들은 지금 아무 말이 없다. 오히려 교언[15]들으로 이런 사실을 감추기에 급급하다.

자기합리화가 인간의 근본적인 방어기제라고는 하지만 온 힘을 다해 책임회피와 책임전가를 하는 행태는 도가 지나치다. "북한 노동당기와 김일성 초상화 등을 소지하고 있었다"는 지적에 대해 공안

당국(안기부)의 조작이라고, 며칠 후에 곧 밝혀질 거짓 변명을 했던 사례는 또 어떤가. 문제는 그런 것을 과거에 소지했거나 그런 생각을 과거에 믿었다는 점이 아니다. '이제는 아니다' 또는 '잘못된 생각이었다'라고 솔직히 고백하면 될 일을 비본질적인 변명으로 무마하기에 바쁜 모습은 공인의 자세와는 거리가 멀어도 한참 멀다.

언론이라고 다를까? 온라인 신문이건 일부 종이신문이건 아니면 말고 식의 폭로와 허위사실 유포를 하는 경우가 있지만, 오보임이 밝혀져도 사과 한마디 안 하는 경우가 적지 않다. 인터넷 공간은 더 말할 나위가 없다. 댓글 공간은 완전한 무정부상태이고 무책임한 정신병자의 놀이터가 된 것 같은 느낌마저 준다.

책임지지 않고 구렁이 담 넘어가듯 하는 우리 사회의 행태는 대한민국이 진정하게 신뢰받는 사회로 나아가는 데 가장 큰 걸림돌 중 하나라는 사실을 뼈저리게 인식해야 한다. 체임벌린은 정치가로서, 지도자로서 실패했다. 그러나 솔직함과 책임지는 자세 때문에 아무도 그를 도덕적으로 비난하는 사람은 없다. 그와 같은 용기가 필요한 시점이다.

<동아일보 동아광장> 2006.12.16

자격미달 후보, 유권자가 골라내야

전두환 정권 수립 이후 구성된 11대 국회는 우리 헌정사에서 단절이 심한 국회로 기록된다. 3김 씨는 물론이고 김상현 김덕룡 씨 등 기존 정치인 대다수가 정치활동 규제로 묶이고, 청와대가 기획 지시하고 유학성 부장이 수장인 안전기획부가 집행하는 방식으로 정당구조와 인적 구성이 완전히 재편됐다. 이때 여당은 물론이고 진보정당을 포함한 야당 국회의원 공천은 권력핵심이 마음대로 했기에 수준 미달의 국회의원들이 다수 생겨났다. 그러나 11대 국회는 훗날 정치 거물로 성장하는 참신한 신인들도 다수 배출했던 양면성을 갖기도 했다. 결국, 11대 국회의 신인들은 시간이 지남에 따라 자연스레 옥석玉石이 구분됐었다.

4년 전 17대 총선도 탄핵 역풍에 따른 초선의원 진출이 매우 두드러졌던 국회였다. 이들도 11대 초선 국회의원들처럼 훌륭한 정치 재목과 빨리 퇴출돼야 마땅할 사람이 혼재돼 있다. 따라서 이번 총선은 17대 국회 때 등원한 초선의원들에 대한 평가의 성격도 필요하다. 소위 '탄돌이'라 통칭되는 이 그룹의 옥석을 가릴 기준은 이들의 4년간 의정 활동과 언행에 대한 면밀한 검토일 것이다. 초선의원들뿐 아니라 재선급 이상 의원들도 트랙레코드track record, 현재까지의 실적의 엄정한 평가에서 자유로울 수 없다.

그러나 여건 야건 처음에는 '공천혁명'이니 '원칙에 대한 타협불가'니 하고 세게 나오더니, 어느 순간부터 "당선 가능성", "대안 부재" 또는 "내부 사정"이라는 이유로 문제 정치인들에 대한 배제가 미흡하게 끝났다. 여당에서는 돈 봉투 사건으로 물의를 일으킨 지역의 공천과정 등이 그랬고, 야당에서는 "막말이나 품위 없는 행동으로 청소년이나 어린이 교육에 좋지 않은 영향을 준 인사"를 배제한다는 공언이 제대로 지켜지지 않았다. 국정난맥에 큰 역할을 한 일부 수도권 탄돌이들이 거의 다 공천된 것도 현실과 타협했다는 인상을 지우기 어렵다.

양대 정당뿐 아니라 군소정당 무소속에 망라된 자격 미달 정치인들이 현역 프리미엄이나 지역기반을 업고 여론조사에서 1등을 달리거나 만만치 않은 지지율을 보이는 것을 보면 지난 트랙레코드에 대한 유권자들의 평가가 아직은 제대로 되지 않았다는 느낌이다. 18대 총선이 지난 4년의 평가가 아닌 지난 4개월에 대한 평가의 성격으로 변할 조짐이 있는 것도 이런 현상을 불러오는 요인 중 하나이다. 지난 4개월도 중요하지만 더욱 중요한 것은 17대 임기 중의 꾸준한 활동상이라 할 때 이런 현상은 우려스럽다.

이들 문제 의원은 대선 시에 "아니면 말고"식의 무책임한 발언과 행동을 보인 이부터 성추행·폭행·폭언으로 구설수에 오른 이들까지 다양하게 포진돼 있다. 북한·탈북자 인권문제만 거론되면 "전쟁하려 하느냐?", "탈북자들은 경제 이주민일 뿐이다"라며 입에 거품을 물고 방해하는 시대착오적 선량이나 불법시위를 옹호하거나 무분별하게 참여한 의원도 여기에 포함된다. 잘못된 정책을 집요하게 추구해서 많은 부작용을 일으킨 사람들도 평가에서 빠질 수는 없다. 평등주의에 사로잡혀 수능등급제를 밀어붙여서 극심한 혼란을 야기한 경우가 한 예이다. 마약류·사기·부패 전과나 대학 부정입학 전력의 경우처럼 개인적인 흠결도 정치인으로선 부적격 사항이다.

　일류 정치를 만들어내는 것은 결국 일류 시민이다. 그런 점에서 선량후보들에 대한 올바른 선택이 중요하고, 이 과정에서 그들의 정치행위를 포함한 과거 행적에 대한 기록을 냉정히 살펴봐야만 한다. 문제 정치인들을 퇴출시킬 수 있는 최종권한을 갖는 것은 유권자뿐이다. 운동선수를 재계약할 때도 가장 먼저 보는 것이 그들의 기록이다. 그런데 국민의 대표가 될 새로운 국회의원을 뽑는 중차대한 일에서 후보자들의 트랙레코드를 살펴보지 않는다면 말이 되겠는가.

<조선일보 시론> 2008.04.03

국민은 '감동의 정치'에 목마르다

'반도半島기질', '다양한 문화의 융합적融合的 성격'이라는 긍정적 의미로 쓰이기도 하지만, 일본인들이 한국인들에게 부정적 자아관을 심기 위해 자주 썼으며, 우리가 자기비하를 할 때 '엽전'이란 말과 더불어 많이 사용한 단어이다. 대체로 대륙의 호방함도 없고 섬의 아기자기함도 없는 급한 성질과 좀스러움을 뜻하기에 가급적 쓰지 말아야 할 표현이다. 하지만 요즘 정치권에서 일어나는 일들을 보면 우리에게 정말 반도기질이 있지나 않은지 의심이 들기도 한다.

달면 삼키고 쓰면 뱉는 식의 행태를 보이며 지리멸렬하는 범여권 인사들에 대해서는 별로 언급할 가치를 못 느낀다. '기획탈당'이니 '헤쳐 모여'는 뭐고, '사생결단'은 또 뭔가? 요즘 그들에게는 나라를 어떻게 운영하겠다는 정책과 비전이 보이지 않는다. 대신 간판 바꾸고 내부수리 조금 한 '신장개업' 통합 깜짝쇼나 상대편 약점잡기로 유권자들을 현혹시키는 좀스럽고 얕은 수나 부리며 정권연장에만 신경 쓰는 것 같다.

그러면 현재 높은 지지율을 유지하는 야권 대권후보들을 보자. 이명박, 그는 공허한 구호가 난무하는 한국정치에서 '이바구'가 아닌 행동으로 뭔가를 보여 줬다. 살벌하고 품위 없기로 유명한 정치판에서 박근혜만큼 절제되고 기품 있는 사람을 봤던가? 그러나 아쉽게도 그들 진영의 행태는 선이 굵다는 느낌을 주지 못하고 있다. 대신 너무나 예측가능하다 못해 진부하기까지 하다. 지엽적인 문제를 놓고 으르렁대고 인신공격을 하다가 간신히 봉합된 한나라당 내분은 실망을 안겨줬다. 본인들이야 여러 이유를 대며 해명하고 싶겠지만, 국민들은 그런 구구절절한 이유에 대해 관심이 없다. 최근 양측이 경선결과 승복을 약속했지만 앞으로도 이런 일이 없을지 장담하기 어렵다. 치열한 경쟁은 좋다. 그러나 한국호號를 제대로 이끌 정책을 놓고 더 경쟁하라. 그래서 그제부터 시작한 정책비전대회에 대한 기대가 크다.

손학규, 나는 그에게서 한국정치의 미래를 봤다. 대통령 후보가 되건 안 되건 "살풀이 시대를 넘어" 민주화와 산업화 세력의 화해를 이루는 데 큰 역할을 할 인물이라 생각했기에…. 그러나 그는 오랫동안 마셔온 우물에 침 뱉는 식의 성마른 탈당으로 인해(자신의 표현대로) "독배毒杯를 마셨다." 그는 탈당 회견에서 눈물을 흘렸지만, 정작 울고 싶은 자는 아무 이해관계도 없이 마음속으로 성원하던 나 같은 사람들이었다. 아직도 그가 해야 할 역할이 있을지도 모른다는 한 자락 희망을 버리지는 않았지만, 한국정치사에서 매우 불행한 일이었다.

정치인들이 다 그렇게 호흡이 짧았던 것은 아니다. 유석維石 조병옥처럼 선 굵은 정치인도 있었다. 노무현 대통령도 적어도 대통령 당선 이전까지는 그랬다. 그는 작은 것에 연연하지 않는 정치인이었다. 대표적인 예는 아마도 김영삼 전 대통령일 것이다. 그도 결점이 많은 정치가였다. 솔직히 누가 그를 지성적이라고 하겠는가. 그러나 전성기 시절 잔재주 피우지 않고 큰 가닥을 잡아나가는 행보는 경탄할 만했다. 70년 신민당 대선후보 경선에서 아슬아슬하게(그리고 본

인 입장에서는 억울하게) 역전패를 당하고도 김대중 후보를 위해 군
말 없이 백의종군하던 모습을 생각해보라. 후에 최측근이 된 김덕룡
의원은 김영삼 씨가 전남 구례에서 처연하게 김대중 후보 지지연설
하는 것을 보고 '상도동 식구'가 될 것을 결심했다고 한다. 수틀리면
경선결과 불복이나 탈당·분당을 불사하는 다른 정치인들과는 사뭇
다르지 않은가. 만일 그랬다면 훗날의 김영삼은 없었을 것이다.

정치란 감동을 주고 비전을 제시하는 예술이어야 한다. 감동이란
일상의 무료함을 벗어나는 의외성에서 나오고, 비전은 올바른 방향
을 제시하는 미래지향적인 정책에서 나온다. 애석하게도 오늘날 한
국정치인들에게는 그런 것이 드물다. 주어진 환경에서 동의한 룰에
따라 정정당당히 정책으로 경쟁하고 결과에 겸허히 승복하는 자세
는 너무도 당연한 것이다. 그러나 한국의 정치토양은 이런 당연한
일조차 의외로 여겨질 정도로 척박하다. 하지만 국민들은 그 정도의
감동이라도 받기를 갈망하고 있다는 것을 명심해야 할 것이다.

<조선일보 아침논단> 2007.05.31

달라진 보수 vs. 새로운 진보

확실히 시대정신이란 것이 있는가 보다. 어떤 생각이나 행동이 한 때에는 타당해 보이다가도, 어느 순간 촌스럽고 유행에 뒤떨어진 것으로 전락한다. 예를 들어 80년대에는 머리끈 동여매고 '무산자 혁명'이나 '위수김동'을 외치면 멋있었을지라도 이제 그런 행동은 정신이 나갔다는 취급을 받기에 알맞다. 지난 20여 년간 진보가 한국 사회의 담론을 장악해 왔지만 이젠 에너지가 소진된 느낌이다.

진보는 개혁이란 단어와 결부되어 태생적으로 좋은 어감을 가지고 있다. 하지만 모든 개혁과 진보가 좋은 방향으로만 흘러가지는 않는다는 것을 역사가 실증한다. '한국형' 진보의 진화 과정도 꼭 긍정적이지만은 않았다. 정치권력을 장악했건만, 요즘은 수구좌파라는 비난을 받으며 방향을 잃고 진영 내 상호비방과 책임회피가 난무한다. 국제주의를 선호하고 인권문제에 민감한 일반적인 진보정신과도 많이 벗어나 있다.

한심하기는 보수도 마찬가지였다. 권력의 보호라는 온실 속에서 자란 한국의 보수는 '오렌지족' 수준의 기득권 지키기에 머물러 있었다. 이러한 무력함을 극복하기 위해 '들판형' 보수를 자임하는 뉴라이트 운동이 "따뜻한 가슴을 가진 보수", "생각하는 혁신 우파"를 주창하며 등장했다.

며칠 전 뉴라이트재단의 정책위원회는 '2008 뉴라이트 한국보고서'라는 정책비전에서 한국사회의 문제점을 진단하면서 비만정부에서 알뜰정부로의 변환, 경쟁을 촉진하는 공정거래 정책, 파격적 외국투자환경 개선, 국익위주 외교전환 등의 처방책을 내놓았다. 한반도선진화 재단도 '선진화 국정과제' 보고서를 제출하며 대안을 모색했다.

한편, 진보는 어떠한가? 한국의 진보는 그동안 '진부陳腐'한 진보의 수준을 넘어 파괴적인 행태를 보이기도 했다. 일례로 대나무밭 하나 없는 서울 도심에서 죽창이 난무하는 불법 폭력시위를 저지르고도 단지 "우발적이었다"라고 변명하기 바빴다. 다행히 새로운 진보를 향한 변화의 조짐이 보인다. '지속 가능한' 진보를 표방한 '바른정책포럼'의 태동은 범여권 내에서의 변화로 이어졌다. 김영춘 의원은 새로운 성장 동력, 대외경쟁력 제고, 북한 인권문제 등 각론에 약한 집권당의 시대착오적인 좌파적 요소를 질타했다. 이러한 문제제기로 시작된 자성과 대안모색에서 지금까지의 시행착오를 넘어서려는 노력이 엿보인다. 전가傳家의 보도寶刀인 포퓰리즘을 이용해 지지층인 수구좌파에 기대며 고립주의 노선을 견지할 수도 있었던 노무현 대통령은 한·미 FTA를 이뤄냈다. 보수정권하에서는 이루기가 훨씬 힘들었을 업적이다. 철저한 반공주의자였던 리처드 닉슨이 공산중국과의 화해를 쉽게 이뤄냈던 것처럼, 자주와 진보를 표방했던 노무현 정부는 비교적 순탄하게 한·미 FTA를 이끌어낸 것이다.

같은 당내에서도 '싸가지 없기로 유명한' 유시민 장관이지만, 그의 국민연금개혁 노력도 옳은 방향이라 하겠다. 미래세대를 위해 진보의 관행을 깨는 연금개혁 노력은 긍정적으로 평가돼야 한다. 원래 진부한 진보는 미래가 어찌 되건 일단 많이 거둬 많이 시혜하는 데

혈안이 된다. 1960년대 존슨 행정부는 종합사회복지 체제였던 '위대한 사회' 프로그램을 추진하면서 미래에 미미한 수준의 적자가 발생할 것이라 선전했다. 그러나 결과는 미국도 감당하기 힘든 파멸적 재정적자였다.

또한 열린우리당 정세분석 국장을 지낸 고한석 씨도 최근 적진敵陣인 뉴라이트 계열의 '시대정신' 봄 호에 새로운 진보의 구체적 방향에 대한 논의를 하면서, 공평한 경쟁체제 수립, 주주자본주의 옹호, 북한 인권에 대한 관심, 그리고 필연적인 세계화에 대한 현실적 대비를 주문했다.

공무원 수를 더 늘린다는 최근 보도는 실망이지만, 전체적으로 진부한 진보의 시대가 마감되는 징조가 보인다. 수구보수와 수구진보, 둘 다 이제 생명력이 다했다. 그러기에 지금이야말로 보수, 진보가 공히 '알껍데기를 깨고 나가는' 고통과 희열 속에 더 높은 수준으로 나아갈 호기이다. 양쪽 다 더 높이 날면서 한국사회를 업그레이드시켜라. 갈매기 조나단이 말했듯이 "더 높이 나는 새가 더 멀리 볼 수" 있기에.

<조선일보 아침논단> 2007.05.03

새로운 진보의 무기력한 침묵

"20세기 역사에서 실험된 기존의 진보 노선이 경제 사회 환경적으로 지속 가능하지 못해 결국 실패로 끝났다."

1월에 출범한 '좋은 정책 포럼'의 일성—聲이다. 이 포럼은 기존 진보의 파산을 인정하고 대안으로서 '지속 가능한 진보' 노선을 정립한다는 희망을 피력했다.

한국정치의 차세대 지도자로 주목받는 김영춘 의원. 그를 언론에서 접할 때마다 1980년대 초반 학생운동 리더로서 사자후獅子吼를 토하던 모습이 생각난다. 김 의원도 지난달 말 "대외경쟁력 제고에 대한 비전, 서민과 중산층의 삶을 개선시킬 해답을 제시하지 않으면 열린우리당은 좌파 논리에 경도된 시대착오적 수구정당으로 낙인찍혀 재집권의 길은 요원하다"라고 발언했다. 또 개혁세력은 "새로운 성장 동력, 성장과 규제, 복지모델, 기업과 노조, 북한의 개혁 개방과 주민 인권 문제 등 구체적 각론에는 약하거나 비겁했다"라고 개탄했다.

이렇게 기존 진보의 문제를 극복하려는 새로운 진보에 대한 모색을 세간에서는 한국적 '뉴레프트' 또는 '제3의 길'의 태동이라 명명하고 있다. 편의상 이러한 흐름을 뉴레프트라고 하자. 이것은 기존 우파의 한계를 벗어나 경쟁력 있는 보수이념을 정립하려는 뉴라이트의 노력과 대비되는 측면이 있다. 이런 상황은 두 집단이 선의의 경쟁을 통해 지금까지의 보수와 진보의 상호 불신을 뛰어넘어 대화의 통로와 접점을 찾을 수 있다는 기대를 높이기도 한다.

진보진영의 일각에서는 이렇듯 수구 좌파적 행태에서 벗어나 새로운 모습으로 태어나기 위한 진통을 겪고 있다. 그러나 이런 긍정적인 노력은 단발적인 문제 제기에 머무르고 있고 결집된 모습을 보여 주지 못하고 있다. 한국의 뉴레프트가 갈 길은 멀다. 아직 우리 사회 저변에는 기존 도그마에 집착하는 수구좌파가 개명된 진보보다 훨씬 더 많다. 진보라는 단어가 주는 긍정적인 어감에 매료돼 20세기형 퇴보하는 진보의 구호를 생각 없이 추종하는 겉멋 들린 오렌지 진보 근성도 꽤 남아 있다.

그러나 세계화를 무조건적으로 거부하고, 국제협력을 경시하고, 건강한 경쟁을 부정하고, 불법적 파업과 폭력을 신봉하고, 절차적 정당성을 독선적으로 무시하며, 대한민국의 정통성을 부정하는 파괴적 진보에 대해 뉴레프트는 무력한 모습을 보이고 있다. 북한인권, 한미동맹, 북한 핵개발 문제, 8·15 통일축전, 전교조 문제, 한미 자유무역협정FTA, 포스코건설 사태, 대추리 사태… 수없이 많은 구체적인 사안에 대해 새로운 진보를 표방하는 그룹이나 개인에게서 명확한 입장 표명이 나오지 못하고 있다. 또 '북한의 미사일 발사는 조국통일을 앞당긴다', '침략적 한미동맹 해체하라', '북한의 선군정치 덕에 전쟁이 안 난다'라는 등 구좌진보의 파멸적 주장과 행동에 대해 별 대응 없이 방관자의 입장을 취한다.

구체적인 예를 들어 보자. 8월 중순에 통일연대와 한국대학총학생회연합 같은 이른바 진보단체들이 대학 당국의 명백한 거부에도 불구하고 연세대에서 8·15 통일축전을 불법적으로 강행했다. 허락 없이 남의 시설물에 들어가 행사를 한 것은 건조물침입죄에 해당된다. 집회에서 온갖 시대착오적인 구호가 난무했는데도 불구하고 여기에 대해 진보진영은 한마디 쓴 소리 없이 방관 내지는 방조하는 것 같은 태도를 보였다. 뉴라이트권에서 일제히 비판의 목소리를 높였던 것과 비교되는 한심한 모습이다.

구진보의 파산을 선언하고 지속 가능한 대안을 찾으려는 방향은 맞다. 세상은 무서운 속도로 변해 가는데, 펜티엄급이 아닌 386급 문제의식과 태도를 가지고 있다면 그것은 진보의 비극일 뿐 아니라 대한민국의 비극이다. 이제는 구체적인 사안에 대해 어물쩍 넘어가지 말고 잘못은 잘못이라고 말하는 용기가 필요한 시점이다. 그러고 난 다음에야 대안이고 뭐고 나올 수 있다. 그렇지 않다면 한국에서 개명된 진보의 싹이 트기는 어렵고, 그 결과는 진보의 총체적 파산이 될 것이다. 그것만은 막아야 하지 않겠는가.

<동아일보 동아광장> 2006.09.22

진보정당, 왜 진보 못하고 있나

돌이켜 보면 5공 초기에는 희한한 일이 많이 일어났다.

전두환 정권은 취약한 정통성과 국제사회에서의 멸시 때문에 진보정당의 인위적인 원내 진입을 계획했다. 국제사회에서 영향력이 큰 사회주의인터내셔널si의 환심을 사고 한국이 다원적 민주사회임을 보여 주기 위해 그들은 헌정 사상 유례를 찾기 힘든 희극을 연출했다. 그것은 바로 민주사회당(뒤에 신정사회당이라 개칭)이라는 진보정당을 급조해 소득수준이 높은 서울시 강남구에서 당선시키는 일이었다. 결국 중선거구제에서 집권 민정당 후보와 민주사회당 후보만 출마시켜 둘 다 당선하였으니, 그 방책을 입안한 사람의 창의성에 경의를 표하고 싶다. 그러나 이렇게 원내 진출한 사회당은 자생력이 없었기에 곧 무대에서 사라졌고, 그 후 민중당 등이 원내 진출을 시도했으나 현실의 높은 벽 앞에서 좌절했다.

그러다 민주노동당이 2002년 17대 총선에서 대거 원내 진입에 성공하면서 한국 진보정당사는 신기원을 맞았다. 이제 한국에서도 자생적 사회주의 정당이 자리를 잡을 때도 됐기에, 식자층은 민노당이 재야 극렬세력이 아니라 제도권으로 진입한 책임 있는 정책 정당으로 변신하길 기대했다.

서유럽 역사를 보더라도 영국의 노동당, 프랑스의 사회당, 독일의 사민당과 같은 대표적인 사회주의 정당의 정강정책은 원래 급진적이었다. 그러나 제도권에 진입할 때부터 그들은 세련화의 길을 갔다. 또 정권을 장악했을 때는 무책임한 급진 야당이 아니라 국가를 운영하는 책임 있는 정당으로 탈바꿈했다. 합법적 노동자 정당의 대표격인 영국 노동당은 1924년 역사상 처음으로 집권당이 됐고, 나중에는 아예 온건 진보정당인 자유당의 지지 기반을 허물고 보수당과 더불어 새로운 양당 체제를 정립시켜 오늘날에 이르고 있다. 한국의 민노당도 이러한 과정을 거쳐 진보 진영의 대표적인 수권정당이 될 희망을 공표했다.

그러나 이번 지방자치선거에서 민노당은 광역자치단체장은 물론이고 기초단체장 하나 당선하지 못하는 실패를 맛보았다. 지지율에서도 답보 정도가 아니라 하락을 겪었으며, 집권 열린우리당에서 이탈한 표를 가져오지도 못했다. 왜 이런 결과가 나왔을까? 민노당은 정책 정당으로 변신하는 데는 어느 정도 성공했으나 초기의 미성숙한 행태를 탈피하지 못했고 시대의 변화에 따라가지 못했기 때문이다. 영국 노동당은 '영국병'이라는 사회주의와 수정자본주의의 근본적인 결함에서 배태된 문제를 인식하고 20세기 후반부터 철저한 변신을 시도했다. 최근 독일 사민당의 변신 노력도 마찬가지이다. 그러나 민노당은 아직도 20세기 스타일 진보정당의 한계를 한 치도 못 벗어난 것으로 보인다.

민노당이 발전하려면 다음 세 가지 사항에 대한 진지한 고민이 있어야 할 것으로 판단된다. 첫째, 성장·경쟁체제 그리고 세계화에 대해 무조건적인 반대만 할 것이 아니라 적절한 처방전을 제시해야 한다. 결과적 평등, 인위적인 평준, 폐쇄체제에 미래는 없다. 극단적인 경우인 북한 모델은 물론이고 빈곤의 평등이라는 '방글라데시 모델'은 이제 한국의 대안이 될 수 없다. 무기력한 상태에 있는 한국의 교육도 마찬가지다. 그 대안으로 '절제된' 성장과 '공정한' 경쟁, '대책 있는' 세계화라는 어젠다로 발전할 필요가 있다.

둘째, 북한 인권문제에 대한 외면에서 탈피해야 한다. 항간에 북한 문제 거론은 민노총 비판과 더불어 민노당의 금기 사항이라는 지적이 있다. 이것은 반외세 민족 공조를 강조하는 민족해방NL계가 다수인 민노당의 한계로 인식돼 민노당 발전에 족쇄로 작용하고 있다.

셋째, 대한민국 역사에 대한 정통성 인정이다. 작게는 위에 언급한 5공 시대의 에피소드에서부터 크게는 조봉암 진보당 당수 사형에 이르기까지 한국은 수많은 시행착오와 어두운 면을 가지고 있지만 크게 봐서는 올바른 진로를 택했다. 급진 진보 진영의 우상인 놈 촘스키 교수마저 한국을 "독자적 경제발전과 평화적 민주화를 이루고, 인터넷 공간을 통해 풀뿌리 민주주의를 발전시키는" 이상적인 모델로 인정하지 않는가. 빌리 브란트와 헬무트 슈미트가 이끌었던 사민당이 콘라트 아데나워가 세운 서독의 정통성을 결코 부정한 적이 없었다는 사실도 명심해야 한다.

이제 한국에서 진보정당의 '진보'가 왜 이루어지고 있지 않은지 고민해볼 시간이 왔다. 10%대 득표율의 만년 소수야당으로 남아 있으려면 아무 문제가 없지만 진정한 수권정당으로 크기 위해서는 치열한 자기반성과 혁신을 거쳐야 할 것 같다. 민노당이 21세기형 '지속 가능한 진보정당'으로 변신하기를 기대한다.

<동아일보 동아광장> 2006.06.08

6·25전쟁, 미국이 개입해서 길어졌다고?

　언제부턴가 사실을 먼저 습득하고 그 이후에 결론을 도출해 내는 것이 아니라 결론을 미리 내려놓고 몇 가지 사실을 갖다 붙이는 것이 유행이 되고 있다. 한국전쟁의 본질, 맥아더 장군 그리고 해방 후 여론조사를 둘러싼 일부 인사들의 주장은 바로 이런 위험성을 내포하고 있다.

　그러다 보니 논리와 사실fact의 무수한 오류가 발생한다. 여러 가지 모습으로 위장하기도 하지만 이러한 주장의 본질은 "대한민국은 태어나지 말았어야 할 정체政體이고 태어났었더라도 곧 사라졌어야 할 존재"라는 것이다.

　이러한 주장을 요즘 가장 솔직하게 표출하는 한 교수는 며칠 전 46년의 미군정청 여론조사를 인용하며 "공산·사회주의 지지세력이 77%였고 자본주의 지지는 겨우 14%였다. 당시 조선 사람 대부분이 원하는 것이면 응당 그 체제를 택해야 한다"라고 발언했다. 바꾸어 얘기하면 미국이 없었으면 남한사회도 자연스럽게 공산화가 됐을 것이고 또 그렇게 됐어야 한다는 얘기다.

　과연 그럴까? 그 당시의 여론조사는 78%라는 높은 문맹률 상태에서 임의적으로 행해졌고 오늘날과 같은 과학적 기법이나 표본추출을 사용한 것이 아니기에 신뢰도가 크게 떨어진다. 그 여론조사를 인정한다 하더라도 이러한 발언은 '어떤 정부형태를 선호하느냐?'라는 질문에 응답한 사람이 85%인 데 반해 공산주의 체제를 뜻하는 '계급지배' 지지는 5%에 불과했다는 사실을 완전히 간과하고 있다.

또 문제가 된 문구인 '어떤 경제체제를 원하는가'라는 질문에는 사회주의 70%, 자본주의 14%, 공산주의 7%라는 대답이 나왔기에 공산체제를 선호하는 국민은 극소수에 달한다는 것이 한눈에도 확연하게 드러난다.

공산·사회주의로 묶어서 그럴듯하게 포장한 노력에 감탄을 금하지 못하면서도, 당시 일반 국민들이 사회주의를 선호한 것은 해방 후 일본의 식민지배에 대한 대안이 불분명한 가운데 평등주의에 대한 막연한 선호가 작용했다는 것을 지적하지 않을 수 없다. 또한 그 평등주의도 사회민주주의적 형태였지 결코 공산주의가 아니었다.

사회민주주의는 프롤레타리아 폭력혁명이 아니라 합법적 선거를 통한 무산자계급의 정권창출을 바라는 정치사상임을 감안할 때 당시 여론조사에서 나타난 대의민주주의 체제에 대한 압도적 지지와도 모순되지 않는 결과였던 것이다.

"한국전쟁은 민족통일전쟁이었고 미국의 개입이 없었으면 빨리 끝났을 것이라"는 주장도 마찬가지이다. 이미 80년대 '한국전쟁은 자연발생적인 전쟁'이었다는 수정주의 학설이 존재했지만 구소련/동구권의 해체로 인한 비밀자료들의 공개로 이러한 논리는 오래전에 폐기처분됐다. 그것은 소련의 승인과 중국의 묵인으로 치밀히 준비된 전쟁이었지 결코 불가피한 것이 아니었다.

소련의 개입으로 일어나지 않아도 될 전쟁이 시작됐고 미국과 UN의 개입으로 그러한 시도가 저지되면서 전쟁은 발발 후 4~5개월 내에 빨리 끝날 수도 있었다.

실제로 맥아더 사령관은 전쟁이 조기 종결될 상황에서 "미국 병사들은 (50년의) 크리스마스를 고향에서 보낼 것"이라고 선언했다. 그렇다면 그 이후 중국의 개입으로 전쟁이 2년여를 더 끌어 무수한 사상자가 더 난 것은 어떻게 설명할 것인가.

한국전쟁은 이후 한국현대사의 방향을 송두리째 바꿔버렸다. 전쟁의 참상은 물론이고 남북 양 체제에 극단적인 대결 마인드가 고착되면서 온건파가 존재할 수 있는 환경이 완전히 제거됐고 중립화 통일의 여지가 없어지는 등 파괴적인 감정대립의 씨앗이 배태됐다. 요는 한국전쟁이 절대 있어서는 안 될 전쟁이었다는 것이지 누가 개입해서 길게 끈 것이 본질이 아니라는 것이다.

사실 요즘 나오는 얘기들은 전혀 새로운 것이 아니다. 단지 이러한 생각이 솔직하게 표현되고 있을 뿐이고, 이러한 현상은 그런 류의 주장의 본질이 오히려 더 정확히 나타날 수 있기에 한편으론 바람직하기도 하다. 아쉬운 것은 이제 이러한 주장들이 좀 더 높은 수준으로 논의되기를 바랄 뿐이다. 과거 수준에 머무는 주장을 계속 듣는 것은 낡고 망가진 레코드판을 듣는 것처럼 지겹기 때문이다.

<동아일보 시론> 2005.10.05

맥아더는 신神도, 살인마도 아니다

어렸을 적이다. 학교 선생님들은 맥아더 원수가 한국을 살린 주역이고 '바보 같은 트루먼'만 없었어도 한국은 이미 통일이 돼서 잘살수 있었다고 말씀하셨다. 맥아더는 우리의 영웅이었고 맥아더를 해임한 트루먼은 역적이었다. 한때 인천지역에는 맥아더를 신神으로 모시는 유사종교단체도 있었다. 고등학교 시절에 감동적으로 외우다시피한 영어 문장은 미국 상·하원 합동회의에서 맥아더가 행한 유명한 고별사 "노병老兵은 죽지 않고 사라질 뿐"이었다.

이런 생각이 조금 바뀌게 된 것은 미국 유학 시절 냉전사冷戰史를 공부하면서였다. 한국에서 '얼간이'로 평가되는 트루먼은 사실 미국역사상 가장 존경받는 대통령 중 하나였다. 오히려 대통령의 명령을 무시하고 독단적으로 행동하며 한국전쟁에서 몇 가지 전략적인 과오를 범한 맥아더는 인천상륙작전과 같은 그의 빛나는 업적들과 함께 객관적으로 취급되고 있었다.

인천상륙작전 55주년을 맞는 오늘, 한국은 난데없는 맥아더 논쟁에 휘말려들고 있다. 한편에서는 인천공항을 맥아더공항으로 개명하자고 하고, 다른 한편에서는 맥아더 격하 운동이 벌어지고 있다. 지난 11일 일부 단체들은 인천 자유공원에서 '미군강점 60년 청산 주한미군 철수 국민대회'를 개최하고 맥아더 동상의 강제 철거를 시도했다. 그들의 주장은 맥아더가 전쟁 미치광이이며, 분단과 대학살의 원흉이라는 것이다.

물론 맥아더 동상 철거 운동의 본질은 따로 있다. 1980년대에 싹 터 최근 목소리를 높이고 있는, "6·25는 민족통일전쟁이었으며, 미국이 개입하지 않았으면 대규모 유혈流血 없이 쉽게 끝났을 것"이라는 반미反美주의와 친북親北적 통일·민족지상주의다.

따라서 이들의 주장은 맥아더에 대한 냉철하고 객관적인 평가가 아니다. 맥아더는 태평양전쟁에서의 빛나는 무공武功으로 연합국이 제국주의 일본을 물리치는 데 일등공신이었음은 물론이고, 전후戰後 일본이 민주국가가 되는 데 기틀을 다진 사람이기도 하다. 한국전쟁에서는 인천상륙작전과 같은 위업을 달성하기도 했지만 자신감과 의욕이 앞서 중공군에 대한 오판誤判과 중국 영토 폭격 계획 등 실수를 저지르기도 했다. 그래서 미국 국민들은 전역轉役 후 대통령 예비경선에 참여한 그를 무참히 떨어뜨렸던 것이다. 요는 맥아더도 결함이 있었지만 전체주의 체제가 잘못된 것이라는 신념으로 자유민주주의를 지키기 위해 노력한 장군이지, 살인마나 미치광이가 아니라는 것이다.

우리가 맥아더와 미국을 보는 시각은 너무나 왜곡되어 있다. 그들을 바라보는 시각은 찬미 아니면 증오다. 프랑스의 유명작가 프레데릭 베그베데는 '살아 있어 미안하다'라는 소설에서 "반미주의에는 질시와 환멸 섞인 사랑이 어느 정도 개입해 있다"고 얘기한다. 우리의 반미주의에도 그동안의 일방적인 사랑이 보상받지 못한 분노가 개입돼 있는 것은 아닐까. 찬성이건 반대건 미국에 대한 냉철한 분석이 결여된 감성의 분출만이 존재했다는 것을 부정하기 어렵다.

맥아더라는 복합적인 인간과 미국이라는 다층多層적인 나라를 제대로 이해하지 못할 때 나타나는 현상은 바로 극단적인 동경과 극단적인 혐오다. 그 현상 중 하나가 한국현대사에서 형성된 '맥아더와 미국'이라는 집단경험과 공유된 기억collective memory을 합리적인 의견 수렴에서 나온 공감대 없이 폭력적인 방법으로 지워버리려는 것이다.

그보다는 차라리 건설적으로 새로운 대안을 가진 '기억'을 불러일으키는 것이 더 좋은 방법이 아닐까. 예를 들어 몽양 여운형이나 '아리랑'의 주인공 김산(본명 장지락)처럼 완벽하지는 않지만 매력적이고 존경할만한 좌파 인물들의 동상을 세워 우파 세력의 상징인 이승만, 박정희, 맥아더의 이미지와 역사의 무대에서 경쟁하도록 하는 방식이 더 효율적일 것 같다. 많은 사람들이 공유하는 기억은 동상 하나를 까부순다고 해서 쉽게 사라질 수 있는 것이 아니기 때문이다.

<조선일보 시론> 2005.09.14

이산가족 만남을 보면서

　서울과 평양에서 벌어진 이산가족 상봉은 각본 없는 하나의 장대한 휴먼 드라마를 연출해냈다. "도대체 수십 년간 혈육들이 만나지도 못했다는 사실이 믿어지지 않는다"는 미국 기자들의 반응처럼 도저히 존재해서는 안 되는 비인간적인 상태가 우리 한반도에는 너무도 오랫동안 당연하듯이 지속돼 왔다는 것을 새삼 깨닫게 된 계기였다.

　정해진 시간과 장소에서 선발된 지극히 소수의 인원만으로 행해진 8·15 이산가족 상봉은 시작이라는 큰 의미를 가지고 있지만 아쉬운 점도 많다. 현재 정부파악 이산가족 1세대는 무려 123만 명에 이른다. 이러한 상봉이 지속적으로 그리고 확대돼서 이뤄지기 위해서는 판문점 등에 이산가족 면회소설치를 통한 상봉의 정례화, 상설화 그리고 다양화가 필요하다. 또한 절차를 간소화하고 취재진의 숫자도 현행 20명에서 대폭 늘려야 할 것이다. 그리고 전화통화, 서신 왕래 및 물품교환의 자유화 등이 제도화돼야 하는데, 이 모든 것이 결국 남북 정부 당국의 노력 여하에 달려 있다.

　독일의 경우는 우리에게 많은 시사점을 던지고 있다. 처음은 소박하게 시작된 빌리 브란트와 에곤 바의 동방정책Ostpolitik은 동·서독 교류가 지속적이고 체계적으로 이루어졌기에 성공을 거둘 수 있었고 결국 독일 통일이라는 세계사적 사건을 완성해 내는 밑바탕이 되었다. 브란트는 69년 수상 취임과 더불어 동방정책의 실질적 추진자이자 이론가였던 바와 더불어 전임 수상이었던 키징거가 시작한 동방정책을 본격적으로 추진해 나갔다. 70년 역사적 동독방문이 있었고, 72년 양국 간 기본조약이 체결되기에 이른다. 이러한 동방정책은 그의 후임자들에 의해 비록 정권이 바뀌는 일이 있어도 꾸준히 추진되었던 것이다.

대한민국의 전임 대통령들의 집권기간 중 시작된 '북방정책', '햇볕정책'의 정신을 이어받은 김대중 정부는 브란트-슈미트의 사민당 정권처럼 서두르지 않고 천천히 그러나 확고한 신념과 의지를 가지고 이 대작업을 추진해 나가야 한다. 주목할 점은 브란트의 정책이 조급한 '통일'정책이 아니었고 '평화공존'정책이었다는 것이다. 즉 김대중 대통령은 한국의 '콜'이 아닌 한국의 '브란트'가 되기 위해 노력해야 할 것이다. '천리 길도 한 걸음부터'라는 격언은 만고불변의 진리이다. 감동적이지만 제한적이고 소박하게 시작된 남북 이산가족 상봉이 일과성 해프닝이나 정권유지 수단이 아닌 한반도에 있어서의 궁극적인 냉전구조의 해체와 평화정착의 밑거름이 되어야 한다는 점에서 남북 양측 관계자들은 무거운 책임감을 느껴야 한다. 이러한 평화공존의 정신이 정착된 이후에 통일이라고 하는 과업이 우리에게 어느 정도 가능한 목표로서 설정될 수 있을 것이다.

<세계일보 시론> 2000.08.18

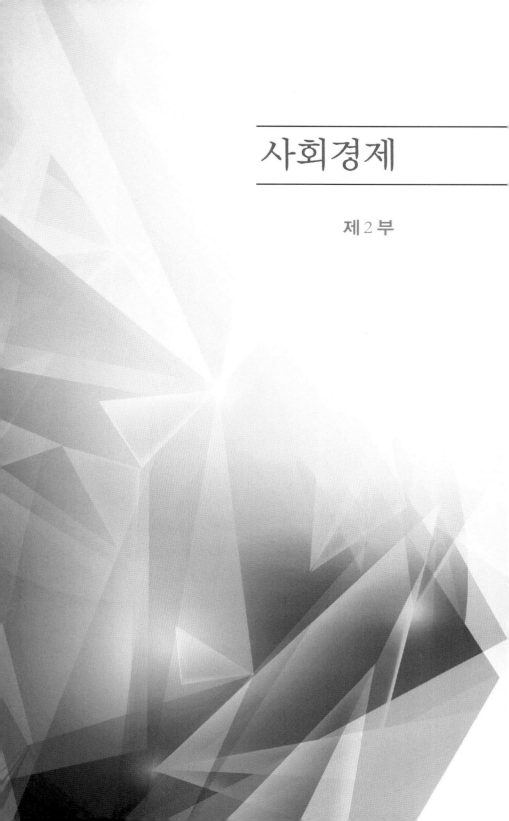

사회경제

제2부

그리스행 특급 탄 대한민국?

그리스와 대한민국은 닮은 점이 많은 나라다. 2차 세계대전 후 공산화의 위험성이 컸으며, 결국 내전内戰으로 고생했고, 자유세계의 도움으로 공산화를 간신히 면했던 것이 비슷하다. 군부체제와 민주화 운동 그리고 경제 발전까지 유사한 경로를 걸었다. 거기다 감성적인 국민성까지 닮았다. 찬란한 고대문명을 가졌던 곳이지만 현대 그리스에서 고대문명은 유물로만 남아 있고 이성理性을 중시하는 그리스 문명은 정작 그리스에선 찾아보기 힘들다. 오히려 비잔틴제국과 380여 년에 걸친 오스만튀르크제국 시절의 사회문화가 더 큰 영향을 미친다. 그래서 테오도라키스 같은 그리스 국민음악가들의 감상적인 노래를 들으면 마치 우리 가곡을 듣는 듯하다.

그런 그리스가 세계경제의 골칫거리이자 경제 위기의 뇌관이 됐다. 그리스 경제를 구하기 위해 독일이 중심이 된 국제사회가 구제금융을 제공하고, 대신 그동안 흥청망청했던 공공 재정의 긴축을 요구했다. 하지만 그리스의 대답은 폭동이었다. 유럽 국가들의 최고 지도자와 그리스 주재 외국 대사관에 우편 폭탄을 배달하는 테러 행위까지 저질렀다. 즉, 돈만 받고 책임지지 않겠다는 의지의 표현이었다.

그리스뿐 아니라 스페인, 포르투갈, 심지어 프랑스까지도 위기 상황이다. 왜 이런 일이 발생했을까? 바로 무책임한 대중영합주의에 기초한 무절제한 사회복지의 확장 때문이었다. 반대로 서브프라임

모기지의 붕괴로 촉발된 2008년 미국의 금융 위기는 시장 자율의 무분별한 확대가 가져온 결과였다. 현재 세계경제 위기가 절망스러워 보이는 이유는 유럽의 정부 주도 사회보장 시스템의 붕괴와 미국의 시장 자율 확대가 가져온 금융 위기가 겹쳐진 인류 사상 초유의 일이라는 것이다.

경제사적으로 봤을 때 자유방임주의의 문제를 해결하기 위해 나타난 것이 재정 통화정책을 통한 국가 개입으로 시장의 문제를 조절하려 한 수정자본주의였고, 그것은 자연스레 복지국가론으로 연결됐다. 그러나 국가 주도하의 경제는 관료주의적 타성과 무능이 나타나기 쉽다. 또한 적정선을 넘어선 복지정책의 확대는 필연적으로 재정 파탄으로 이어지게 된다. 이런 문제점을 미리 예측한 사람이 경제학자 하이에크였고, 그의 사상을 현실에 접목한 정치 지도자가 대처와 레이건이었다. 두 사람은 작은 정부, 효율적인 민영화, 복지 지출의 합리적 조절을 통해 재정 건전성을 확보했고 신자유주의 시대를 열었다. 지금 미국의 위기는 신자유주의 모델이 도를 넘어서 생겨나는 후유증이다. 거꾸로 유럽에서는 사회보장체제의 문제점을 못 고친 나라들의 재정 파탄이 일어났고, 국민의 의존성과 무책임을 극한으로 키운 도덕적 해이 현상이 나타났다.

이번 대선 정국에서 제시됐던 정책들과 구호들을 보면 마치 한국이 곧 복지 천국이 될 듯한 착각을 준다. 압축 성장한 한국 사회에서 사회복지를 통한 사회 안전망 구축은 절대적으로 필요하다. 그러나 경쟁적으로 내놓았던 여야의 복지정책은 포퓰리즘으로 흐르고 결국은 재정 건전성을 파탄낼 것이다. 이미 한국의 복지비용 증가율은 매우 가파르다. 특히 '무상'이란 글자가 들어간 정책의 위험성은 크고 거기에 증세增稅 없는 복지 확대는 무책임의 극치에 이른다. '연간 의료비 100만 원 상한제', '증세 없는 3＋1(무상 급식 · 의료 · 보육＋ 반값 등록금)', '4대 질병 국가 전액부담' 등 꿈같은 정책은 아예 재정 파탄을 예고했다. 증세 없는 무상 복지 확대 공약으로 일본 민주당은 집권에 성공했지만 국가는 점점 더 수렁으로 빠져들었다. 민주당은 자신의 정책 실패를 자인했으며 결국 며칠 전 총선에서 참패했다.

노벨경제학상 수상자인 로버트 먼델 미국 컬럼비아대 교수는 "대중은 공짜 점심을 원하고 정치인들은 표를 위해 공짜 점심을 제공하기에 재정 건전성이 파괴된다"며 "한국은 복지를 지나치게 강조하다 결국 국가 부도 사태를 맞은 유럽을 반면교사反面敎師로 삼아야 한다"고 충고했다. 그러면 대안은 재정 건전성을 담보한 지속 가능한 복지일 수밖에 없다.

세계경제의 대공황 상태, 즉 '퍼펙트 스톰'이 곧 닥칠지도 모른다고 경제학자들은 경고한다. 2008년 금융 위기 때 잘 버틴 나라는 독일 · 한국 · 중국 등이었다. 그러나 퍼펙트 스톰이 올 경우 한국도 위기에서 예외일 수 없다. 이번 선거전에서 제시된 공약들은 허망한 약속이 될 수도 있다. 경제공황시에 사람들이 소비를 줄이는 것은 자동차 · 전자제품 등 같은 한국의 주력 수출 상품이다. 그런데 이번 대선에서 이런 가상 상황에 대한 논의나 대비책은 전무하고 달콤한 복지 논의만 무성했다. 한국은 국가부도 상태인 그리스와 같은 길로 가고 있는가? 정치인, 정책 입안자 그리고 국민은 심각하게 이 질문을 스스로에게 던져야 한다.

<조선일보 아침논단> 2012.12.21

우리 사회에 만연한 親北·反대한민국 바이러스

꼭 일 년 전이었다. 중등교사 하계 연수에서 '소련 문서를 통해 본 6·25 전쟁'이란 주제의 강의를 했다. 세계 학계에선 너무나 당연한 얘기를 풀어나갔다. 그런데 강의가 끝난 후 교사들의 반응은 충격 자체였다. 대부분 교사가 그날 강의 내용을 처음 들은 얘기라고 했다. 어느 여교사는 강의 내용을 도저히 못 믿겠다고 했다. 차근차근 대답해주고 근거를 대자 한 남교사가 난감한 표정으로 질문을 던졌다. "교수님이 얘기한 소련 문서라는 것, 조작된 것 아닙니까?"

처음엔 기가 막혔지만, 얼마나 진실을 믿기 싫었으면, 그리고 얼마나 자신이 그동안 학생들에게 가르쳐 온 "6·25는 계획된 남침이 아니다"라는 허구를 수정하기 싫었으면 그런 얘기까지 할까 하는 측은지심이 들었다. 마치 1980년대 대학가를 그대로 옮겨놓은 듯한 광경이었다. 철 지난 엉터리 교육을 받은 학생들이 왜곡된 생각을 갖고 대학과 사회에 나갈 것을 생각하면 끔찍했다. 그분들이 종북從北주의자라서 그랬을까? 물론 그런 사람도 있었을 것이다. 그러나 대부분은 평범한 선생님들이었을 것이다. 다 전교조 소속이었을까? 몇 명은 그랬겠지만 아닌 분들이 더 많았을 것이다. 불행히도 한국의 보통 교사 중에 대학 시절에 익힌 생각들이 수정되지 않고 화석化石처럼 켜켜이 쌓여 있는 경우가 많을 뿐이다.

친북親北·반反대한민국적 내용으로 가득 찬 한국 근현대사 교과서가 압도적으로 채택된 것은 결국 일반 교사들의 선택이었다. 교사들만 그렇겠는가? 우리 사회에는 이런 왜곡된 생각을 가진 사람들이 의외로 많다. 종북주의자가 아닌 한 평범한 교수의 입에서 "이석기가 한국 좌파를 망치는 것을 보면 그는 분명 미국 CIA의 간첩일 것"이라는 말이 자연스레 흘러나온다. 농담이 아니라 진지한 주장이었다. 이러한 경험들을 하고 나서는 얼마 전 민주노총이 주관하고 전교조 교사가 사회를 본 '통일 골든벨'에서 나온 몰상식한 언행들이 전혀 놀랍지 않게 됐다. 최근 민노총의 통합진보당 구당권파에 대한 지지 철회는 단지 전술적인 변화에 불과한 것이지 근본적인 종북從北·친북에서의 탈피가 아니다.

NL(민족해방) 주체사상파와 NL 비非주사파의 차이는 무엇이고, 종북과 친북의 차이는 무엇인가? 네 부류는 완전히 구별되지는 않고 서로 간에 크고 작은 교집합交集合이 존재한다. 그러나 분류 기준은 있다. 주사파는 북한 정권을 추종의 대상으로 보지만, 비주사파는 북을 연대의 대상으로 본다. 종북은 북한 체제에 대한 사랑을 모토로 삼지만, 친북은 공산주의자가 아니지만 (북한 주민이 아닌) 북한 체제에 무조건적인 호의적 태도를 보이는 것이 진보라고 착각하는 부류다. 레닌이 명확하게 규정한 '(공산주의자들에게) 쓸모 있는 (그러나 공산주의를 믿지 않는) 얼간이들useful idiots'의 한국적 버전이 바로 친북이다. 네 부류 다 문제이고, 대한민국에 대한 부정과 미움이 그들 생각의 공통분모이다. 한국 좌파는 이런 종북·친북 프레임에 갇혀 있고, 언젠가 털고 가야 할 이 사고틀에서 한 발짝도 못 나가고 있다. 그래서 한국 좌파는 완전히 죽어야 다시 살 수 있다.

남한 주사파의 원조였던 김영환 씨가 언급했듯이 골수 주사파의 숫자는 점차 줄어들었다. 그러나 주사파에 의해 불붙은 민족지상주의적 좌파이념은 어느덧 사회의 뿌리에 깊숙이 자리 잡았다. 그래서 친북의 저변은 넓고 우리 사회는 이미 속으로 골병이 들어도 단단히 들었다. 치유 불가능한 단계에 온 것이 아닌가 하는 생각이 들 때도 많다. 그나마 다행인 것은 종북세력의 컨트롤 타워 역할을 하며 결국은 친북 세력에도 영향을 미치는 북한 체제가 심하게 흔들린다는 사실이다. 북이 흔들리니 뒤에서 암약했던 남한 종북의 본진本陣이 나설 수밖에 없었다. 그러나 음지식물이 양지로 나오면 시드는 것처럼 종북 본진은 점점 더 자신의 몰상식함을 보여주면서 망가졌기에, 그들에게 현혹됐던 친북 성향의 일부가 실상을 깨닫기 시작했다. 그래서 우리 사회에 만연한 친북·반대한민국 바이러스가 수그러드는 조짐이 보인다.

안철수 교수는 컴퓨터 바이러스 백신을 개발하면서 유명인사가 됐다. 그는 결코 종북주의자가 아니다. 그런데 과연 그에게 우리 사회의 친북 바이러스를 잡을 백신이 장착돼 있는지 궁금하다. 이것은 국가의 절체절명적 이슈이고, 그는 강력한 잠재적 대선 후보이기 때문이다. 혹자는 안 교수가 가끔 하는 얘기나 어울리는 일부 사람들을 보면 그가 오히려 뒤늦게 이 바이러스에 감염된 늦깎이 486이라고 의심한다. 그리고 아직 그는 이런 의혹을 불식시키는 데 실패하고 있다.

<조선일보 아침논단> 2012.08.20

대기업·공기업만 가려고 하는 젊은 세대

대기업 최고위 임원께 직접 들은 얘기다. 지인이 아들의 취직을 부탁했는데 도저히 사무직으로 뽑을 수 없는 실력이었고, 취직한다 해도 몇 년 못 가 회사를 그만둘 것이 확실해서 대신 연봉도 더 받고 근무연한도 긴 생산직을 추천했더니 부자父子가 다 거절하더란다. 중소기업과 생산현장은 사람을 못 구해서 난리인데 대학물 먹었다고 대기업이나 공기업 같은 직장만 찾는 태도는 분명 문제다. 인기 공기업에서 10명 채용공고를 냈더니 무려 5,800명이 지원했다고 한다. 이 정도면 사회병리病理 현상이다. 반면 한국에서 평균소득 최고를 자랑하는 도시가 생산직 노동자 일자리가 많은 울산과 거제라는 사실은 많은 것을 시사한다.

'청년 실업'으로 인한 분노는 기성세대가 책임져야 할 측면이 있지만, 그 이면에는 청년층의 기대수준 폭발이 도사리고 있다. 세계 최고 부국富國 중 하나인 독일의 대학진학률이 39%인 데 비해 한국은 무려 80%가 넘는다. 세상의 어떤 정권이나 체제도 이런 사회를 만족시킬 수는 없다. 이렇게 무분별하게 대학진학률을 높여놓은 과거 교육정책의 처절한 실패는 바로 기성세대의 책임이다. 기성세대의 다른 잘못 중 하나는 열심히 일하고 돈 벌기에 바빠서 가정교육을 소홀히 한 것이니, 가정에서 버릇없이 자란 아이들이 사회에 나와서도 버릇없이 행동한다.

축적된 분노는 자신보다 남을 탓하는 세상을 만든다. 며칠 전 한 유명 아나운서는 자신의 입사시험 낙방 경험을 유머를 섞어 공개했다. 어느 시험에선 최종합격자 두 사람이 명문대 출신이라 "학벌 때문에 떨어졌다"고 생각했고, 다른 시험에선 지방대 출신이 붙는 것을 보고 낙방 이유가 "대한민국의 조직적인 비리라고 생각했다"고 해서 웃음을 자아냈다. 그러나 나중에 알게 된 진정한 낙방 이유는 낮은 토익 점수였다고 한다. 그는 이후 도전에 성공하고 지금은 한국의 대표적 MC 중 한 명이 됐다.

잘되면 내 탓이요, 잘 안 되면 남·집안·조상·운수, 나아가 친일파親日派 탓이라는 핑계를 댄다. 인터넷 공간에는 "잘사는 사람들은 다 친일파 자손"이라는 1980년대식 구닥다리 허구가 판친다. 이는 사회의 전반적인 현상이지만 젊은 층에서 특히 심하다. 하지만 남 탓하는 사람치고 잘되는 법이 별로 없다. 운運도 준비된 사람에게만 온다.

IT 환경은 상황을 더 악화시킨다. 과도한 인터넷 사용은 인지認知를 담당하고 충동을 절제하는 전두엽과 전前전두엽의 기능을 약화시켜 논리적이고 이성적인 판단을 마비시키고 괴담과 선동에 취약하게 만든다. 일부 청년들은 SNS에서 천방지축 행동하며 옳고 그름을 구분하지 못한다. 저명한 IT 미래학자 니콜라스 카가 얘기한 '생각하지 않는 사람들'의 출현이 우려된다. 중우衆愚정치의 전형적인 현상이다.

정치권도 청년들을 옳은 방향으로 인도하지 못하고 비위 맞추기에 급급하다. '촛불정신'을 계승하자는 민주통합당은 말할 것도 없고, 새누리당도 문제다. 최근 새누리당 비상대책위원회 인재영입분

과위는 인구의 14%에 해당하는 청년실업자 및 경력단절 여성에게
도 비율대로 비례대표 의석을 배분하도록 건의했다. 경악할 만한 권
고다. 청년실업자 중 누구를 뽑아야 대표성이 확보될 것이며, 실업
자 몇 사람을 국회의원 시켜준다고 청년실업 문제가 해결되나? 그들을
위한 대책을 마련해야 하지만 실업이 무슨 자격이라도 된단 말인가.

　지금 한국은 미래세대를 위해 진정한 변화를 할 것인지, 아니면
사탕 몇 개 나눠주는 식의 임기응변적 선심善心을 쓸 것인지 결정해
야 하는 기로에 서 있다. 값싼 위로나 아첨, 무작정 퍼주기 식 지원
은 그들을 궁극적으로 더 큰 어려움으로 인도할 것이다. 국민연금만
해도 이대로 두면 그들이 혜택을 받을 21세기 중반쯤 고갈되기 시작
해 결국 빈 창고가 될 것이다. 기성세대가 할 일은 이런 것을 합리적
으로 개혁해 지속 가능하게 만드는 것이다. 또 임금피크제 같은 방
식으로 젊은이들에게 기회를 주는 혁신적인 개혁이 더 효과적이다.
이 과정에서 기성세대가 손해를 보더라도 감수할 자세가 돼 있어야
한다. 청년세대도 기성세대와 사회를 저주하기에 앞서 앞 세대가 가
졌던 성취와 한계를 함께 평가해야 한다. 특히 우리 사회를 지독한
가난에서 벗어나게 해준 점에 대해선 고마움을 표하는 것이 옳다.

　미래세대를 생각하지 않는 사회는 희망이 없다. 그들을 위해 더
공정하고 더 효율적인 사회를 만들어야 한다. 하지만 미래세대의 고
충에 귀를 기울이고 근본적 해결책을 마련하는 한편, 그들의 잘못된
언행에는 죽비竹篦 소리같이 꾸짖을 수 있는 어른이 있는 사회가 바
람직하다.

<조선일보 아침논단>　2012.02.13

悲運의 생도 2기를 아시나요

2011년 10월 1일은 건군 63주년 기념일이었다. 국군이 38선을 돌파한 날을 기념해 건군기념일로 삼았다. 그런데 10월에는 잘 알려지지 않은, 그러나 기억해야 할 날(10월 23일)이 또 있다. '비운悲運의 기'라 불리는 생도生徒 2기가 전쟁 중에 장교로 처음 임관한 날이다. 그들은 가혹한 운명을 타고난 사람들이었다.

많은 이가 전쟁 중이던 1951년 10월 입교한 11기를 첫 4년제 육군 사관학교 입학생으로 착각한다. 그러나 사상 첫 4년제 육사 입학생은 28 대 1의 경쟁을 뚫고 1950년 6월 1일에 입교한 333명이었다. 이들은 나중에 생도 2기라 명명됐다. 그런데 이들이 입교한 지 20여 일 만에 6·25전쟁이 터졌다. 참고로 생도 1기라 불리는 첫 2년제(입학 후 1년제로 변경) 생도들은 그 1년 전에 입교했다.

1948년 대한민국 건국 후 처음으로 입교(1948년 12월)한 육사 8기생들과 그 이후 배출된 9기생들은 소대장으로 임관하자마자 전쟁이 났기에 희생이 가장 컸고 전쟁의 공로도 가장 컸다. 당시 '또 죽었다 8기 언제 죽나 9기'라는 유행어가 있을 정도였다. 졸업을 며칠 앞뒀던 생도 1기생도 전쟁이 나자 일단 생도 신분으로 참전했다가, 7월 10일 급히 장교 임관을 하고 전선에 투입됐다.

문제는 입교한 지 20여 일밖에 안 된 앳된 생도 2기생이었다. 아무런 준비가 없는 상태에서 전원이 군번도 계급도 없는 전투원으로 포천전투에 투입돼 소총만으로 소련제 탱크를 앞세운 북한 제3사단에 맞서 많은 희생자를 냈다. 그들은 생도 신분으로 낙동강전선까지 참여했다. 준비 안 된 생도들을 무리하게 전선에 총알받이로 내보낸 것이 옳았는가는 논쟁거리로 남아 있다.

어쨌든 희생이 컸다. 그래서 '죽음의 기수'라는 별칭도 얻었다. 생도 2기 86명이 이미 전사한 가운데 생존자만 부산에 모여 8월 15일 육군종합학교에 편입해 1950년 10월 23일 150명이 소위로 임관하고 전선에 재투입됐다. 전쟁터에서 늦게 부산에 도착한 생도들은 조금 늦게 임관했다. 결국 생도 2기생 43%가 전사했다.

앞서 말했듯이 육사는 1951년 10월 31일 최후방인 경남 진해에서 미8군사령관 제임스 밴플리트 장군(현재 태릉 육사에 동상이 세워져 있다. 외아들은 6·25전쟁에서 전투기 조종사로 참전했다 순직)의 도움으로 재개교되고 현재 11기라 불리는 생도들이 입교했다. 이들은 졸업 전 전쟁에 투입하지 않는다는 정책이 수립된 후에 입학해 참전하지 않고 보호받으며 교육받고 전쟁이 끝난 한참 후인 1955년 무사히 졸업할 수 있었다. 입교생 중에는 전쟁에 나가 죽지 않으려 입교를 한 사람도 있었다 한다.

이렇게 선배들의 희생 위에 보호받으며 임관한 11기는 자신들이 우월하다고 생각하고 선배를 무시하는 경향이 있었다 하니 서글픈 일이다. 이들이 더 권위를 가지고 우월감을 가질 이유는 별반 없었다. 오히려 선배들에게 감사했어야 했다. 나중에 하극상 군사쿠데타로 두 명의 대통령을 배출했고 가장 각광받는 기수로 평가되는 것이 11기다.

여담이지만 대한민국 건국 후 첫 생도(8기)와 4년제 생도(생도 2

기와 11기)를 교육하는 육사교장에 일본군이나 만주군 출신이 아닌 광복군 출신의 김홍일 장군과 안춘생 장군을 임명한 이승만 대통령의 뜻도 되새겨 봐야 한다. 현실적인 이유에서 일선에선 일군과 만군 출신도 중용했지만 미래를 책임질 생도를 교육하는 교장에는 광복군 출신을 고집했다.

역시 많은 희생자를 낸 생도 1기생은 나중에 육사 10기라는 정식명칭이라도 부여받았지만, 생도 2기생은 정식기수로 인정받지 못한 잊혀진 기수가 됐다. 세월이 한참 흘러 1996년에야 명예졸업장을 받고 '생도 2기'란 기수를 인정받았고, 2010년 6월 4일 전원이 '자랑스러운 육사인상'을 받았다. 늦어도 너무 늦었다. 육사생도 6·25 참전기념비는 그들이 소년으로 처음 참전한 경기 포천군 가산면 산기슭에 세워졌으나 찾는 이가 많지 않다. 다행히 그들의 이야기가 기록된 책이 있다('육사생도 2기'·홍익출판사). 저자는 생도 2기인 박경석 장군이다.

4년제 사관생도로 입학했다는 기쁨이 채 가시기도 전에 생도 신분으로 참전해야 했고 그중 생존자들이 가까스로 임관해 초보 장교로서 다시 싸운 그들이었다. 10월 23일을 기억하자. 우리 사회는 이들과 같은 공로자의 희생과 공적을 너무 가벼이 여기는 경향이 있다. 세월이 하 수상해서 남민전 연루자처럼 오히려 대한민국을 무너뜨리려 하고 해를 끼친 사람들이 보상받고 이른바 '유공자'가 되는 일도 있으니 한심한 생각이 든다.

<동아일보 동아광장> 2011.10.11

윤이상 음악제에 세금지원 안 된다

뛰어난 예술인들을 많이 배출한 낭만의 고장, 통영에서 윤이상국
제음악콩쿠르가 그제 폐막됐다. 이 콩쿠르는 음악 외적 요인으로 화
제의 중심에 섰다. 한편에서는 윤이상의 반인륜적·반국가적 행적이
드러난 이상 관련 행사의 중단을 요구하고, 다른 한편에선 윤 씨를
옹호하며 추모사업을 계속해야 한다고 주장한다. 윤이상과 오길남
박사 가족에 대해 처음 재조명('예술가의 위대한 업적과 정치적 업
보' 조선일보 2010년 4월 22일자)한 사람 중 하나로서 이 문제에 대
해 언급할 의무를 느낀다.

작년 초 문제를 제기한 이유 중 하나는 피해자들은 지옥과 같은
생활을 하는 데 반해, 가해자인 윤 씨는 남북한 모두에서 추앙받으
며 윤 씨 가족들은 남북한과 독일, 미국을 자유로이 오가며 풍요한
생활을 한다는 도치된 현실이었다. 또한 대한민국에서 윤이상에 대
한 잘못된 '우상화' 작업이 무분별하게 진행되는 것에 대해 경종을
울리고 싶었고, 별 관심을 못 끌고 잊혀져가는 북한수용소의 오 씨
가족들에 대한 우리사회의 무관심에 절망했기 때문이다.

필자의 글은 약간의 관심을 이끌어내는 데 그쳤다. 이미 오래전
일이라는 것과 우리 사회 특유의 북한인권 불감증 때문이었다. 그러
다가 오 씨의 부인, 신숙자 씨가 윤이상과 같은 통영 사람이라는 것
이 알려지고, 여러 사람의 노력으로 이제는 '통영의 딸'이란 단어가

일상용어처럼 되면서 구명운동이 불붙었다. 특히 방수열 소신향 목사 부부의 노력은 이 일이 국내외에 초미의 관심사로 변한 기폭제였다. 구명운동 서명은 10만 명을 넘어섰고, 통영시민도 3만 명이 참여했다. '통영의 딸 구출하자' 엽서 100만 장 쓰기 운동도 시작됐으며, 반기문 유엔 사무총장과 세계인권기구들에 송환 노력을 촉구할 계획도 세워졌다. 서명운동 측에서 윤이상평화재단 이사였던 박원순 씨에게도 서명을 권유했지만 묵묵부답이라 한다. 박 서울시장도 차제에 확실한 입장을 밝혔으면 한다.

윤 씨 일가의 맹목적 종북 행위와 추악한 반反대한민국적 언행은 많이 밝혀졌고, 또 자신들의 글에도 잘 기록돼 있기에 자세히 언급하지 않겠다. 그 행적만으로도 그는 "평화통일을 추구한 애국자"로 대한민국에서 평가받을 수 없다. 기탄교육이 출간한 어린이를 위한 위인전집에 '이승만' 편은 없어도 '윤이상' 편은 있다고 한다. 제목이 '통일을 꿈꾼 음악가 윤이상'인데 맨 앞에 '적화赤化'라는 단어가 들어가야 옳은 제목이리라. 내용도 동심을 호도하는 허위 일색이라 심히 우려스럽다. 오 박사를 몰랐고 입북을 권유하지 않았다는 윤 씨의 변명을 유일한 근거로 대는 일부 예술인과 좌익인사들의 주장도 공허하다. 윤 씨는 오 씨 이외에도 허흥식 씨 등의 입북을 지속적으로 유도했다.

윤 씨 가족도 그동안 여러 형태의 그릇된 행적에 비해 너무나 많은 것을 누렸다. 앞으로는 그냥 북한당국이 마련해준 평양의 상점이나 잘 운영하면서 그곳의 시장경제 정착에 힘써주거나, "마치 옛 고향집으로 돌아간 것 같은 따뜻함을 느끼"는(이수자 '나의 남편 윤이상' 하편 107쪽) 북한에서 "우리 역사상 최대의 영도자"인 "흠모하는 수령님의 영생불멸"(윤이상·이수자 부부의 편지와 방명록 글에서 발췌)이나 기원하고 조용히 살았으면 한다.

필자는 이미 통영과 윤이상 관련 사업에 대한 해법을 여러 번 언급했고 글로 썼지만 결과는 쇠귀에 경 읽기였다. 몇 달 전 제시했던 주장을 토씨 하나 안 바꾸고 분명히 다시 말하고 싶다. "예술과 인간의 행적은 분리하자." 그러나 "더 이상 진실을 부정하고 허위에 기대지 말자." 구렁이 담 넘어 가듯이 안이하게 대처한다면 상처는 더 곪아가고 결국은 터질 것이다. 재미있게도 일부 통영 예술인과 좌익인사들도 최근 비슷한 주장을 했다("예술과 과거 행적은 분리해서 봐야 한다"). 맞는 말이다. 그러나 예술과 아무 관련 없는 터무니없는 윤이상의 '우상화' 작업은 바로 이런 분리화에 역행하는 행위 아니었던가. 관련 사업에서 음악외적(外的)인 옳지 못한 찬사들은 당장 삭제되거나 수정돼야 한다. 홈페이지, 팸플릿, 설명문 등에서 정치적인 거짓 '위업'은 빼고 현대음악 작곡가로서의 업적만 열거하자. 윤이상평화재단의 명칭에서도 '평화'를 빼든가 다른 이름을 써야 한다.

그리고 나서 현대음악의 거장으로서의 윤이상에 대한 사업은 '협찬'을 받는 등으로 자기 힘으로 계속돼야 한다. 더는 국민 세금으로는 안 된다. 허구의 정치사회적 찬양이 사라지고 자생적 순수 음악제로 재탄생하는 것, 그것이 바로 그의 과거 행적과 예술의 진정한 분리이다. 힘든 과정이겠지만 언젠가는 해야 할 일이다. 그래야 통영의 명예도 살고 통영국제음악제와 윤이상국제음악콩쿠르도 산다.

<동아일보 동아광장> 2011.11.08

예술가의 위대한 업적과 정치적 업보

봄은 음악을 즐기기 좋은 계절이다. 지난달에는 통영국제음악제 TIMF가 열렸다. TIMF는 통영 출신의 작곡가 윤이상을 기리기 위해 설립돼 몇 년간 성황리에 진행돼 왔다. 윤이상의 작품은 현대음악답게 난해해서 일반인들이 쉽게 즐기기 어렵지만, 그는 분명 뛰어난 작곡가였다.

그는 '동백림(동베를린) 사건' 때 무기징역을 선고받았다. 북한관련 실정법을 위반했던 것은 사실이지만, 죄에 비해 형량이 너무 가혹했고, 수사과정도 강압적이었다. 어찌 보면 그도 거칠었던 시대에 화상火傷을 입은 사람이었다. 그런 그를 기리는 음악제가 성대히 열린다는 것은 우리 사회가 그만큼 열린 사회라는 증거이다. 그러나 그를 "숭고한 민족사랑"을 가진 위대한 "애국자"로 칭송하는 예찬 열기는 도가 지나치다.

동백림 사건 이후 윤이상 부부의 행적은 문제투성이였다. 북한을 자주 오가며 한 김일성과 주체사상 찬양 기록은 양적으로 너무 많고 질적으로는 심각하다. 김일성을 "우리 역사상 최대의 영도자인 주석님"이라고 쓴 편지는 압권이다. 더구나 독일 유학생으로 경제학 박사학위를 마친 오길남 씨를 교수를 시켜주겠다며 가족과 함께 입북入北하도록 권유한 것은 심각한 경우였다.

오 박사는 약속과 달리 북한에 가서 대남 공작원으로 이용됐고,

북한체제의 실상을 알고 나선 탈출했다. 윤이상은 오 씨의 북한 복귀를 강요하며 안 돌아갈 경우 "은혜를 베풀어준 주석을 배반"했기에 "가족을 가만두지 않겠다", "가족은 죽는 줄 아시오"라는 무시무시한 협박을 했다 한다. 실제로 오 씨 가족은 현재 북한의 강제수용소에서 비참하게 살고 있다. 작곡가 윤이상과 인간 윤이상을 분리 평가해야 하는 이유이며, 그가 절대로 애국자가 될 수 없는 근거이다.

역시 동백림 사건 연루자였던 이응로 화백 부부도 마찬가지다. 한국의 대표적 피아니스트 백건우와 당대의 은막銀幕 스타 윤정희 부부는 묘하게도 1972년 뮌헨에서 윤이상의 오페라 '심청' 초연初演을 보러 와서 처음 만나 사랑에 빠졌다. 결혼 주례는 고故 이응로였다.

그런데 1977년 여름 백건우 부부는 유고슬라비아의 자그레브에서 북한에 납치될 뻔했다. (나중에 유령인물로 밝혀진) 한 스위스 부호가 백 씨의 스폰서가 되고 싶으니 만나자는 거짓말로 이들을 유인한 사람은 놀랍게도 이응로의 후처後妻 박인경이었다 한다. 그녀는 한 인터뷰에서 "그 사건과 나는 관련이 없다"고 부인했다. 그러나 그대로 믿기 어렵다. 가까스로 탈출에 성공한 백·윤 부부는 미국 영사관에 몸을 의탁해 극적으로 생환했다. 백씨 부부가 북한에 납치돼 당했을 일들을 생각하면 오싹해진다.

몇 년 전 유고 공산당 문서가 비밀해제되면서 이 사건 당시 유고 주재 북한 대사가 북한이 치밀하게 계획한 소행임을 인정했던 것으로 드러났다. 명백한 증거가 나온 것이다. 또한 여러 정황을 보면 이 화백은 아닐지라도, 그의 처는 납치 기도에 직접적으로 연루됐다고 의심할 수밖에 없다. 이 씨 부부는 사건 조사를 거부하고 잠적했으며, 결국 한국 국적을 버렸다. 그런데 그녀는 어느 순간부터 한국을 자유로이 드나들며, 김대중 정부 시절엔 청와대에도 초청되는 귀빈 대접을 받았다.

백건우 부부는 이에 놀라 납치 미수사건의 조사를 정식으로 요청했으나, 국가정보원은 철저히 수사하지 않고 어물쩍 넘어가 버렸다. 당시 국정원장은 "내 임기가 끝나 제대로 수사를 못했다"라는 어이없는 변명만 남겼다. 자국민의 납치사건도 제대로 수사 안하고, 이 사건에서 결백할 수 없는 사람을 오히려 귀빈 대접한 나라가 제대로 된 나라인가. 하루빨리 재조사가 이뤄져야 하며, 누가 조사를 방해했는지, 그리고 진상은 무엇이었는지 밝혀야 한다. 어차피 공소公訴시효는 지났다. 진실을 역사에 남기자는 것이다. '죄지은 사람'이 있다면 죄를 인정하고 용서를 구해야 한다.

작품이 아니라 일부 예술인과 그 주변인들 자체에 대한 세간世間의 찬양 분위기는 무분별하고 진실과 다른 방향이다. 재고再考돼야 한다.

<조선일보 아침논단> 2010.04.22

인터넷은 대한민국 아닌 무정부상태

지금 인터넷은 월드컵에서 자책골을 넣거나 좋은 찬스를 놓친 한국 선수에 대한 증오로 가득하다. 몇 달 전에는 올림픽에서 금메달을 땄지만 곧이은 세계선수권에서는 기대 이하의 성적으로 2등을 한 김연아 선수에 대한 비방으로 인터넷 공간이 뜨거웠다. 아쉽긴 하지만 저주의 대상은 될 수 없는 일에 상당수 네티즌들은 "죽일 ×"과 같은, 입에 담기조차 어려운 욕설을 늘어놨다.

어느 나라에서건 있을 수 있는 일이지만 한국에서는 유독 심하게 분노와 증오가 넘쳐난다. 왜 이런 일이 생길까. 정신의학자들에 따르면 분노의 성향은 어린 시절 심리적 상처와 좌절에서 생기는 경우가 많다 한다. 자기 정체성에 문제가 있을 경우 분노가 분출하고 흑백논리적 사고를 갖기 쉬운데, 이런 경계성 인격 장애인들은 어린 시절 정서적 상처의 경험이라는 공통점을 갖고 있다는 것이다.

한국사회는 엄청난 경쟁사회이다. 경쟁은 발전의 원동력이기도 했지만 모든 면에서 승자와 패자를 확연히 갈라놓는 면이 있었다. 한국인들이 목숨을 걸고 덤비는 공부만 하더라도 소위 '승자'는 극소수만이 될 수 있었다. 또한 한국사회의 발전이 워낙 격변적인 스피드로 이뤄져 전체적으로는 평균적인 생활 여건의 극적인 상승을 가져왔지만, 상대적인 박탈감과 패배의식을 낳기도 했다. 서울대 전상인 교수는 한국 사회가 '헝그리 사회'에서 유례 없는 '앵그리angry 사회'

로 변환됐다고 설명한다.

숨 가쁜 변화 속에서 한국사회는 성숙할 정신적·시간적 여유를 갖지 못했다. 곧이어 닥친 정보화 시대에선 가상공간이라는 생각지도 못한 새로운 공간이 창출되면서 증오의 에너지가 분출되는 공간으로 기능하고 있다. 상상 속에서나 가능했던 '해방공간'이 갑자기 생겨났다. 오프라인에서 성숙하지 못한 사람들이 온라인에서 성숙한 행동을 할 것을 기대하는 것은 무리다. 재수생이 아인슈타인을 멋대로 비판하는 곳이 인터넷 공간이다. 김영하는 소설에서 "이 시대에 신이 되고자 하는 인간에게는 단 두 가지 길이 있을 뿐이다. 창작을 하거나 아니면 살인"이라 묘사했다. 하지만 인터넷에서 키보드를 잡는 순간에도 누구나 신神이 된다는 착각을 갖게 한다. 움베르토 에코가 잘 요약했듯이 "인터넷은 신이다. 하지만 아주 멍청한 신이다."

인터넷 토론공간에선 이성이 마비된 괴담과 음모론이 주류를 이룬다. 무슨 사건만 생기면 고도의 전문성이 요구되는 분야에서 너도나도 '전문가'가 된다. 많은 사람들이 '광우병 전문가'가 됐다가 최근에는 '군함 좌초 전문가'로 변신했다. 현역장교, 교수 등 전문가를 사칭해 올라오는 '폭로'나 '권위 있는 주장'들은 사실 무직자, 배달부, 심지어는 중·고생의 행위로 드러나기도 했다. 하지만 노벨 문학상 수상자인 문호文豪 아나톨 프랑스가 말했듯이 "멍청한 말이 수백만의 공감을 얻더라도, 이는 여전히 멍청한 말일 뿐이다."

"…삶과 영화는 어느 순간부터 서로를 표절하는 것 같다. …남루한 삶을 이어가기 위해서는 생각보다 많은 비밀이 필요하니까."(정미경 소설 "발칸의 장미를 내게 주었네") 요즘은 누가 누굴 베끼는지 모를 정도로 북한 당국, 인터넷 괴담과 일부 언론매체들은 서로의 멍청한 얘기를 표절하는 수준에 이르렀다. 그만큼 그들의 삶이 남루한 까닭일까. 근본적으로 모든 인간의 삶은 남루하다지만 이들의 상호표절은 정도가 심하다.

불신과 증오가 판치는 것은 역대 정부가 국민들을 호도하고 속여온 죄과에 따른 업보이기도 하다. 여기에 다른 요소들이 가세하면서 한국은 정신적 무정부 상태를 맞고 있다. 우리는 남아프리카공화국이나 태국처럼 사회 기강이 무너진 나라를 보면서 걱정하지만, 이미 온라인 가상공간에선 한국도 기강이 무너진 지 오래다. 가상공간에서 배태된 이런 분위기가 오프라인 실제 사회로 쉽게 전이轉移되는 것을 이미 경험하지 않았던가. 사회통합 없이 한국 사회가 다음 단계로 도약하는 것은 불가능하다. 가상공간에서 심정적으로 대한민국 국민이길 거부하는 사람들이 즐비한 '전혀 다른 세상'이 존재한다는 것을 인식하고 대처할 때이다.

<조선일보 아침논단> 2010.06.22

'진실화해위원회', 역사가 어떻게 평가할까

2005년 12월 1일 출범한 '진실·화해를 위한 과거사정리위원회 (이하 진실화해위)'가 내일 5년1개월의 활동을 공식적으로 종료한다. 그간 1만 1,000여 건의 조사가 완료됐고, 그중 8,500여 건이 '진실 규명'됐다. 출범 전부터 많은 논란을 일으켰고 하루도 바람 잘 날 없는 험난한 위원회였지만, 위원회 구성원들의 피나는 노력으로 임무를 완수하게 됐다. 새로운 사실도 많이 밝혔고, 새로운 자료도 많이 발굴했다. 이렇게 결실을 거두게 된 데에는 이영조 현 위원장과 안병욱 전 위원장의 균형감각과 전문성이 역할을 했다.

한국 현대사는 많은 상처를 안고 있다. 그래서 '진실과 화해'를 통해 이런 상처를 보듬어야 했다. 많은 시행착오와 오류도 범했지만, 대다수 사건에 대해 위원들의 의견 일치가 있었다. 특히 6·25 전쟁 전후 억울한 희생자들, 권위주의 정권하에서의 인권침해 사례에 대한 사실을 많이 밝혀냈다. 한국의 진실화해위는 정죄定罪를 목적으로 한 진실'정의'위원회가 아니라 화해를 추구하는 남아프리카 공화국 타입의 진실'화해'위원회다. 그러나 현대사의 어두운 면을 밝히는 위원회의 진지한 노력을 오히려 갈등의 소지로 활용하려는 사람들이 있는데, 이런 시도는 위원회의 기본 목적과 부합하지 않는다. 그래도 민주화된 대한민국이니 이러한 정도의 과거사 정리가 가능했다.

진실화해위 결정은 대부분 옳았다고 판단된다. 그러나 잘못된 결정도 했을 것이다. 틀린 결정이 없었다 하면 그것이 오히려 이상한 일이다. 실제로 군경에 의해 학살됐다고 엉터리로 조사된 사람 중 상당수가 실제로는 지방 좌익에 의해 살해된 것으로 판명된 고창 11사단 사건처럼 위원회 결정 내용이 잘못된 것으로 드러나 앞 결정을 취소하고 새로 결정문을 낸 경우도 있었다.

냉전 종식 후 소련 문서와 동독의 슈타지(비밀경찰) 문서 등 공산권 기밀문서 공개로 냉전 시기에 대한 새로운 사실이 많이 드러났고, 우리가 알고 있었던 '진실'도 많이 뒤집혔다. 예를 들어, 매카시 광풍의 피해자이자 양심적 지식인으로 여겨졌던 미 국무부 고위 관료 앨저 히스Alger Hiss는 결국 소련의 1급 스파이임이 밝혀졌다. 오리무중이었던 김포공항 폭발사건(1986년 9월 14일)의 전말도 서울 아시안게임을 방해하기 위해 북한이 사주한 국제 청부 테러리스트 아부 니달Abu Nidal 그룹의 소행임이 최근에야 알려졌다. 결국 한국 현대사의 여러 '진실'들도 북한의 문서들이 공개되는 날까지는 잠정적인 결론일 수밖에 없다.

진실화해위에서 아쉬운 점도 많았다. 4년여간 진보 성향 위원들이 압도적 다수를 차지했고, 남은 1년여간은 보수 성향 위원들이 근소한 우위를 점했다. 의견 일치가 이루어지지 않는 건에 대해선 표결로 처리됐기에 위원회 구성에 따라 결정이 달라질 수 있었다. 그래서 어떤 진실은 단지 '투표된 진실voted truth'이었다는 문제가 있다. 현재의 기준을 가지고 기준이 달랐던 오래전 과거의 일을 재단하는 '소급遡及적 정의'가 적용된 경우도 있었다. 절박한 심정이야 이해되지만, 유관단체 구성원들이 때때로 격한 시위·농성·폭언을 통해

위원회 결정에 영향을 미치고 자신들의 뜻을 관철하려 한 것도 유감이었다.

일부 편향된 조사관들이 자기가 원하는 왜곡된 결과를 도출하기 위해 증거를 조작·은폐·왜곡·유출했고, 적법한 과정과 절차를 무시한 경우도 없지 않았음은 통탄痛歎할 일이다. 그것이 정의라는 착각을 가지고, 또한 "과거사는 거의 다 악이요 조작"이라는 편견을 가지고 조사에 임하는 우愚를 범했다. 정치적 목적으로 '직업적으로' 조사를 신청한 '운동가'들도 있었다. '문세광 저격사건'이나 'KAL기 폭파사건'의 수사 결과가 조작된 의혹이 있다는 황당한 이유로 조사를 신청했고, 위원회는 이런 터무니없는 건을 조사해서 아까운 국고를 낭비했다.

하지만 앞에서 언급한 여러 결점 때문에 임무를 완수한 진실화해위 활동 전체를 매도·폄하할 수는 없다. 발굴된 기록들은 국가 안위에 큰 영향을 미치지 않는 범위 내에서 적법한 절차를 거쳐 공개돼야 할 것이다. 진실화해위의 결점 자체도 시대상을 반영하는 거울이고 과거사가 됐다. 밝혀진 사실들에 대해서는 숙연한 마음으로 대처해 나가야 하고, 위원회의 결정이 잘못된 것일 수도 있다는 결과의 가변성可變性에 대해 겸허한 마음을 가져야 한다. 결국 진실화해위의 활동도 역사적 평가의 대상이 될 것이다.

<중앙일보 중앙시평> 2010.12.30

소형모듈 원전에 미래 있다

니체의 동명 철학소설에 기초한 리하르트 슈트라우스의 교향시 '차라투스트라는 이렇게 말하였다'는 장대한 곡이다. 여기서 슈트라우스는 자연의 힘과 인간·과학의 힘을 극적으로 대비시켰다. 동일본 대지진과 지진해일(쓰나미)은 자연의 막대한 힘을 보여줬고, 그 앞에서의 인간의 무력감을 재확인시켜줬다. 언젠가 인류는 공룡시대처럼 자연에 의해 종말을 맞을 것이다. 인간이 멸망을 재촉해서는 안 될 일이다.

엄청난 규모의 자연재해는 후쿠시마 원전 사태를 격발시켜 막 시작된 '원자력 르네상스'에 큰 타격을 가하고 있다. 그러나 위기를 이겨내면서 교훈을 얻고 더 높은 수준으로 도약해 왔던 것이 인류 문명의 역사다. 역시 원전에는 안전성이 무엇보다 중요하다는 것이 새삼 각인됐다. 유럽연합EU 에너지위원장은 기존보다 훨씬 더 상향된 안전기준을 만들 것이라고 발표했다. 각국은 일단 냉각장치의 이상 유무, 쓰나미 등 자연재해 발생 시의 안전성 확보에 대한 점검을 해야 한다. 다행히 한국은 리히터 규모 7.0 이상의 지진이 일어날 수 없는 지역이다.

일본의 경우 초기에 해결할 수 있는 일을 원전 부식을 우려해 해수 주입을 주저하는 사이 사태가 악화됐다. 도쿄전력이 민간 기업이기에 얄팍한 이익에 급급하다 결국 훨씬 큰 손실과 재앙을 초래했다. 일부 주요 기간산업에는 민영화가 위험하다는 교훈을 주기도 했다. 사용후 핵연료도 사고 시 위험요소로 부각됐고 한국에서 2016년에 포화상태에 이르는 핵폐기물에 대한 대책도 시급해졌다. 이런 면에서 한국이 벨기에 주도의 사용후핵연료 중저준위화 기술인 '미라Myrrha 프로젝트'에 적극적인 참여를 주저하는 것은 문제라 아니할 수 없다.

전력 소비의 3분의 1을 원자력에 의지하는 한국에서 무작정 원전에 반대하는 것은 무책임하다. 해외 석유에만 목매는 상황은 생각만 해도 아찔하다. 더군다나 이를 선동하는 주요 세력들이 북한 핵무기에 대해선 용인하는 사람들이라는 대목에서는 어이가 없다. 그 대신 이참에 너무 싼 전기료의 현실화를 고려하고, 에너지 절약에도 더 힘써야 한다. 나도 현재 애지중지 타고 있는 저가형 소형차를 다 쓴 다음에는 더 고효율·친환경적인 하이브리드차로 바꿀 계획이다.

온난화에 대처하면서 현대문명을 지탱할 대규모 에너지를 얻을 수 있는 유일한 대안은 원자력이다. 원자력 선도국가인 프랑스 에너지장관은 자국 내 원자로 58기에 대한 총체적 안전점검을 발표함과 동시에 원자력이 계속 21세기 핵심 에너지원으로 지속될 것이라고 천명했다. 1986년 체르노빌 사고 당시 필리핀 아키노 대통령은 바탄 원자로 가동을 무조건 중단시켜 현재는 폐허 상태이고, 그 때문에 필리핀은 고질적 전력난에 헤매고 있다. 계속 원전을 육성 발전시킨 한국 프랑스와는 전혀 다른 잘못된 선택이었다. 현재 한국 원전은 후쿠시마보다 안전한 방식이며, 상용화 직전 단계인 4세대 원전의 안전성은 더 획기적으로 개선될 것으로 전망된다.

지식경제부 지식경제연구개발R&D 전략기획단은 며칠 전 한국의 '미래 먹을거리'인 선도기술 6개를 후보과제로 발표했고 그중 '다목적 소형모듈원전'을 포함했다. 소형모듈원전(캡슐원전)이란 원자로의 크기를 줄여 노심용융 사고 확률을 연간 1억분의 1 이하로 낮추는 혁신적 기술이다. 용량은 300MWe 이내로 사고 시 소형화에 따른 대형사고 방지는 물론이고 자연냉각 특성으로 외부 전원이 전혀 필요 없다. 원자로 모듈이 공장에서 완성되고 수송되며 모듈 공법으로 단기간에 건설된다. 또 해안은 물론이고 내륙의 다양한 곳에서 요구 조건에 맞춰 전력, 지역 냉난방, 담수화 등 다목적으로 사용된다.

현재의 대형 원전은 규모의 경제성을 중시해 원자로 용량을 최대화해야 했기에 수조 원에 달하는 초기 투자비, 긴 송전선로 확보, 추가적 안전설비가 요구되지만 소형 모듈원전은 비용이 훨씬 적게 든다. 송전시설 건설은 현재 지역사회의 큰 갈등요인이다. 그러나 소형원전은 긴 송전선이 필요 없고 신재생에너지와 연계돼 스마트그리드를 운영하는 지역에도 적합하다.

대형 원전은 일본처럼 예상을 넘어선 큰 사고 시 대규모 외부냉각이 24시간 내 투입되지 않는 한 노심의 용융과 방사성 물질 누출이 일어난다. 그러나 소형 원전은 최악의 상황에서도 사고의 진행이 매우 느리고 외부 전원 없는 자연냉각 기능으로 안전성이 확보된다. 핵연료의 수명을 크게 연장해 핵연료 교체 주기를 약 20년으로 늘리고, 연소도를 높임으로써 사용후핵연료 방출 및 저장을 격감시킨다. 후쿠시마 원전 사태가 제기하는 도전에 적극적으로 대처하는 동시에 에너지와 환경문제를 해결하고 수출산업으로도 안성맞춤인 소형모듈원전에 주목해야 한다.

<동아일보 동아광장> 2011.04.08

평생을 좌우할 원자력 표준 선택

 인류문명의 전개 과정은 과학기술 발달과 밀접한 관계가 있고, 과학기술의 역사는 표준을 놓고 벌어진 경쟁의 역사이기도 했다. 송전방식을 놓고 벌어진 에디슨과 그의 조수였던 크로아티아 출신의 세르비아인ㅅ 니콜라 테슬라 사이의 경쟁은 좋은 예다. 에디슨은 직류를, 테슬라는 교류를 지지했다. 우리가 '위인'으로 알고 있는 에디슨은 이 다툼에서 교류를 무산시키기 위해 온갖 추악한 방해를 마다하지 않았지만, 결과는 테슬라의 승리였다. 인류는 현재도 압도적으로 우월한 교류를 표준으로 사용한다.

 드문 경우지만 꼭 우월한 기술이 표준이 된 것은 아니다. 비디오카세트 시장에서 소니가 독점하던 우월한 베타막스 방식이 반反소니 연합군의 다소 열등한 VHS 방식에 패배한 것은 마케팅의 중요성, 그리고 과도한 시장독점 시도 실패의 고전사례로 남았다. 그러나 두 기술의 격차는 그리 크지 않았다.

 한국은 41년 전 원자력발전소 건설에 있어서 현명하게 올바른 표준을 택해 오늘날 원전 르네상스를 이끌고 있다. 당시 한국 정치·경제계에 막대한 영향력을 가졌던 유대인 거상巨商 사울 아이젠버그는 영국 회사의 로비스트로서 그 시절 주류 기술이었던 가스냉각로 방식AGR을 한국에 강요했다. 많은 한국의 정치인·과학자들도 AGR을 지지했다. 그러나 1969년 1월 박정희 정부와 과학·산업계 리더들은 면밀한 검토를 통해 미국의 가압경수로加壓輕水爐 방식PWR이 미래표준이 될 것을 간파하고 PWR을 선정했다. 향후 AGR을 택하겠다는 각서를 아이젠버그에게 써주고서야 가능한 일이었다. 그런데 곧 AGR은 안정성에 심각한 문제가 나타나 자연스레 역사의 뒤안길로 사라졌고, AGR을 고집한 영국은 원전 경쟁에서 영원히 낙오됐다. 그때 한국이 AGR을 택했다면 같은 운명을 걸었을 것이다.

며칠 전 미국은 올 가을에 시작될 한·미 원자력협정 개정 협상에서 한국이 요구하는 파이로 프로세싱pyro-processing에 대해 본격 논의할 것이라고 밝혔다. 파이로 프로세싱은 사용후 핵연료에서 고준위방사성폐기물HLW을 분리 수거하는 건식정련 기술이다. 분리된 HLW를 제4세대 고속소각로에서 다시 태우면, 엄청난 양의 에너지를 다시 뽑아내면서 독성이 1,000분의 1로 줄어든 중·저준위 폐기물로 바뀌고 부피도 100분의 1로 준다. 한국이 주도적으로 개발하는 기술이지만 일말의 핵무기 개발 가능성 때문에 미국이 꺼리던 의제였다. 그래서 진지한 협상을 예고한 것은 일단 한국의 평화적 원자력 사용 의지가 부분적으로나마 인정됐다는 것을 의미한다.

그런데 4세대 고속로에서도 두 개의 표준이 존재하니, 소듐냉각고속로SFR와 납-비스무트냉각고속로LFR 방식이 그것이다. 최근까지 한국을 비롯한 여러 선진국은 SFR에 집중해 왔다. 그러나 요즘은 LFR의 장점을 인식하고 리스크를 줄이기 위해 잠정적으로 두 방식을 병행 발전시키는 것이 세계적 추세다. SFR은 지진에 강한 장점이 있으나, 화재에 매우 취약해 상용화에 30~40년이 더 걸릴 전망이다. SFR을 채택한 러시아는 2년에 한 번꼴로 화재를 겪었고, 일본의 '몬주' 원자로도 비슷한 문제로 95년 가동을 중단한 후, 14년 5개월 만인 올해 5월에야 재가동됐으나 계속 문제가 생기고 있다.

반면 화재 위험이 없는 LFR은 올해 벨기에가 주도하는 EU의 차세대 원자로 '미라MYRRHA'에 채택되면서 급속히 주목받고 있다. 소형화와 빠른 원자로 건설(2020년 이전 완공 가능)이 가능해 파이로 프로세싱으로 추출된 재활용가능 HLW를 즉시 소각할 수 있다. 즉, 플루토늄 추출과 핵무기 전용에 대한 의혹을 잠재울 수 있기에 대미 협상에서도 유리한 입장을 취할 수 있다. 다만 부식과 지진에 약하다는 단점이 있어 부식방지 신소재 개발과 첨단 내진설계 등으로 취약점을 극복해 나가고 있다.

결국 누가 강점을 살리고 약점을 최소화하느냐에 따라 세계적 표준이 세워질 것이다. 표준을 선택하는 것은 지극히 민감하고 중요한 문제다. 한 번의 선택이 평생 또는 몇 세기의 향방을 결정짓기도 한다. 한국이 주도하는 평화적이고 환경친화적인 원자력 기술에 대한 표준 선택의 시간이 다가오고 있다. 40여 년 전 슬기롭게 경수로 방식을 택한 원자력 선구자들이 보여준 지혜를 발휘할 시점이다. (필자는 기후변화에너지대책포럼 국제협력위원장이다.)

<중앙일보 중앙시평> 2010.08.19

핵주권에 대한 인식 바꿔야

세상에는 원자력을 최악의 방향인 대외 협박용 핵무기로 활용한 국가와 가장 모범적·평화적으로 이용한 국가가 있으니, 바로 북한과 대한민국이다. UAE 원전原電 수출로 한국 원자력산업은 신기원新紀元을 맞았다. 돌이 없어 석기시대가 끝난 것이 아니듯, 석유가 없어서 화석化石 연료시대를 끝내야 하는 것이 아니다. 원자력은 탄소를 거의 배출하지 않는 청정에너지이며 지구 온난화의 주범인 화석연료를 완벽히 대체할 수 있는 유일한 에너지원이다. 원자력이 미래의 길임을 간파하고 우직하게 이 분야 연구와 운용에 힘을 쏟은 지도자들(이승만과 박정희)의 혜안, 과학자와 관료들의 노력이 합치돼 원자력시대가 꽃피고 있다.

다른 나라에서 기피산업으로 치부될 때 오히려 원전에 집중한 결과 얻은 건설과 운용능력은 세계 최고수준이다. 중국은 2030년까지 원전 100기를 건설하겠다는 계획을 세웠으며, 터키·인도 등도 원전을 고려하고 있다. 이에 한국은 2020년까지 터키·중국·요르단 등에 총 10기의 원전을 수주할 계획이며, 2030년까지는 4,000억 달러어치의 원전수출을 모색하고 있다. 이렇게 되면 '한국형 원전'은 반도체, 자동차, 조선에 이은 수출 주력산업이 된다.

그러나 앞으로 헤쳐나가야 할 길은 의외로 험난하다. 원자력과 관련해 한국에 대한 국제 사회 일각의 의심이 사라지지 않는다면 현재

이상의 가치 창출은 어렵다. 필자는 한국인의 '핵 주권主權'에 대한 인식이 일부 잘못된 방향으로 흘러갔다고 생각한다.

핵무기를 가진 군사강국화 정서를 불러일으킨 소설 '무궁화 꽃이 피었습니다'는 어디까지나 픽션이다. 그런데 '무궁화 꽃…' 신드롬이 아직도 남아 있다. 핵무기에 대한 막연한 희망은 듣기엔 그럴듯하지만 대단히 위험한 생각이다. 핵무기를 추구하는 순간 국제적인 고립과 함께 그동안 누렸던 번영이 위험에 빠지는 상황으로 치닫기 때문이다. 이제 낭만적인 핵무기 주권 정서情緒를 버려야 한다.

미 의회조사국CRS은 최근 보고서에서 한국의 원전 가동에서부터 사용 후 핵연료 재처리를 통한 에너지 확보 등의 '핵주기 완성 주장'에 대해 경계심을 표명했다. 우리의 평화적 원자력 사용에 대한 의지가 의심받고 있기 때문에 생기는 현상이다. 또한 미국의 한 싱크탱크는 북한 핵문제가 해결되지 않을 경우 2014년 만료를 앞둔 한미 원자력협정 개정 협상에서 한국의 사용 후 핵연료 재처리가 허용되지 않을 것으로 분석했다.

이 문제는 원전의 난제인 폐기물 처리와 직접적으로 연관된 사항이다. 반감기가 수만년인 맹독성의 고준위방사성폐기물HLW 저장 능력이 한계에 다다랐다. 우리 자체의 폐기물 저장·처리 능력도 모자라면서 원전을 수출한다는 것은 뭔가 어색하다.

다행히 한국은 파이로 프로세싱(건식 재처리)을 통해 HLW를 대부분 소멸시키며 엄청난 양의 에너지를 다시 뽑아내는 꿈의 기술에서 앞서 나가고 있다. 그런데 이 방식이 빛을 보기 위해서는 핵재처리 권한이 필수적이다. 우리에게 필요한 '핵주권'은 핵무기 보유권이 아닌 재처리를 통한 효율적 에너지폐기와 재활용 권한이다. 국제

협력으로 핵무기 확산擴散과 HLW문제에 대처하기 위해 전 세계 오피니언 리더, 원자력전문가, 핵 비확산전문가들이 대거 참여하는 세계평화-환경을 위한 원자력정상회의(의장 모하메드 엘바라데이 전 IAEA 사무총장, 명예의장 김영삼 전 대통령)가 3월 10~12일 서울에서 열린다. 한국 퍼그워시Pugwash, 핵무기 없는 평화를 위한 세계 과학자 회의 등이 주관한다. 이 회의는 한국이 국제관리를 받는 평화적 핵 사용과 에너지·환경 문제 해결 의지를 밝힐 기회이다.

우리 앞에 신新에너지·환경문제 해결의 열쇠를 제공할 '원자력 혁명'이 다가오고 있다. 이 문명사文明史적 전환에 동참하고, 나아가 주도하기 위해서는 인식의 전환이 필요한 시점이다. 거듭 강조하지만 우리가 추구할 핵주권은 평화적 사용을 위한 핵재처리 권한이어야 한다.

<조선일보 아침논단> 2010.02.09

핵재처리 新기술 추월당할 판

핵융합으로 작동되는 수소폭탄H-bomb 실험은 미국에서 1952년 11월, 소련에서 53년 8월에 성공했다. 이 실험의 파괴력은 인간의 상상을 초월하는 수준이었다. 특히 54년 미국이 행한 '브라보' 실험결과는 히로시마에 떨어진(그래서 그 도시를 일시에 궤멸시킨) 핵분열 원자탄A-bomb 위력의 무려 750배에 달했다. 그런 폭탄 단 100개면 지구를 완전히 박살 낼 수 있는 수준이었다. 핵폭탄이 개발되고 나서 '전쟁은 정치의 연장이고 수단이다'라는 클라우제비츠의 고전적 전쟁론은 의미를 잃게 됐다. 왜냐하면 전쟁은 곧 인류 절멸人類絶滅을 의미하기에 승리라는 목적 자체가 무의미해졌기 때문이었다.

역설적이게도 이러한 공포는 냉전冷戰 시대, 즉 초超강대국이 상호 간의 전쟁을 자제하는 '긴 평화'의 시대를 가져왔다. 그 시대에도 일촉즉발의 위기 상황이 몇 번 있었다. 쿠바사태가 대표적인 예였다. 비밀문서 해제를 통해 본 쿠바사태는 인류 공멸共滅에 가장 가까이 다가간 사건이었음이 드러났다. 그러나 결국 전쟁까지 가지는 않았다.

이제 냉전의 종식은 전쟁만이 아니라 인류 절멸의 공포에서도 해방됐다는 의미를 가진다. 탈脫냉전 시대의 핵무기는 이제 구舊시대의 유물이 됐고, 이란과 북한처럼 '실패한 국가들'이 협박 수단으로 사용하거나 테러 집단에 의해 악용될 수 있는 골칫덩이가 돼 버렸다.

대신 원자력이 지구온난화와 에너지 고갈을 해결하는 희망의 에너지로 재등장하며 '원자력 르네상스' 시대가 왔다. 오바마 대통령은 미국에서 30년 만에 처음으로 원전原電 건설을 발표했고, 산유국産油國인 UAE가 원전을 건설하려 한다. 그러나 원자력은 핵무기 확산 가능성과 고준위 방사성 폐기물HLW이라는 큰 약점을 가지고 있다. 이런 난제를 해결하기 위해 세계 평화·환경을 위한 원자력정상회의 SHAPE 2010가 서울에서 3월 10~12일 성황리에 열렸다.

이 회의는 원자력을 평화적으로만 이용하겠다는 한국을 비롯한 세계 각국의 의지를 공식적으로 선언하고 공인받는 자리였다. 레이건이 처음 제시하고 오바마가 최근 다시 제창한 '핵무기 없는 세계'가 현실이 될 수 있는 발판을 마련하는 '서울선언'이 여기서 채택됐다. 또한 폐기물 재처리 및 관련 비확산 기술이 전 세계적으로 개발돼야 한다는 점도 천명됐다. 이제 핵 발전發電과 핵무기는 병행될 수 없는, 그래서 양자택일을 해야 하는 옵션이다. SHAPE는 서울 회의로 그치지 않고 국제 NGO로 발돋움할 의지를 갖고 있다. 내후년에는 유럽의 수도인 벨기에 브뤼셀에서 2차 회의가 열릴 예정이다.

폐막 이후 13일에는 세계의 참석자들이 울산 두산중공업에 가서 한국의 뛰어난 원전 건설 능력을 보았고, 이어 경남 고리 원전에 가서 안전 운용 능력을 두 눈으로 확인했다. 아울러 임시로 수조에 담겨 있는 HLW의 저장 공간이 얼마 안 남아 있는 것(2016년 포화상태)을 보며 우려를 표명하기도 했다. 또한 HLW는 컨테이너가 1000년 정도만 밀봉密封을 보장한다.

그렇기에 핵폐기물 재처리가 필수적이다. HLW를 중저준위 폐기물로 변환시켜 관리기간을 1,000분의 1로 줄이고, 양은 100분의 1로 줄이면서 다시 다량의 에너지를 뽑아내는 꿈의 기술(파이로 프로세싱)에서 현재 한국과 벨기에 등이 앞서나가고 있다. 벨기에는 이미 2020년 가동 예정인 총예산 9억 6,000만 유로의 핵변환 미라MYRRHA 프로젝트를 주도하고 있다. SHAPE 공동 대회장이자 前 IAEA 사무총장인 엘바라데이는 기조연설에서 "원자력 선진국만이 아닌 다국적 공동 통제 시스템으로 핵주기 전 과정을 투명하게 관리하고 핵확산을 막을 것"을 제창했다.

우리의 기술은 인류 전체의 공동 자산으로 국제 관리와 국제 공조를 받아야 하며, 이 기술에서 나오는 이익은 적절히 분배해야 할 것이다.

벨기에는 우리가 머뭇거리는 사이 우리를 앞서가려 한다. 핵심은 투명성이다. 우리는 핵무기 개발 의사가 없으니 두려울 것도 머뭇거릴 것도 없다.

<조선일보 아침논단> 2010.03.15

병원이 보험사기 권하는 한국사회

얼마 전 빈 택시와 접촉사고가 있었다. 페인트가 긁힌 정도의 경미한 사고여서 연락처와 보험회사를 알려주고 집에 왔다. 그런데 밤에 택시기사가 전화를 해 "타고 있던 승객이 입원을 하겠다"는 것이 아닌가. 순간 보험사기임을 직감하고 보험사의 특수수사대에 연락을 했더니, 유령승객을 내세워 보험금을 타내는 전형적인 '끼워 넣기' 수법이라고 하면서 조치를 취했다. 결국 승객은 없었던 것으로 판명됐지만, 이제는 기사 자신이 갑자기 아프다고 병원 행行을 고집하는 바람에 보상금과 치료비를 물어 주는 선에서 타협을 봤다. 더 심한 경우도 많고 필자가 당한 경우는 약과라고 한다.

몇 년 전에는 뒤에서 트럭에 받히는 교통사고를 당했다. 차는 많이 손상됐으나 다행히 몸에 큰 이상은 없었다. 그런데 병원의 원무院務과장이 은밀히 보자고 하더니 속칭 '나이롱 입원환자'가 돼 보상금을 타라고 권유하는 것이었다. "당신은 앉아서 보상금 타서 좋고, 병원은 입원도 하지 않은 환자의 입원·치료비를 보험회사에 청구할수 있으니 쌍방이 다 좋은 일 아니냐"는 얘기였다.

황당한 표정으로 그 제의를 거절하고 나서 씁쓸한 마음으로 병원문을 나섰었다. 이러한 사기 행각 때문에 사회가 지불해야 할 비용이 너무나 크고 그 피해는 고스란히 선량한 시민들에게 돌아간다.

車사고 피해자 입원율, 일본의 9배 넘어

일부러 사고를 당하거나 피해를 부풀리는 등의 수법으로 보험금을 탔다가 적발된 사람이 3년 새 80% 가까이 늘었다고 한다. 금융감독원은 지난 4월 7일 지난해 보험사기로 5만 4,994명이 적발됐고, 이들이 타낸 보험금은 3,467억 원으로 집계됐다고 발표했다. 자동차사고 뒤 허위로 입원하는 '가짜 환자'가 실제로는 연간年間 9만 명에 육박하는 것으로 추산됐다.

우리나라 자동차 사고 피해자의 입원율(2008년 기준 60.6%)은 일본(6.5%)에 비해 9배가 넘는다. 한국의 자동차보험 급여액 중 개인치료비 지급액이 40%에 이른다. 독일은 5% 미만이라 한다. 일본도한때 입원율이 높았지만 정부와 의료기관, 소비자들이 문제의 심각성을 인식하고 개선에 나서면서 비율이 떨어졌다는 게 보험개발원의 설명이다.

그동안 국내에서는 자동차 사고로 가벼운 상처만 입어도 입원하는 경우가 많아 개선이 필요하다는 지적이 잇따라 제기됐다. 국민권익위원회는 요양급여 운영체계 제도개선 보고서에서 손해보험협회의 부재不在환자 점검결과 부재율이 15~19%이고 부재환자 중 무단외출환자는 41.8%라 밝히면서 근본적인 대책이 필요하다고 촉구한다. 입원기간에 외출과 외박은 물론, 유흥업소도 출입한 것으로 드러났다고 밝혔다.

자동차 보험뿐만 아니라 보험금을 노린 기업형 보험사기도 기승을 부리고 있다. 종전에는 보험계약자 스스로 보험금을 타기 위해사기극을 벌여 왔지만 최근에는 보험 모집인 등 보험 종사자들이 보험금을 편취騙取하는 사례도 많아졌다. 예를 들어, 대형 보험회사에서 5년 넘게 일한 한 보험설계사는 지인知人들에게 "보험료를 안 내도 되고, 보험금 일부도 줄 테니 보험에 가입하라"며 권유해 손쉽게 23명의 고객을 모았다. 그러고는 평소 알고 지내는 병원장에게 허위 통원通院진단서를 발급받아 총 220여 회에 걸쳐 1억 6,600만 원의 보험금을 가로챘다고 한다.

필자세대는 학창시절 "대중大衆은 무조건 옳다"는 근거 없는 믿음을 가졌다. 그러나 역사는 대중이 우둔할 수도 있고, 타락하기도 쉬우며, 심할 경우 집단광기狂氣를 일으킬 수도 있는 존재라는 것을 생생히 보여준다. '각성된 대중'이라는 뜻으로 민중民衆이라는 단어를 쓰며 이런 딜레마를 피하려 노력한 학자도 있었지만, 별로 설득력이 없었다.

스페인의 사상가인 오르테가 이 가세트Ortega y Gasset는 이미 20세기 초에 이러한 함정을 간파하고 『대중의 반역』이란 명저名著에서 "대중의 반역이란 인류의 철저한 타락과 다르지 않다"고 주장했다. 프랑스를 뒤흔들었던 드레퓌스 사건 때 하층민들은 죄 없는 드레퓌스를 반역자로 몰았고, 드레퓌스를 옹호하는 양심 있는 지식인들을 매도했다. 히틀러를 광적으로 지지했던 압도적 대다수 독일국민들은 과연 현명했던가?

이러한 '대중의 반역'은 못 배우고 없이 사는 계층에만 국한된 것이 아니다. 필자가 생생히 두 눈으로 본 일인데, 점심 때 한국사회의 공공公共질서 부족에 대한 열변을 토하며 소주 2병을 드신 명문대 원로교수가 만취 상태에서 차를 몰고 곡예운전을 하는 상습적 행태는 도대체 어떻게 설명할 것인가? 시민사회의 규칙에 반反하는 예는 이

외에도 무수히 많다. 고속도로나 간선도로에서 출구出口를 놓쳤다고 다른 사람의 생명과 안전은 아랑곳 안 하고 후진後進을 감행하는 운전자를 본 경험이 누구나 있으리라.

일본계 미국인이자 세계적인 사상가인 프랜시스 후쿠야마Fukuyama 교수는 『트러스트』Trust라는 책에서 "선진先進사회와 후진사회를 가르는 중요한 기준 중 하나는 그 사회가 가지고 있는 신뢰 정도"라고 얘기한 바 있다. 그는 한국을 신뢰도가 높은 사회로 보지 않았다.

살다 보면 많이 느끼는 일이겠지만, 한국사회는 낮은 수준의 신뢰부터 문제를 노정露呈한다. 책임감이 부족하고 서로 믿기 힘든 한국사회는 '불신不信사회'다. 그러기에 '고비용高費用', '고위험高危險' 사회이기도 하다. 인간사회가 다 그렇다고 할 수도 있겠지만, 사는 정도에 비해서 더 심하다는 얘기다.

대중은 방치됐을 경우 오도誤導하기 쉬운 존재이며, 가끔은 양심을 판 야수野獸의 모습으로 표변한다. 여기서 요즘 한국사회에서 한창 주목받고 있는 공화주의共和主義의 필요성이 대두된다.

영국의 정치사상사학자인 퀜틴 스키너Quentin Skinner가 『자유주의 이전의 자유주의』라는 저작에서 주장한 '공화주의 자유론'의 요체要諦는 "공동체共同體에 책임지면서 개인의 자유를 최대화하는 것이 진정한 자유"라는 것이다. 즉, '자유롭고 평등한 가운데 사회와 국가를 위해 공공선公共善을 추구하는 시민이 두껍게 존재할 때' 그 사회는 공화주의에 기초한 진정한 시민사회가 된다는 것이다.

대중도 교육되고 각성돼야 건전한 시민이 될 수 있다. 한국은 유사 이래 성숙한 시민사회를 가져 본 적이 없다. 동네북과 같은 신세인 정치인이나 재벌財閥들만 문제가 있는 것이 아니다. 민주화民主化

를 이룬 우리에게 필요한 것은 '민주주의의 과잉'이 가져오는 해악
害惡을 치유해 가면서 성숙한 시민사회를 이뤄 나가는 일일 것이다.

<월간조선> 2011년(6월호)

시민단체 '코드 지원' 이제는…

다른 나라가 수백 년 또는 100여 년을 거치며 달성한 산업화와 정보화사회, 그리고 민주화를 한국은 불과 몇십 년 만에 이뤄낸 압축성장을 했다. 세상에는 이런 상태의 문턱에 다다르지 못한 저개발 국가가 부지기수다. 한국의 성취가 세계사에 기록될 자랑거리임은 사실이다. 그러나 그 과정이 너무 빨리 일어났기에 생기는 부작용 또한 만만치 않다. 우리 사회가 오랫동안 잘 익힌 술이 아니라 속성으로 만든 화학주처럼 깊고 은근한 맛이 없다는 데 많은 사람이 공감할 것이다. 부작용 중 하나가 숙성熟成된 시민사회를 만들 시간과 여유가 없었다는 사실이다. 시민사회의 요체 중 하나인 비정부기구 NGO 역시 미성숙 상태에서 표류하고 있다.

일찍이 앨빈 토플러는 인류사 권력의 이동과정을 폭력에서 부富로, 그리고 부에서 지식으로의 전환으로 설명했다. 그의 예언대로 최첨단 과학기술과 지식정보에 의해 세계는 재편되고 있다. 이런 경향이 좋은 쪽으로 흐르면 시민의 확대와 건전한 NGO의 성장이 촉진된다. 현재 한국에서 일어나는 현상을 보면 아쉽게도 꼭 이런 방향으로만 인류의 역사가 흐르진 않는다.

근대 자유주의사회의 기본 중 하나는 삼권분립이다. 거대해져가는 정부의 권력을 의회와 사법부가 법치法治주의라는 원칙을 통해 제어한다. 거기에 언론이라는 4부가 탄생했다. 3부 권력에 대한 견제에서 시작된 언론도 그 자체가 권력이 돼버렸다. 현대사회에 들어선 시민단체, 탈산업화 정보화사회에서는 좋건 싫건 인터넷 권력이라는 새로운 권력이 출현했다. 이제는 3부가 아니라 6부라 불러야 할 정도이다.

문제는 산업화, 민주화사회 단계에서 일어나야 할 시민사회Civil Society의 성숙이 채 시작되기 전에 탈산업화 시대를 맞은 한국사회가 길을 잃고 방황한다는 사실이다. 시민사회 성숙의 견인차 역할을 해야 할 시민단체는 권력에 뒤따르는 무거운 책임과 의무는 저버리고 자신이 정치권력화하거나 정치권력의 하수인으로 전락하는 사례가 많았다. 갑자기 주어진 권력을 주체하지 못하고 일부 시민단체의 리더는 쉽게 타락했다.

전 정권과 밀착해 단물을 빨아먹던 시민단체는 과거의 권력을 되찾으려는 야망에 불타 이념적 정치결사체처럼 변했으며, 어떤 경우에는 차라리 정치정당으로 변신하는 편이 더 나을 정도로 정체성이 흔들린다. 스님이 불공보다 잿밥에 관심이 많은 경우라 하겠으니 시민단체가 성숙한 시민사회를 이끌어 가기는커녕 자진해서 정치에 종속되며 오히려 사회의 암적 존재가 됐다. 어떤 시민단체는 특정 정치세력의 뒷돈을 대는 돈주머니 역할을 한다는 흉흉한 소문도 돌고 있으니, 사실이라면 아연할 일이다.

"절대적인 권력은 절대적으로 부패한다." 이것은 정치권력에만 해당하는 철칙이 아니다. 중우정치衆愚政治에 입각한 '대중의 반역'을 부추기는 시민단체나 인터넷 권력도 겸손함과 도덕성을 잃고 권력을 남용하며 날뛸 때, 금전적으로나 정신적으로 절대적으로 타락할 수밖에 없다.

NGO 활동은 정부와 독립적으로 움직일수록 건강성과 정당성을 확보할 수 있다. 코드가 맞는 단체에만 지원하는 전 정권의 이른바 '코드 지원'은 현 정부에서도 유념해야 할 일이다. 현 정부의 국정지표인 녹색성장과 관련된 NGO 지원이 늘어났다는 최근 보도는 이런 우려를 뒷받침한다. 며칠 전 아쉽게 세상을 떠난 김일영 성균관대 교수는, 생전에 정치권력화를 추구하는 또는 정치권력과 밀착하려는 시민단체를 신랄하게 비판했다. 김 교수의 경고가 새삼스러워진다.

<동아일보> 2009.12.01

광복과 건국은 대립이 아니라 공존

2009년 8월 15일은 광복 64주년이고 대한민국 건국 61주년인 날이다. 2008년 8월 15일은 대한민국이 건국된 지 60년이 되는 뜻깊은 해였다. 작년 건국 60주년 행사는 8월 15일이 광복일인 것을 모르는 사람은 거의 없으나 건국일인 것을 아는 사람이 많지 않은 가운데, 건국에 대한 재인식을 촉구하는 계기가 됐고, 세간의 주목을 끌었지만 많은 논란을 불러일으키기도 했다. 반면 올해는 비교적 차분히 8·15를 맞을 것 같다.

광복절을 건국절로 '대체'하자는 사려 깊지 못한 법안이 제출되면서 가열된 측면이 있지만, 대한민국 건국 60주년을 두고 벌어진 논쟁은 우리 사회에 존재하는 역사관의 혼란을 여실히 보여줬다. 결론부터 말하자면 8월 15일은 감격적인 광복절이자 역사적인 건국절의 의미를 공히 갖고 있는 날이다. 어느 한쪽이 다른 쪽을 폄훼하거나 대체할 수 있는 성질의 날이 아니다.

작년에 특히 많은 논란을 불러일으켰던 사안은 대한민국 건국의 기점을 1948년이 아닌 다른 연도로 잡아야한다는 주장들이었다. "건국은 단군 할아버지 때 이미 한 것 아니냐?"는 식의 수준 낮은 논의는 민족과 국가를 혼돈하는 한국 특유의 민족지상주의에서 빚어졌기에 별 언급할 가치를 못 느낀다.

1919년 임정 수립 건국기점 주장은 국가의 3대 요소 결여

그러나 건국의 기점을 1919년으로 잡아야 한다는 국사학계 일각의 주장은 적어도 논의할 만한 가치가 있다. 1919년 3·1운동과 임시정부 수립을 대한민국의 건국의 기점으로 잡아야 한다는 주장은 적어도 국가정통성이라는 측면에서는 음미할 필요가 있다.

대한민국이란 나라는 여러 선각자들의 노력과 투쟁이라는 밑거름이 있었기에 탄생 가능했다. 대한민국은 3·1운동과 상해 임시정부 등으로 상징되는 애국정신을 계승했고 독립을 향한 간절한 염원과 노력, 투쟁과 희생에 힘입어 탄생했다. 따라서 임시정부 수립의 역사적 가치는 아무리 강조해도 지나치지 않다.

김구 주석을 중심으로 끈질긴 투쟁을 전개한 임시정부의 역사는 결코 비하될 수 없다. 또한 1919년 이전에도 존재했던, 우당 이회영 선생을 비롯한 여러 갈래의 독립 노력의 가치도 못지않게 중요하다. 예를 들어, 1911년 신흥강습소로 시작돼 1919년 이름을 바꾼 신흥무관학교는 애국자와 독립투사를 배출하는 젖줄 역할을 했다. 이러한 모든 노력들이 공통적으로 추구했던 바는 조선왕조체제가 수립하는데 실패했던 독립된 근대국가로의 이행이었다.

그런데 한국을 연구하는 외국학자들은 1919년을 건국의 기점으로 잡는 생각에 고개를 갸웃거린다. 그 이유는 국가의 3대 요소가 주권, 영토, 국민임을 상기할 때, 1919년 생겨난 임시정부는 이 모든 것을 실질적으로 다 결여한 상태였기 때문이다. 임시정부가 진정한 '건국'에 대비한 '건국강령'을 1941년에 발표했으며, 해방 직후 여운형 선생이 '건국'준비위원회를 구성한 것도 온전한 국가를 세우기 위한 몸부림이었다는 것을 상기할 필요가 있다.

작년에 국립중앙박물관에서 열린 건국 60주년 기념 국제학술회의에서 한 한국학자가 잘 지적했듯이 1919년을 포함한 1948년 이전의 역사는 바로 정식으로 대한민국을 출산시키기 위한 산고의 시간이었다고 해석해야 옳다. 임시정부를 포함해서 수태와 임신기간의 고통이후 비록 건강한 옥동자는 아니지만 아이를 분만한 것이 바로 1948년이었다.

특히 해방부터 1948년 대한민국정부수립까지의 시기는 결코 쉬운 과정이 아니었다. 또 하나 통탄할 일은 좌파 지식인들이 그동안 임시정부나 대한민국의 정통성에 대해 별로 인정하지 않고, 대한민국 건국을 아예 부정하면서도, 건국기점 논란에 기회주의적으로 편승했단 사실이다. 언제 좌파들이 임시정부를 그토록 인정했기에 이런 논란에 가세해서 1948년의 의미를 격하한단 말인가.

결국 대한민국 건국은 '민주공화국'의 탄생이라는 측면에서 바라봐야 한다. 앞에서도 언급했듯이, 대한민국 건국은 불완전했지만 당시 상황에서는 불가피한 차선의 선택이었다. 따라서 대한민국이 어떻게 해서 만들어진 나라인가를 바르게 조명하고 건국에 관련된 근거 없는 주장을 불식시켜야 하는 과제가 우리 앞에 놓여있다.

자기 역사를 공부하는 것은 '기억의 공유'를 위한 작업이다. 이는 맹목적인 자화자찬과도 구별된다. 즉, 국민들 사이에서 역사에 대한 인식의 공유를 통해 사회 통합이 이루어지도록 노력하지 않으면, 현재 진행되고 있는 사회갈등은 계속될 개연성이 높다.

건국 이후 대한민국의 역사도 불완전했고 상처투성이였다. 미화의 대상으로만 바라보는 것은 또 다른 왜곡일 것이다. 그러나 반면에 열악한 환경을 이겨내고 자유롭고 부강한 나라를 이룩했다는 진정한 의미를 찾아야만 하는 이유도 존재한다.

대한민국은 시작부터 완전했던 존재가 아니라, 건국이후 진정한 근대적 국민국가로 완성되어 가는 과정을 통해 오늘날에도 계속 발전해 나가고 있는 국가인 것이다. 제2차 세계대전 이후 독립한 국가들 중 대한민국은 산업화와 민주화를 달성한 유일한 국가이기에, 세계사적으로 중요한 의미를 갖고 있다.

그러나 현행 고등학교 '근현대사' 교과서의 현대사 부분은 대한민국은 자발적 국민의 참여가 없는 상태에서 단정세력에 의해 수립된 정통성이 결여된 정체政體이고, 남한의 정부수립이 민족분단을 초래했다고 서술하며, 대한민국의 정통성을 부정하고 있었다.

반면 북한에 대해서는 남한 때문에 어쩔 수 없이 선거를 치러 국가를 수립했다고 동정적으로 서술했었다. 그러나 대한민국의 초대정부는 정당한 국민투표를 거쳐 탄생하였으며, 사회주의자들의 대다수도 참여한 가운데 대한민국이 수립되었다는 것은 이제 상식에 속한다. 그리고 북한에선 이미 소련에 의해 단독정부 수립에 대한 계획이 먼저 치밀하게 전개됐다는 것이 공산권 붕괴로 인한 비밀자료의 공개로 밝혀졌다.

또한 교과서들은 대한민국 건국의 중심인물인 이승만의 업적을 의도적으로 외면하는 경향을 보이고 있다. 이승만의 업적에 대한 외면 중에서 가장 대표적인 것은 '농지개혁'에 관한 서술이다. 전농민의 소작농화라고도 할 수 있는 북한의 농지개혁에 대해서는 높이 평가하면서도 이승만의 농지개혁에 대해서는 '불철저했다'고 일갈하고 있다.

이승만의 농지개혁은 최근 좌파 국사학자들과 대표적인 진보 이론가도 인정할 만큼 성공적이었다는 데 의견이 수렴되고 있다. 또한 건국 이후 문맹률 감소와 같은 국민교육의 성공에 대해서도 철저하게 무시하고 있다. 나아가 한미방위조약 등으로 굳건한 안보 체제와 국제협력노선을 택함으로써 대한민국 발전의 토대를 마련한 점에 대해서도 언급하지 않고 있다.

반면에 독재정치와 부정부패에 대해서는 장황할 정도로 강조하고 있다. 물론 그는 자유민주주의를 표방했지만 통치스타일은 권위주의적인 독재자였다. 독선적이고 권모술수에 능한 인격적인 결함도 있었다. 게다가 너무 노년에 대통령이 됐는데도 장기집권을 했다는 근본적인 문제도 있었다. 그러나 그에게는 이런 허물을 훌쩍 뛰어넘는 공이 있었다.

'건국대통령'으로 불러도 무방할 정도로 힘들기 짝이 없던 건국과정에서 역할이 컸다. 해방 이후 많은 신생국 지도자들이 인기 영합적인 좌파 민족주의 노선을 걸어갈 때 그는 세계정세를 냉철하게 보는 혜안慧眼을 갖고 냉전체제하에서 자유주의적 해양 문명을 지향하는 올바른 진로를 잡았다. 대내적으로는 현대적 국민국가의 기틀을 잡았고, 한미동맹을 통해 국가안보의 기초를 세웠다.

8·15를 맞아 다시 한번 강조해야 할 점은 1945년 광복과 1948년 건국은 결코 대립되는 개념이 아니며 공존해야만 하는 존재라는 것이다. 구한말과 일제강점시기 선각자들의 노력 속에서 대한민국의 씨앗은 뿌려졌고, 비록 자력에 의한 독립은 아니었으나, 독립 이후 민주공화국을 세울 기틀이 마련됐다는 사실을 잊어서는 안 된다.

대한민국 현대사는 해방이후 미국과 UN의 도움으로 대한민국정부가 수립되고, 이와 함께 확립된 헌법의 기초 위에 자유민주주의가 점차 확립되어가는 발전적인 역사이다. 그런 점에서 대한민국의 역사는 많은 결점에도 불구하고 제대로 평가받아야 한다.

우리는 이제 대한민국 건국과 헌법의 의미를 새롭게 평가해야 한다. 즉, 대한민국 건국과 헌법이 자유민주주의와 입헌주의(법치주의), 그리고 공화주의와 시장경제를 기반으로 건강한 시민사회와 근대 국민국가를 이루기 위한 제도적 토대를 마련했다는 문명사적 의의를 되새겨야 할 것이다.

<데일리안> 2009.08.15

'오렌지 보수'에겐 미래가 없다

1980년대가 흥미로운 것은 고위 공직자, 집권당 국회의원 등 기득권층의 자제 중 꽤 많은 수가 시대를 고민하며 급진주의에 투신했다는 점이다. 그러나 이런 문제에 무감각하며 아무 생각 없이 호화롭고 방탕한 생활을 하는 젊은이들도 있었다. 그들 중 상당수는 기득권층 출신의 오렌지였든가, 또는 기득권으로 편입을 갈망하며 오렌지의 행태를 따라하는 '낑깡족'들이었다. 재미있게도 이들 '구舊오렌지' 중 거의 전부가 현재도 한국사회의 상류층에 남아있다. 본인의 능력과 노력에 의해 그 지위를 유지하는 경우도 많으나 그렇지 않은 경우도 있다.

80년대의 소위 '진보'는 지금 기준으로 봤을 때 지향점이 잘못 설정됐을 수는 있으나 개인과 사회, 국가와 민족, 그리고 세계가 나아가야 할 방향에 대해 치열한 고민을 했다. 그리고 그들은 사회를 밑으로부터 변화시키는 사회, 문화운동에 성공했다. 옛말에 "젊어서 사회주의자가 아닌 사람은 가슴(정열)이 없고 늙어서도 사회주의자인 사람은 머리가 없다"고 했던가? 오렌지들은 젊은이로서 문제의식이 없으니 고민이 있을 수 없고, 고민이 없으니 생각과 정열이 있을 리 만무했다. 그리고 그 악순환의 귀착점은 바로 철학의 부재不在였다.

다행히 이들 중 일부는 사회에 편입되면서 개과천선하여 생각

있는 '한라봉'으로 '진화'한 경우도 있다. 젊은 한때의 풍류로 그친다면 별로 문제될 것이 없다. 그러나 잘못된 생활양태와 사고방식이 나이 들어서도 그대로 온존하는 경우는 문제가 다르다. 한라봉으로 진화하지 못한 70~80년대의 오렌지들이 사회에 나가 기득권을 유지하고 중추적인 자리를 차지하고 자신들이 "대한민국의 중심이고 보수입네" 하니 한국의 보수가 제대로 될 리 없었다. 사실 이런 부류는 진정한 젊은 보수의 등장이 아닌 수구기득권의 대물림에 불과하다.

얼마 전 사석에서 지인들이 "한국에는 왜 '헤리티지 재단'이나 '존 올린 재단'과 같은 훌륭한 보수주의 싱크 탱크와 지원단체가 없으며, 왜 박정희 도서관이나 기념관의 건립이 기금부족으로 무산될 위기에 있는가"에 대해 토론하는 것을 본 적이 있다. 그 토론의 잠정적인 결론은 한국의 기득권, 자칭 보수의 많은 수가 '생각이 없는 얌체'이기 때문이라는 것이었다. 그들은 자신들 인생을 신나게 사는 것에만 관심이 있지, 그런 뜻있는 재단이나 기구를 만들거나 지원할 의지와 철학이 없다는 것이다.

철학. 이것을 갖기 위해서는 뼈를 깎는 고뇌의 과정이 있어야 한다. 젊어서도 그런 과정이 없었고 나이 들어서도 변신의 고통이 없었는데 지금 와서 없던 철학이 갑자기 생기겠는가. 새무얼 스마일스가 『인격론』에서 얘기했듯이, "고통을 모르는 자, 무엇을 알겠는가?" 그러다 보니 그들은 또래 세대의 일반적 정서를 이해하지 못하고, 급격히 변한 시대정신도 파악하지 못한다. 나라야 어떻게 되든 자신들의 안위에는 큰 문제가 없다고 생각하면서 현실에 안주하고 타협하는 기회주의적 모습을 보이는 것이 바로 그들의 초라한 자화상이다.

사실 6·25 종전 이후 한국의 보수는 권력과 기득권의 보호 속에서 성장했다. 온실 속 화초가 저항력이 약하듯 한국의 보수는 자생력을 갖지 못했다. 그러기에 그들은 오랜 세월 메마른 광야에서 야성적으로 커온 진보의 끈질긴 생명력 앞에서 너무나 무력했다. 현재 뉴라이트라고 부르는 새로운 자생적 보수가 주목을 받으며 진보의 아성에 도전하고 있다. 그런데 그 뉴라이트도 기실 많은 부분 80년대 진보세력에서 태동胎動했다는 사실은 전혀 놀라운 일이 아니다.

구오렌지족들이 청장년층을 형성하는 한국의 구보수는 취약하다. 생각 없는 국민에게는 미래가 없다. 마찬가지로 생각 없는 보수에게도 미래가 없다. 치열한 자기 혁신을 통해 '진보하는' 보수, 생각하는 보수, 야성을 가진 보수, 그리고 정열과 따뜻한 가슴을 가진 보수로 거듭나고 사회적 저변이 확대될 때에만 비로소 한국보수에 미래가 있다. 변화하지 않은 구오렌지족의 모습에선 아쉽게도 그러한 모습을 찾을 수가 없다. 한국의 오렌지들이여, 부디 한라봉으로라도 빨리 진화하시라.

<동아일보 동아광장> 2006.02.06

새 核변환기술 육성 발전을

가이아Gaia. 그리스 신화의 '대지大地의 신' 이름이다. 영국의 대기과
학자인 제임스 러브록 박사는 미항공우주국NASA의 프로젝트에 참여했
다가 지구에서만 생명체가 존재하는 이유를 알아냈다. 이산화탄소가
압도적으로 많은 다른 행성과 달리 지구의 대기만이 77%의 질소,
21%의 산소가 존재하는 엄청난 화학적 비非평형상태이기 때문이다.
러브록은 지구의 다양한 생명체가 구성하는 안정적인 자가 조절능
력을 가진 유기적 메커니즘을 대지의 신의 이름을 따 '가이아'라 명
했다.

여든이 훨씬 넘은 그는 2006년 『가이아의 복수』라는 책에서 인류
의 이산화탄소 과잉 생산이 결국 가이아를 파괴해 지구를 파멸로 이
끌 것이라 경고했다. 인류의 근현대 문명은 석탄과 석유 같은 화석
연료에 기반을 둔 것이다. 그러나 화석연료의 과다한 사용은 지구온
난화와 환경 재앙이라는 인류문명에 대한 근본적 도전이다. 수많은
개발도상국이 산업화에 매진하는 작금의 상황은 이산화탄소 배출을
급격히 증가시킨다. 예일대의 폴 케네디 교수는 16년 전에 『21세기
준비』란 책에서 온난화 같은 환경문제는 21세기의 가장 심각한 도
전이라고 예측하고, 정치지도자들이 문제의 심각성을 깨닫지 못하고
있다고 개탄했다.

이명박 정부와 미국 버락 오바마 새 정부는 문제를 잘 인식하고

저탄소 녹색성장이라는 목표 아래 이산화탄소 배출을 파격적으로 감소시키려 노력한다. 에탄올과 같은 바이오연료나 풍력, 수력 태양열 에너지가 대안이다. 보조적 방법으로 효과적이지만 화석연료를 대체하고 인류가 현대문명을 지탱할 수 있는 충분한 에너지를 얻기에 역부족이다. 러브록은 대용량의 에너지를 얻으면서 온난화 문제를 비켜갈 유일한 대안은 이산화탄소를 방출하지 않는 핵에너지뿐이라 강조하며 원자력 발전을 확충해야 한다고 주장한다.

그러나 원자력발전은 안전성과 방사성폐기물이라는 커다란 결점이 존재한다. 특히 고준위방사성폐기물HLW은 컨테이너가 1,000년 정도밖에 밀봉을 보장할 수 없다. 한국 같은 인구 고밀도 국가에서는 마땅한 폐기장을 찾기 어렵다. 대안은 크게 두 가지로 정리될 수 있다. 하나는 중수소와 삼중수소의 융합으로 에너지를 생성하는 핵융합기술인데 아직 상용화가 요원하다. 또 자연에 존재하지 않는 삼중수소를 만들려면 리튬이 필요한데 한정된 매장량을 갖고 있다는 난제가 놓여 있다.

다른 방식은 HLW를 재활용해서 고효율의 새로운 에너지를 얻음과 동시에 좀 더 안전한 중저준위 폐기물로 변환하는 것이다. 친환경적, 지속적, 경제적이며 매우 안전하다. 지속가능한 에너지를 얻고 환경문제도 해결하는 꿩 먹고 알 먹고 식의 방식이기에 미국 유럽 일본에서 20여 년 전부터 기술개발에 나섰다. 최근 미국에서 HLW를 없앨 수 있는 습식재처리 기술을 개발했으나 플루토늄을 추출하여 원자탄을 만들 수 있다는 문제가 있다.

다행히 국내 원자력학계가 원자탄 제조가 불가능한 건식재활용기술을 통한 핵변환기술을 거의 완성하며 이 분야를 선도한다는 소식이 들린다. 핵 확산을 억제하는 데 필수불가결한 국제적 공조와 관리도 용이하다니 금상첨화다. 이처럼 절실한 기술일수록 기술력과 경제성은 물론 핵 비확산성에 대해서까지 국내외적으로 철저한 검증이 필요하다.

석유 확보를 100% 해외에 의존하는 우리나라의 외교적 취약성과 유가 인상에 민감하게 반응해야 하는 경제적 문제를 해결하기 위해서도 새로운 원자력 기술을 육성하는 정책을 심각하게 고려해야 한다. 이미 한국은 핵에너지를 가장 적극적이고 효율적으로 이용하는 국가이다. 이제는 현 수준을 뛰어넘는 접근방식을 고려해야 할 순간이 다가왔다. 한국을 위해, 그리고 인류를 위해.

<동아일보 시론> 2009.01.14

가짜 박사 부추기는 '가방끈 사회'

영화 '브로드캐스트 뉴스'에서 윌리엄 허트Hurt가 맡은 역은 공부를 못해 대학에 못 갔지만 넘치는 자신감과 번지르르한 말재주로 TV의 인기 앵커맨이 되는 톰이라는 인물이었다. 톰은 미국 ABC방송의 메인 앵커로 일세를 풍미한 피터 제닝스Jennings가 모델이라 한다. 재작년 폐암으로 타계한 제닝스는 매끈한 말솜씨와 용모를 가졌지만 고등학교를 중퇴한 열등생이었다. 하지만 밑바닥부터 시작해 방송계의 정상에 섰다. 지적 깊이가 떨어지긴 하지만, 방송에서 남이 써준 원고를 잘 전달하는 것도 특출난 재주. 인간의 능력이라는 것은 참으로 다양하다. 공부를 잘하는 것은 단지 하나의 재능일 뿐이다.

"미국에서 가장 신뢰받는 공인", "세기의 앵커"라고 불린 월터 크롱카이트Cronkite도 대학 중퇴자였고, 현재 CNN에서 인기 대담 프로를 진행하는 래리 킹King은 대학 문턱에도 못 갔다. 이들의 공통점은 대학졸업장이 없지만 그것을 속이지 않고 당당하게 행동했고, 열정적인 노력을 통해 나름의 재능을 잘 살려 저학력이라는 핸디캡을 극복했다는 것이다.

유명인들의 학력 위조 스캔들이 몰아쳤다. 강남 유명학원 강사들의 허위 학력에 대한 대대적 조사도 진행 중이라 한다. 아마도 많은 위조 케이스가 계속 나올 것이다. 이들의 공통점은 제닝스와는 달리

떳떳치 못하게 위조된 학력을 사회적 성공에 악용했다는 것이다. 나름대로 재능 있는 분들이 이런 유혹의 덫에 빠진 것이 안타깝다.

사회적 성취욕은 크지만 성공 가능성이 적을 경우, 가공의 세계에 빠져들어 점점 더 심한 거짓말과 신분 위장을 하는 문화심리적 현상을 '리플리Ripley병'이라 한다. 한국에선 학벌을 속이는 악성·만성 리플리병 환자들이 유별나게 많다. 학력 중시사회이고 극심한 경쟁사회여서 간판에 대한 집착이 매우 강하기에 위조의 유혹도 그만큼 큰 것이다. 그러나 제대로 된 검증시스템과 식견은 태부족이다. 세상을 떠들썩하게 만든 한 사기꾼은 프린스턴대 경영학박사를 사칭했더니 사람들이 잘 속더라고 했다. 정작 그 대학에는 경영학 전공이 없다. 사람들은 그저 '프린스턴'이라는 이름에 현혹된 것이다.

"쉽게 얻을 수 있다면 명예가 아니다." 한 광고의 카피다. 문제가 되고 있는 예일대 미술사박사학위의 예를 들어보자. 해당 분야의 많은 사람들이 갖고 싶어 하고, 또 얻을 수 있다고 착각하지만, 기실 얻기가 무척 힘든 학위이며, 그러기에 선망의 대상이 된다. 그러나 이 타이틀을 얻기 위한 지난한 과정에 대한 이해가 생략되고 그 간판만을 칭송할 뿐이다. 과정과 콘텐트에 대한 관심이 없으니 간판만 제시해도 어수룩한 곳에선 통용된다. 그러니 가짜 박사가 넘쳐난다. 위조 학위, 비인가 대학 학위, 메일오더mail-order 학위 같은 것이 인구 비율 대비 한국처럼 많은 나라가 또 있을까? 얼마 전 황당한 '기적의 물'로 물의를 빚은 기업인도 가짜 외국 의학박사·이학박사를 내세웠다. 한 유명 언론사주 집안도 이 사기극에 놀아났다.

학력으로 계서階序화된 측면도 있지만, 우리 사회는 학력 이외의 다양한 가치를 인정하고 있기도 하다. 고졸인 전·현직 대통령의 경우는 대표적인 예다. 작금의 학력 스캔들은 사회적 편견과 핸디캡을 너무나 쉬운 방법으로, 그리고 불법적으로 극복하려 했다는 문제를 지닌다. 힘들고 고통스럽고 먼 길이었겠지만 자신의 재능을 믿고 당당히 행동했어야 했다. 문득 고교 시절 은사 이장돌 선생님이 생각난다. 참으로 잘 가르치셨던 그분은 놀랍게도 고졸이었다. 우등생이었지만 대학 갈 형편이 못 돼 독학으로 영어교사가 됐고, 편견을 극복하며 능력을 인정받았다. 나중엔 한국의 중·고생이라면 누구나 다 아는 베스트셀러 영어 참고서를 여러 권 써서 대단한 부와 명성을 얻었다.

인간사에 '가방끈'이 다가 아니다. 쉽고 잘못된 길을 택한 제2의 신정아가 아닌, 어렵지만 옳은 길을 택하며 학력사회를 극복한 제2, 제3의 이장돌과 제닝스가 우리 사회의 여러 분야에서 많이 나오길 기대한다.

<조선일보 아침논단> 2007.07.27

토플러가 매일 아침 신문 6~7개 읽는 이유

부럽게도 지금의 대학생들은 필자 세대가 꿈도 못 꿨을 IT 환경에서 많은 정보를 쉽게 얻을 수 있다. 그러나 대다수 대학생들이 신문을 거의 읽지 않는다는 것은 전혀 부러운 일이 아니다. 필자 세대는 고급 일간지 한두 개 정독하는 것이 지성인의 의무 중 하나라 생각했다. 보도기사는 물론, 김중배, 최일남, 선우휘 등의 칼럼을 읽으며 식견을 넓혔다. 요즘은 대신 인터넷포탈의 대문에 있는 기사 몇 개 클릭하고는 세상사에 대해 안다고 착각한다. 대문은 선정적이고 말초적인 내용들로 넘쳐난다. 그렇지 않으면 인터넷 공간에서 관심을 끌기 힘들다. 가벼운 소재에 치중하다보니, 중요한 사회적 의제議題에 대한 관심 저하는 심각한 상태이다. 유명연예인의 스캔들이나 스포츠스타의 근황에 대해서는 상세히 알면서도 국내/국제 이슈와 기본지식에 대해서는 깜깜하다. 한국의 국무총리나 프랑스의 대통령, 영국 총리 이름조차 모르는 것은 애교수준이다. 코미디 프로의 '알 까리라' 방송은 알아도 카타르의 '알자지라' 방송이 뭔지는 모른다. IMF나 FTA가 뭔지 정확히 모르는 학생들도 의외로 많다.

인터넷은 정보의 바다이다. 또한 쓰레기 정보의 바다이기도 하다. 고급정보가 잘 정리된 신문을 읽는 학생과 아닌 학생은 현격한 차가 날 수밖에 없다. 그래서 나는 기회 있을 때마다 학생들에게 "사회와 세계로 열려진 창窓"인 신문을 읽을 것을 적극 권유한다. 다행히 일부 학생들은 열심히 신문을 읽으려 노력한다. 처음에는 모르는 내용들을 읽느라 쩔쩔매다가, 시간이 갈수록 읽는 속도가 빨라지고, 결국 중요한 정치, 경제, 사회, 문화, 국제 이슈들을 더 잘 이해하게 됐다고 기뻐하기도 한다.

세계적인 미래학자들은 신문을 지식정보사회의 원천으로 생각한다. 존 나이스비트는 최근 작 "마인드 세트"에서 "미래를 덮고 있는 커튼을 걷어 내는 데 가장 필요한 지식의 원천은 신문"이라고 주장한다. 미래로 나아가는 방향은 언제나 과거와 현재에 내재돼 있고, 그 둘을 이해하는 가장 좋은 도구가 바로 신문이라는 말이다. 앨빈 토플러는 베스트셀러 "부의 미래"에서 정보홍수 속에서 쏟아져 나오는 '쓸모없는 지식obsoledge'을 걸러내는 능력이 미래의 부富를 결정짓는 핵심요소가 될 것이라 말한다. 정보 과잉에 따른 정보혼란은 결국 정보부재로 이어지기에, 엄선된 정보를 제공해 주는 신문의 역할이 더 중요해졌다. 토플러는 최근 조선일보와의 인터뷰에서 신문을 세계가 돌아가는 소식과 새로운 지식이 넘치는 '지식과 정보의 보고'라 평하고, 세계의 신문 6~7종을 샅샅이 읽는 것으로 매일 아침 일과를 시작한다고 했다. 한편 일본의 초지성超知性인 다치나바 다카시는 "도쿄대생은 바보가 되었는가?"에서 일본 대학생들의 수준 저하를 경고한다. 전문분야의 높은 지식뿐 아니라 사회전체를 볼 수 있는 안목을 갖춘 수준 높은 교양인을 키우는 것이 고등교육의 목표이고, 그 척도 중 하나가 고급일간지의 내용을 다 이해하는 능력인데, 현실은 그렇지 못하다고 개탄한다.

사정이 이럴진대 미래를 책임질 우리 젊은 세대가 신문을 멀리한다는 것은 큰 문제가 아닐 수 없다.

4월 7일은 신문의 날이다. 미래세대에게 신문의 중요성을 이해시키는 노력이야말로 한국사회가 적극적인 관심을 가져야 할 부분이다. TV의 발전 이후 한동안 영화가 쇠퇴했고, 결국 영화관이 없어질 것이라고들 했다. 그러나 영화산업은 지금 오히려 번성하고 있다. 방안에서 TV 보는 것보다 영화관에서 보는 것이 더 높은 차원의 감흥을 줬기에 가능한 일이었다. 신문도 영화의 경우처럼 인터넷과 같은 뉴미디어의 도전에 창조적으로 대응하면서 차별화와 고급화를 해야 한다. 자신의 장점을 잘 홍보하고 압도적인 질적 우위를 유지하면서 위기를 타개해 나가야 한다. 일례로 각 학교에서 신문 활용교육NIE을 더 적극적으로 지원해 나가는 것은 어떨까. 품질 좋은 기사로 우수한 콘텐츠를 제공하는 것은 기본이다. 아울러 신문사 구성원들이 자기 신문에 대해 더 큰 관심과 사랑, 그리고 자부심을 가져야 한다. 일부 신문종사자들도 자기 신문조차 샅샅이 통독하는지 의심이 갈 때가 있다. 그러지 않고서야 자기 신문에 나왔던 내용을 전혀 파악하지 못할 리가 있겠는가? 혹시 인터넷을 통해서나 주마간산 격으로 신문을 읽는 경우는 없는지? 그러면서 독자들에게 신문을 많이 구독하고 열심히 읽으라고 하는 것은 어불성설이 아니겠는가.

<조선일보 시론> 2007.04.05

기업가 정신은 왜 계승 못 하나

걸프 오일의 소유주이자 카네기멜런대를 공동 설립한 멜런Mellon 가家는 미국의 손꼽히는 재벌 가문이다. 이 가문의 상속자 중 한 사람인 윌리엄 래리머 멜런 2세는 1947년 라이프지에 실린 기사를 읽었다. 알베르트 슈바이처라는 생소한 이름의 의사가 아프리카에서 벌이고 있는 의료 활동에 관한 보도였다. 슈바이처와 서신 교환을 한 그는 서른일곱의 늦은 나이에 의대에 들어가 의사 수업을 받았다. 그리고는 가족들과 함께 열악한 환경의 아이티에 가서 슈바이처 병원을 세우고 평생 의료 봉사를 했다. 멜런 사후에도 그의 자식과 손자들이 병원을 운영하며 슈바이처와 멜런의 뜻을 잇고 있다 한다.

스탠더드오일의 창립자 존 D. 록펠러는 금욕적이고 성실하기는 했지만 피도 눈물도 없는 비정한 장사꾼이었다. 그러나 말년에는 여러 사회사업을 벌였고, 그 아들 존 록펠러 2세는 수많은 선행을 베푼 박애주의자로 역사에 기록되고 있다. 이후 록펠러 가문이 사회에 기여한 리스트는 끝이 없을 정도다.

이건희 삼성 회장은 1995년 중국 베이징에서 "한국 기업은 2류, 행정은 3류, 정치는 4류"라는 말을 해서 구설수에 올랐다. 발전하는 기업에 비해 낙후된 행정과 정치를 질타한 적확한 말이었다. 그런데 삼성을 위시한 한국의 기업들은 이제 세계 일류로 도약하고 있고, 정치와 행정도 일류는 아니지만 전보다는 훨씬 좋아지고 있다. 문제는 기업은 일류가 되고 있는데 기업가 정신은 아직도 3류에 머물고 있다는 것이다.

현대·기아자동차그룹의 비자금 펀드 불법 운용을 통한 수천억 원대 부당이득 취득 문제와 현대산업개발의 신주인수권 매매를 통한 회사자금 횡령의혹이 현재 한국을 뒤흔들고 있다. 또한 검찰은 최근 재벌 2세 및 3세 7, 8명이 1999년 말 장외시장에서의 주가 조작으로 각각 수십억~수백억 원의 시세 차익을 챙긴 혐의를 포착했으나 공소시효가 끝난 사안이라 수사를 그만뒀다고 한다. 이러한 재벌 2, 3세들의 행태를 보면 아연실색하지 않을 수 없다.

이런 상황은 친親기업주의를 표방하는 뉴라이트 진영도 용납할 수 없는 일이다. 뉴라이트의 이념 중 하나는 성장과 고용 창출을 이끄는 기업을 지지하는 친기업·친시장 정책이지 재벌을 무조건 옹호하자는 것이 아니기 때문이다.

대대로 내려오면서 더 좋아지는 경향이 있는 외국의 경우와는 달리 한국의 재벌들에 대해서는 "2대가 1대보다 못하고, 3대가 2대보다 못하다"는 말까지 나오고 있다. 왜 이런 현상이 일어날까? 필자 눈에는 이들 중 일부가 책임의식 없이 기득권만 누리던 어린 시절 '오렌지족'의 모습에 아직 머무르고 있기 때문으로 보인다. 건전하고 확고한 원칙이 없는 상태에서 대기업의 막중한 경영권을 장악하니 이렇게 파행적인 행태가 나오는 것이리라.

우리나라에서 멜런가나 록펠러 가문 수준의 2, 3세들이 나올 것이라고는 기대하지 않는다. 사실 꼭 그럴 필요도 없다. 기업가들은 정당한 이윤을 추구하고, 고용을 창출하며, 정직하게 세금 내면 본분을 다하는 것이다. 그런데 요즘 일어나는 일들을 보면 도가 지나치다.

고승철 동아일보 부국장은 얼마 전 칼럼을 통해 한국 재벌 2세들의 상상력 부족을 정확하게 지적했다. 필자는 거기에 더해 소명의식과 원칙의 부재를 거론하고 싶다. 오늘날 한국의 부富는 성실한 기업가들의 노력에 의해 창출됐다. 그러나 그것이 다는 아니다. 정치 리더십과 행정 관료들의 올바른 방향 설정, 사회 섹터의 희생에 가까운 협조도 큰 역할을 했다. 비교적 쉽게 부를 승계 받은 2세들은 사회에 대한 책임감과 부채 의식도 남들보다 커야 한다. 현실은 어떠한가?

　　위대한 경제사상가인 조지프 슘페터는 "기업가들은 권력과 타협할 기회가 생기면 바로 타협하고 항복할 기회가 생기면 즉시 항복하는 사람들"이라고 했다. 한국 재벌들의 과거 행태를 보며 그의 예지에 새삼 감탄하게 된다. 과거에는 정치권력에 잘 보이기 위해 상납하고, 이제는 거기에 더해 친여 비정부기구NGO와 같은 사회 권력에 비위 맞추고 돈 대주면 된다고 생각한다는데, 요번에도 '사회기여'니 하면서 거금을 내놓는 방식으로 사태를 수습할 것인가? 그러나 그 같은 사후약방문식기부에 대해 감동하거나 고마워할 사람은 없다.

　　과거의 방식이 통하는 시대는 지나갔다. 이제는 한국의 대기업가들이 한 단계 높은 차원의 원칙과 비전을 정립해야 한다. 올바른 기업가 정신으로 무장하고 건전한 자유민주주의를 이루기 위한 대가를 치를 자세가 필요한 시점이다. 그것이 그 기업과 가문을 진실로 영속시킬 유일한 방법이다.

<동아일보 동아광장>　2006.04.17

이승만 대통령을 다시 봅시다

역대 대통령 평가에서 늘 말석을 차지하는 인물이 이승만이다. 필자도 대학시절 이승만 초대 대통령을 '악의 화신化身'으로 생각했다. 당시 풍미하던 '사회과학' 서적들의 수정주의적修正主義的 해석에 영향을 받아 그를 '나라를 망친 독재자'이자 '분단의 원흉元兇'으로 평가했다.

물론 그는 자유민주주의를 표방했지만 통치스타일은 권위주의적인 독재자였다. 독선적이고 권모술수權謀術數에 능한 인격적인 결함도 있었다. 게다가 너무 노년에 대통령이 됐는데도 장기집권을 했다는 근본적인 문제도 있었다. 그러나 그에게는 이런 허물을 훌쩍 뛰어넘는 공이 있었다.

일단 '건국대통령建國大統領'으로 불러도 무방할 정도로 힘들기 짝이 없던 건국과정에서 역할이 컸다. 해방 이후 많은 신생국 지도자들이 인기 영합적인 좌파 민족주의 노선을 걸어갈 때 그는 세계정세를 냉철하게 보는 혜안慧眼을 갖고 냉전체제하에서 자유주의적 해양 문명海洋文明을 지향하는 올바른 진로를 잡았다. 대내적으로는 현대적 국민국가國民國家의 기틀을 잡았고, 6·25 이후 한미동맹韓美同盟을 통해 국가안보의 기초를 세웠다.

특히 책임 있는 자영농自營農을 육성한 농지개혁農地改革은 세계사에 유례를 찾기 힘든 성공작이었다. 6·25가 일어났을 때 박헌영이 장담한 '민중봉기民衆蜂起'가 일어나지 않은 것은 농지개혁 덕이 컸다. 또한 의무교육제도 도입 등으로 대부분 문맹文盲이었던 국민을 교육하여 시민市民으로 만들었다. 교육된 국민들은 더 이상 이승만 체제에 만족할 수 없었기에 이승만은 자기 성공의 제물祭物이 돼야만 했다.

내일부터 국립중앙박물관에서 건국 60주년을 기념하는 국제학술회의가 열린다. 이제는 이승만에 대한 공정한 평가가 이루어질 시점이다.

<조선일보 일사일언> 2008.07.22

석학 갤브레이스(갈브레이드)가 남긴 유산

존 케네스 갤브레이스Galbraith 하버드대 명예교수가 얼마 전 97세를 일기로 타계했다. 캐나다의 농촌에서 태어나 한 시대의 통치철학을 세워놓고 간 그는 2m가 넘는 그의 키만큼이나 큰 족적을 남긴 20세기의 거인이었다.

그가 1958년에 쓴 『풍요한 사회The Affluent Society』는 훗날 존 F. 케네디 행정부의 '가난과의 전쟁' 그리고 린든 존슨 행정부의 '위대한 사회'의 기본 철학을 닦은 역저로 평가된다. 아마도 한 권의 책이 한 시대에 영향을 미친 정도로는 갤브레이스 자신이 큰 영향을 받았던 존 메이너드 케인스의 '고용, 이자 및 화폐에 관한 일반 이론'과 같은 책들을 제외하고는 이 책을 능가할만한 경우가 거의 없을 것이다.

필자는 그와 스쳐 지나가는 인연이 있었다. 필자가 공부하던 박사 과정에 1년 내내 현대사 각 분야의 거인들을 초청해서 1주간 집중적인 세미나를 하며 각 이슈를 탐구하며 토론하는 독특한 과정이 있었다. 이 프로그램을 통해 조지 케넌, 아서 슐레진저 2세, 스티븐 제이 굴드, 폴 케네디와 같은 각 분야의 석학이나 중요인물들을 만나 공부할 기회를 가졌는데, 그중 한 사람이 바로 갤브레이스 교수였다.

그는 풍부한 유머와 문필력으로도 유명한 사람이었다. "자본주의 체제에서 인간은 인간을 착취한다. 공산주의 체제하에서는 그 반대이다"라는 그의 말은 대표적인 예로 꼽힌다. 세미나실에 들어온 그는 그만큼 키가 큰 체스터 패치라는 젊은 미국외교사 담당 교수와 악수하며 이렇게 농담을 했다. "나와 비슷한 사이즈의 학자를 만나 반갑습니다." 패치 교수는 이렇게 답변했다. "단지 신체적인 사이즈뿐만 아니라 지적인 사이즈도 비슷하다는 뜻으로 받아들이고 영광으로 생각하겠습니다." 순간 세미나실이 웃음바다가 됐던 기억이 생생하다.

갤브레이스는 평생 '개인의 자유'보다는 '공공公共'의 중요성을 일관되게 역설했다. 그는 시장이 스스로를 제어할 수 있는 능력과 기업지배구조의 효율성에 의문을 제기했다. 그 대신 선한 의도를 가진 큰 정부가 국민을 보호하고 그들의 눈물을 닦아줘야 한다는 온정적 진보주의의 입장을 평생 견지했다. 또한 자본주의사회의 과잉생산과 과잉소비는 공공선의 증진보다는 개인의 탐욕을 충족시키는 방향으로 간다는 비판을 하기도 했다. 결국 그가 내세운 해법은 높은 세금과 큰 정부, 정부의 개입, 그리고 사회복지 강화라는 전형적인 진보의 어젠다였고, 그의 생각은 케네디-존슨 시절에 현실화됐다.

이러한 정책은 이 시기 사회갈등의 홍역을 앓던 미국의 사회통합에 기여하기도 했지만, 결국 처절한 실패를 맛보았다. 물론 갤브레이스가 반대했던 베트남전쟁 개입 때문에 이 정책이 실패한 측면이 있지만, 기본적으로는 증세와 정부보조를 위주로 하는 법안을 하루에도 몇 건씩 통과시키며 '위대한 사회'를 추구하고 '위대한 대통령'을 꿈꾸던 존슨과 그의 행정부의 '진보주의'가 갖는 근본적 한계가 이러한 실패를 가져왔다.

그날 세미나에서도 그는 '선한 정부'의 개입을 격정적으로 강조했으며 심지어 소위 '진보'의 어젠다가 갖는 맹점을 치유하려 한 로널드 레이건의 통치기간을 '광기의 시대the age of insanity'라고까지 표현했다. 필자의 옆에 앉은 그 세미나의 주관자이자 냉전사의 석학인 존 루이스 개디스 교수는 이렇게 탄식했다. "그토록 긴 세월 동안 자신의 주장을 한 치도 수정하지 않는 그의 일관성이 놀라울 뿐이다!"

그는 선량한 도덕론자였고 빼어난 지성인이었다. 무절제한 성장 지상주의를 비판하고 절제된 사회와 공공선을 지향한 그의 주장은 오늘날에도 곱씹어볼 가치가 충분하다. 그렇다고 그의 철학이 언제나 옳은 것은 아니었고 변한 시대정신을 따라가지 못한 측면도 있다. 사실 갤브레이스가 옹호했던 증세, 누진세 강화, 국가 개입, 정부에의 의존, 분배 중심 정책은 적정한도를 넘어서게 되면 그 의도와 반대되는 결과가 나타난다.

모든 것을 책임지려 한 정부는 결국 아무것도 책임지지 못한다. 이러한 정책이 도를 넘어서게 되면 결국 도와주려 하는 대상인 사회적 약자들에게 가난, 불평등, 저질 교육과 같은 사회문제를 악화시키며, 만성적인 재정적자를 야기하고, 도덕과 자율성의 붕괴를 가져온다는 것을 명심해야 할 것이다. 그러한 결과는 갤브레이스 자신도 결코 바라지 않는 일일 것이다. 만약 한국사회가 정부 개입과 증세로 제반 사회문제를 해결하려 한다면 그가 남긴 유산을 곰곰이 생각해봐야 할 것이다.

<동아일보 동아광장> 2006.05.18

사형제도 폐지와 국민정서

장면 1) 1961년 12월 예루살렘의 법정에서 열린 세기의 재판. '국가에 의한 살인'이라는 이유로 사형이 금지된 이스라엘에서 비밀경찰 모사드가 납치한 유대인 학살범 카를 아돌프 아이히만에게 사형이 선고됐다. 죄목은 반인륜범죄. 다음 해 교수형이 집행됐다.

장면 2) 1988년 미국 대통령 선거의 첫 TV토론. 유명 앵커 버나드 쇼는 사형 제도를 반대하는 민주당 대통령 후보 마이클 듀카키스 Dukakis 매사추세츠 주지사에게 도발적인 질문을 던졌다. "당신의 부인이 강간당하고 살해돼도 그 범인에 대한 사형을 반대하시렵니까?" 당황한 듀카키스는 답변을 제대로 못했다.

장면 3) 역시 1988년 선거전. 인기도에서 뒤지던 공화당 대통령 후보 조지 부시 측은 매사추세츠 주의 무기수인 흉악범 윌리 호턴이 인도적 취지에서 휴가를 나온 사이 몇 차례의 강간, 무장 강도를 저지른 사실을 간파하고 '민주당 대통령 후보 듀카키스, 부통령 후보 호턴'이라는 선거 구호를 만들어 사용했다. 듀카키스는 이러한 휴가 제도의 지지자였다. 이 선거전에서 부시는 무난한 승리를 거뒀는데 그 이유 중 하나가 '범죄에 온정적인 듀카키스'라는 이미지였다.

재작년 정기국회 때 국회의원 상당수가 사형제 폐지안을 발의했고 국가인권위원회도 폐지 쪽으로 의견을 모아 가고 있다. 여기에 대해 법무부는 작년 중순 사형제 폐지안을 반박하는 검토 보고서를 제출했다. 그러나 21일 법무부는 돌연 사형제 폐지를 긍정적으로 검토하겠다고 밝히면서 국회에 계류 중인 사형폐지법안 심의를 지원해 나갈 방침이라 한다. 하지만 이 사안은 이렇게 쉽게 결정될 수 있는 문제가 아니다. 사형제를 반대하는 논리는 크게 네 가지로 집약되며 필자는 여기에 대해 상식적인 의문을 제기하려 한다.

첫째, '인도주의'적 측면. 사형은 잔인한 형벌이지만 사형수들이 범한 행위에 비해 결코 잔인한 것이 아니다. 인류는 예로부터 잘못된 행동에 대해 응분의 책임을 질 것을 요구해 왔다. 이러한 요구가 무시될 때 과연 사람들은 '정의로운 사회'에서 살고 있다는 생각이 들 것인가. 이 경우도 어린이 성추행범의 인권을 옹호하는 사이 죽어 간 11세 허 모 양 사건 같은 우를 범하고 있지는 않은지.

둘째, 사형제는 범죄 억제 효과가 없다. 죽음은 인간에게 가장 큰 공포 중 하나다. 범죄의 대가에서 죽음이 제외될 때 범죄 억지력은 약화될 수밖에 없다. 위에 언급한 호턴의 경우를 보자. 어차피 종신형을 살고 있고 사형선고가 불가능한 당시의 상황에서 그가 추가 범죄를 저지르는 것은 어쩌면 합리적인 선택일 수 있다. 또한 이 논리는 '교도소가 범죄의 온상 역할을 하고 교정 효과가 분명하지 않으므로 교도소를 없애자'고 주장하는 것과 다를 바가 없다.

셋째, 오심의 경우 돌이킬 방법이 없다. 인간의 판단이 완벽할 수 없고 재판관도 인간이기에 오심의 여지는 있다. 그렇다고 사형제를 없애는 것은 마치 잘못된 자동차 운전으로 매년 수많은 사람이 죽거나 다치기에 자동차 운행을 금지시키자는 얘기와 비슷하다. 법무부 보고서도 지적하듯이 현행 재판 제도하에서 사형수에 대한 오심 가능성은 거의 없다.

넷째, 정치적 목적으로 악용될 수 있다. 물론 과거 사형제도가 악용된 경우도 드물게나마 있었다. 그러나 이제 우리는 민주사회에 살고 있다. 정치적 이유의 사형선고 사례가 1980년 이후 없다는 것을 감안하면 이 주장 역시 설득력이 떨어진다.

현재 국민의 압도적 다수가 사형제 폐지를 반대하고 있다. 더 중요한 것은 사형제 폐지의 논리가 상식적인 수준에서 많은 사람들이 공감할 만한 타당성을 결여하고 있다는 것이다. 법무부가 올해 돌연 태도를 바꾼 연유도 수긍이 안 간다.

이에 필자는 두 가지 질문을 던지려 한다. 흉악범에 의해 아무 이유 없이 잔인하게 살해된 사람의 가족에게 "그 죄수가 처형돼서는 안 된다"라고 자신 있게 얘기할 수 있는가. 그리고 사형제도를 금지하는 이스라엘인들이 그들의 동포를 무참히 학살하는 데 일조했던 아이히만을 특별법을 통해 사형을 집행한 것이 잘못된 행동이라고 비난할 수 있는가. 만약 이 질문들에 대해 머뭇거릴 수밖에 없다면 이 문제는 좀 더 신중하게 생각해 봐야 할 것이다.

<동아일보 동아광장> 2006.02.27

'노벨상이 목표인 나라'는 이제 그만

소위 최규선 테이프에는 1998년 1월 2일 김대중 대통령 당선자와의 대화가 묘사돼 있다. "IMF만 극복하면 역사에 남네. 그리고 남북 관계 풀어가지고 그렇게 우리 국민이 숙원 하는 노벨 평화상도 받을 거야." 몇 해 전 어떤 특수목적고는 설립 목적이 노벨상 수상자를 배출하는 것이라고 당당하게 밝혔다. 더군다나 앞으로 노벨상 받을 졸업생들을 조형물로 기리는 자리를 미리 마련했다고도 한다.

이러한 목표들은 일견 별문제 없어 보이지만 뭔가 본말이 전도된 느낌을 지울 수 없다. 노벨상이 물리, 생리의학, 화학, 문학, 경제, 그리고 평화라는 분야에서 인류사에 뚜렷한 족적을 남긴 사람들에게 주어지는 대단히 권위 있는 상인 것은 틀림없다. 그러나 그렇다고 그것 자체가 목표가 될 수는 없다. 노벨상에 집착하는 것은 마치 젊은이들에게 전문지식과 교양 교육을 잘 받게 해 더 높은 차원에서 사회에 공헌케 한다는 교육 본연의 모습은 온데간데없고 명문 대학에 들어가 졸업장을 따게 하는 것 자체가 목표가 돼버린 한국 교육의 파행적 모습과 그리 달라 보이지 않는다. 열심히 공부하다 보니 상을 받는 것이지 상을 받기 위해 열심히 공부해야 하는 것이 아닌 이치와 같다.

더군다나 노벨상의 각 분야가 인간사에 중요한 모든 부분이라고 할 수도 없다. 노벨상에 해당되지 않는다고 수학, 철학, 공학, 종교,

언론, 예술 같은 것이 덜 중요한 분야인가? 예를 들어 수학에는 필즈메달이 있고 종교에는 템플턴상이 있다.

석연찮은 시상도 있었다. 예컨대 평화상의 경우 시어도어 루스벨트, 야세르 아라파트, 메나헴 베긴, 레득토 등은 아무리 봐도 좋은 선택이 아니었다. 당연히 받아야 할 사람들이 못 받은 경우는 이루 헤아릴 수도 없다. 인류 역사에 찬연히 남는 문호 레프 톨스토이, 안톤 체호프, 제임스 조이스, 마르셀 프루스트, 라이너 릴케, 헨리크 입센이 문학상을 받았나? 노벨문학상을 받은 오에 겐자부로大江健三郎가 수상하지 못한 시바 료타로司馬遼太郎보다 더 '우월한' 작가인가? 일본인들은 오히려 시바 료타로를 국민작가로서 더 좋아한다. '설국'을 유려한 영어로 번역해 가와바타 야스나리川端康成를 노벨상 수상자로 만드는 데 큰 역할을 한 에드워드 사이덴스티커는 오히려 다니자키 준이치로谷崎潤一郎를 더 훌륭한 일본작가로 여겼다. 어차피 문학은 매우 주관적인 분야이고, 노벨문학상은 스웨덴의 한림원이 주는 일개의 상이지 세계문학을 대표하는 상이 아니다.

언제부턴가 우리나라는 노벨상을 국가 목표로 삼는 이상한 나라가 돼버렸다. 물론 북한 같은 몇몇 나라를 제외하고는 다른 나라들도 노벨상의 권위를 인정한다. 하지만 온 국민이 여기에 목매고 사는 나라는 거의 없다. 약소국으로 살아왔던 아픈 기억 때문인지 이제는 남에게 인정받기를 갈망하는 우리의 사회심리에 그 원인의 일부가 있을는지도 모른다. 그리고 평화상은 이미 받아서인지 이제 관심이 과학 분야와 문학 쪽으로 쏠리고 있다.

한국을 뒤흔들고 있는 배아줄기세포 복제 스캔들과 작년 문학상 수상을 놓고 벌어졌던 작은 해프닝도 우리 사회가 노벨상에 대해 가지고 있는 묘한 조급증에서 연유했을지 모른다. 황우석 서울대 석좌 교수팀의 핵심이었던 한 교수는 최근 배아줄기세포 파문에 대하여 "노벨상을 의식해 지나치게 조급하게 생각"해서 생긴 현상이라는 얘기를 했다 한다. 이제 우리나라는 이미 그토록 '숙원하는' 노벨상을 하나 갖고 있으니 이런 조급증을 버려도 될 것 같다.

그것을 받은 분이 평화와 인권에 큰 역할을 한 것은 사실이지만 노벨평화상 수상이 한반도 평화에 그렇게 큰 역할을 했는지는 잘 모르겠다. 노벨경제학상 수상자인 인도의 아마르티아 센은 위대한 경제학자지만 그렇다고 인도 경제가 세계 초일류는 아니다. 어쨌거나 이제 노벨상에 집착할 이유는 없다. 노벨상은 영광스러운 상이다. 노벨상을 받는 한국인이 계속 나온다면 정말로 기쁜 일이다. 그러나 이제 우리는 아직도 노벨상을 받는 것이 국가 목표인 촌스러운 상태를 탈피해야 하지 않겠는가.

<동아일보 동아광장> 2006.01.02

대중에 대한 비판

　필자가 대학에 다니던 5공화국 때까지만 해도 정부나 정치권력에 대한 비판은 대단한 용기가 있어야만 할 수 있는 위험한 행동이었다. 오죽하면 당시 대통령이 돌대가리라고 광화문에서 외치던 젊은 이가 '국가원수 모독죄'와 '국가기밀 누설죄'로 잡혀갔다는 농담이 대학가에서 유행했겠는가. 그러나 '왕PD'에 의해 주도되는 '땡전뉴스' 방송이 난무하던 그 시절, 언론 통제라는 악조건하에서도 나름 비판의 소리를 내려 했던 언론이 존재했었다. 추상秋霜과 같은 엄정함으로 잘못된 권력을 질타叱咤하는 글을 쓰려다 곤욕을 치른 언론인들이 얼마나 많았던가.

　하지만 사회가 민주화되면서 권력에 대한 비판이 점점 쉽고 일상적인 일이 돼버렸다. '물태우', '뇌무현'이니 '2MB' 같은 말로 최고 지도자를 비하했다고 해서 사람들이 감옥 갔다는 얘기를 들어본 일이 없다. 대신에 점점 어려워지고 있는 것은 대중大衆에 대한 비판이다. 대중의 입맛에 맞지 않는 주장을 했다 하면 아무리 옳은 얘기라 해도 치도곤을 당할 각오를 단단히 해야 하는 것이 요즘 세태이다. 대중은 현명할 수도 있고 우둔할 수도 있다. 대중의 생각이 올바를 수도 있지만 그렇지 않을 수도 있다는 것을 역사는 생생히 보여줬다. 20세기 초 스페인의 사상가인 오르테가 이 가세트Ortega y Gasset가 『대중의 반역反逆』이란 명저名著에서 경고하고자 했던 바가 바로 이것이었다. 대중은 성찰省察적으로 성숙돼야만 건전한 시민이 될 수 있다. 그래서 민주화를 이룬 우리에게 필요한 것은 바로 민주주의의 과잉過剩을 피해 나가며 시민사회市民社會를 더욱 알차게 숙성熟成시키는 일이라는 명제命題가 요즘 절실하게 다가온다.

<조선일보 일사일언> 2008.07.01

한국의 정신적 수준 드러낸 '황우석 사태'

60~70년대 한국의 축구 열기는 지금 못지않았다. 그러나 한국 축구는 번번이 호주・이스라엘・중동 국가들, 심지어는 말레이시아와 같은 팀들에 져서 월드컵이나 올림픽 본선 진출 마지막 관문을 넘지 못했다. 실패에 따른 국민들의 정신적 후유증은 컸다.

한 유명한 체육전문기자는 좌절할 때마다 당시 인기 있었던 앤드루 로이드 웨버Andrew Lloyd Webber의 록 오페라 '지저스 크라이스트 슈퍼스타Jesus Christ Superstar'에서 막달라 마리아와 베드로의 아리아 "우리 다시 시작해요"를 인용하곤 했다.

이렇게 될 줄 정말 몰랐어요./ 이제 어떡하나요?/ … 지금까지는 희망에 가득 찼었죠./ 그러나 이제 처음으로/ 우리가 잘못된 방향으로 가고 있다고 생각해요./ 어서 말해줘요./ 이건 그저 꿈이었다고/ 오! 우리 다시 시작할 수 있을까요?/ 우리 다시 시작해요.

지금 우리나라는 '황우석' 사태로 집단적인 허무감에 빠졌다. 필자는 '황우석 신드롬'이 극極에 달했던 지난 6월 초 생명공학 발전에 병행해야 하는 생명윤리와 국제기준의 준수에 관한 우려의 글을 쓴 적이 있다.

그러나 지금 벌어지는 사태 전개는 그러한 우려를 훨씬 뛰어넘는 수준이 아닐 수 없다. 서울대의 조사 결과가 어떻게 나오건 뭔가가 크게 잘못됐다는 것은 확실해진 것 같다. 그나마 위안이 되는 것은 한국인들에 의해 그 연구의 문제점들이 밝혀졌다는 사실이다.

우리 국민들이 '황우석'에 열광했던 가장 큰 이유는 이 연구의 성공이 가져올 국가적 위신의 상승과 막대한 경제적 이익이었다. 약소국의 설움을 당해본 경험 때문인지 우리는 지나칠 정도로 국가 위신에 집착하는 경향이 있다. 또한 새로운 국가적 성장 동력과 부富를 가져다 줄 것처럼 보였던 생명공학 앞에서 우리는 벌거벗은 욕망을 노출했던 것은 아닐까.

이번 사태는 과도한 성과·속도 지상주의, 왜곡된 민족주의, 땅에 떨어진 윤리의식 등 우리 사회가 잠재적으로 갖고 있는 문제점을 여지없이 노출시켰다. 그리고 코리아라는 브랜드는 큰 상처를 입었으며, 대한민국이라는 나라가 아직도 기본이 안 된 나라라는 것이 드러났다.

삼풍과 성수대교 붕괴가 물질적 측면의 문제를 노정했다면 '황우석 사태'는 정신적 수준에서의 심각성을 보여준다 하겠다. 개발시대에 빨리, 거대하게 만드는 것에 집착해 적법한 과정과 내실에 신경을 쓰지 않았다가 건물이 무너졌는데, 이러한 습성이 탈脫산업화 시대까지 온존돼 이제는 정신이 무너지고 있는 것이다.

이러한 상황은 '자전거타기 신드롬'을 연상시킨다. 이는 페달을 계속 밟아야만 넘어지지 않는다는 생각에 강박적으로 페달을 밟아대는 현상을 가리키는 것인데, 이러한 오류에 빠진 사람들은 자기가 가는 길이 어디인지를 모르고 자기파멸의 길을 가기도 한다.

그동안 숨차게 달려온 한국 사회는 이제 잠깐 자전거를 세우고 숨도 돌리고 뒤도 돌아보고 앞으로 갈 길에 대해 성찰해보는 지혜를 가져야 할 것이다.

2005년 12월 끝자락에 다시 들어보는 '우리 다시 시작해요' 노래가사는 지금 우리의 심정을 너무나 잘 표현해 주는 것 같다. 지금 일어나는 악몽들이 그저 꿈이기만을 바라지만 불행히도 그것은 우리가 겸허하게 받아들여야 하는 냉엄한 현실이다. 대한민국은 기본부터 다시 시작해야 할 것 같다.

　우리는 다시 시작할 수 있을까? 70년대 아무런 희망이 없어보이던 한국 축구는 결국 우뚝 일어섰다. 그래! 이제 우리는 다시 시작해야 한다.

<조선일보 시론> 2005.12.29

생명공학, 윤리문제도 앞서가자

작년 이맘 때였다. 친하게 지내는 연세대 의대 민성길 교수님과 같이 얘기를 나누다 주제가 황우석 박사의 연구로 옮겨졌는데, 그분은 놀랍게도 이 연구의 성공이 가져올 사회적 후유증에 대한 걱정을 하셨다.

요약하자면 사람은 죽어야 할 때 죽어야 하는데 수명이 늘어날 때 생길 수 있는 문제들, 그리고 많은 치료비를 낼 수 있는 사람들만 살 수 있는 상황이 왔을 때 생길 사회적 긴장 등이 우려된다는 것이었다.

지금 우리나라는 황우석 박사팀의 쾌거에 열광하고 있다. 민족적 자긍심이 높아졌으며, 성공시에 예상되는 막대한 부가가치 창출에 대해 기뻐하고 있다. 필자도 그중 한 사람이라는 것을 부인할 수 없다. 또한 사고로 전신마비나 하반신마비를 당한 척수장애자들이 다시 걸을 수 있다는 것은 생각만 해도 가슴이 벅찬 일이다. 이런 환자들의 고통을 해결해 줄 수 있다면 노벨 의학상뿐만 아니라 평화상까지 수여해도 모자랄 일이 아닌가.

그러나 전 세계인들이 모두 이렇게 생각하는 것은 아니다. 서구 일각에서 제기되는 생명윤리에 대한 문제 제기는 이제 우리나라에서도 가톨릭과 성균관에서의 반대성명으로 나타나고 있다. 다른 한편으로 이러한 '혁명'이 파생시킬 사회적 문제에 대해 걱정하는 목소리도 들리기 시작한다. 앞으로도 이러한 문제 제기는 계속될 전망이다.

과학기술 발전은 인류에게 밝은 미래상을 보여 주고 유토피아에의 꿈을 심어 주기도 했지만 디스토피아Dystopia라는 잿빛 전망을 주기도 했다. 올더스 헉슬리의 '멋진 신세계', 리들리 스콧의 '블레이드 러너', 폴 버호벤의 '토털 리콜'과 같은 소설과 영화들은 이러한 인류 보편적인 우려를 형상화한 작품들이다.

어떤 신과학 기술이건 확산과 통제라는 두 메커니즘에 대한 이해는 필수적이다. 핵기술의 발명과 전파는 좋은 예가 될 것이다. 미국이 아무리 이 기술을 독점하려 해도 핵기술은 결국 여러 나라로 퍼져 나갔다. 이러한 핵 확산은 인류를 공멸로 끌고 갈 것이라는 예측이 당연히 나왔다. 불과 20여 년 전만 해도 '그날 이후'와 같은 영화들이 그런 암울한 미래를 예측하지 않았던가.

그러나 핵무기에 의한 파국이 오지 않은 것은 그만큼 핵사용에 대한 윤리적인 문제 제기와 그것을 통제할 만한 사상과 제도적 장치의 발전이 뒤따랐고, 한편으로는 무분별한 확산을 막기 위한 노력이 병행됐기 때문이다. 앞으로 일부 테러리스트에 의해 악용될지 모르지만 현재까지는 히로시마와 나가사키가 핵을 군사적으로 사용한 처음이자 마지막 케이스였다는 것을 기억해야 한다. 오펜하이머, 아인슈타인, 하이젠베르크와 같은 과학자들이 핵기술을 놓고 벌였던 고뇌와 철학적 성찰도 오늘날 곱씹어볼 필요가 있다.

흔히 황우석 박사팀의 성과는 산업혁명에 비견되고 있다. 산업혁명도 동시에 병행된 자유주의라는 사상적 성찰이 뒤따르면서 성숙의 길을 갔다. 생명공학도 마찬가지다. 생명에 대한 근본적인 질문, 인간복제, 키메라Chimera·이종복제, 異種複製, 난자 밀매 등 앞으로 무수히 제기될 문제들에 대한 검증작업이 필요한 것이 작금의 현실이다. 이미 제러미 리프킨의 '바이오테크시대'와 같은 미래학 연구들과 '가타카Gattaca'와 같은 영화들은 인류의 미래가 유전자 계급사회遺傳子 階級社會가 될지도 모른다는 경고를 던지고 있다.

생명공학 분야의 선두에 선 우리나라가 이런 기술을 적절히 통제할 만한 사상을 정립하고 제도적 장치를 병행하는 작업에서도 선두에 서야 하는 이유가 바로 여기에 있다. 작은 일례로 현재 국가생명윤리심의위원회에 한 명도 없는 생명윤리 전문가를 보강해야 하지 않을까.

역사학자 존 루이스 개디스가 주장했듯이 "미래는 예측되는 것이 아니고 대비對備되는" 존재이다.

황우석 박사팀의 성공을 뿌듯하게 생각하는 사람의 하나로서 이러한 작업이 병행돼야만 그 성과가 더 빛이 날 것이고 그것이 바로 앞으로 다가올 미지의 세계에 대한 대비가 되리라 확신한다.

<동아일보 시론> 2005.06.11

장애인 안내견과 기업윤리

　나는 어린 시절 동물을 무척 좋아했다. 그중에서도 가장 좋아한 동물은 개였다. 개는 인간에게 가장 친근한 동물이며 주인에게 절대적인 신뢰를 보내주는 존재였기 때문이다. 개에 대해서 나름대로 많은 공부를 하면서 안 사실은 개가 엄청나게 많은 용도로 쓰인다는 점이었다. 애완견은 물론이고 집을 지키는 번견番犬, 인명구조견, 사냥견, 경주견, 경찰견, 군용견, 목양견牧羊犬, 마약 탐지견 등 이루 헤아리기 힘들 정도로 용도가 많은 것이 개였다.

　그중에서 가장 인상적인 것 중 하나가 시각장애인들을 인도하는 안내견盲導犬이었다. 높은 지능, 체력, 충성심이 절대적으로 필요하고, 특히 인내심이 없으면 이 역할을 수행할 수가 없다. 그래서 개 중에서도 이 역할을 할 수 있는 견종이 몇 개 되지 않는다. 그래서 개 중 가장 영리하고 순한 편에 속하는 골든 리트리버와 래브라도 리트리버가 주로 쓰이고, 그 이외에도 드물게 셰퍼드 등이 쓰이기도 한다. 그러나 당시 TV 외화에서는 이런 시각장애인 안내견이 심심치 않게 나왔지만, 막상 우리나라에서는 존재하지 않았다. 일단 복잡한 도로 사정과 무질서가 주원인이었고, 부분적으로는 시각장애인에 대한 배려를 생각할 만큼 우리의 생활이 여유롭지 못했기 때문이었다.

　그런데 대학을 졸업하고 유학을 갔을 때 시각장애인 안내견을 직접 볼 기회가 생겼다. 당시 내가 공부하던 인디애나 대학 석사과정에서 러시아사를 전공하는 한 여학생이 시각장애인이었다. 정상인도 하기 힘든 러시아사를 시각장애인이 공부하는 것이 안쓰럽기도 했는데, 그 여학생이 의지하는 개가 바로 골든 리트리버 종이었다. 그런데 과와 러시아-동유럽연구소의 구성원 거의 모두가 이 여학생과 안내견이 어려움에 처하지 않도록 총력을 기울여 배려하는 것이 무척 인상 깊었다. 연구소의 뉴스레터에는 그와 그의 애견에 대한 동정이 실리고 주변의 배려를 당부하는 코너까지 있었을 정도였다.

시간이 조금 지나 우리나라의 언론지상에 시각장애인인 한국의 한 학자(이익섭 박사)가 시카고대학에서 박사 학위를 받고 모교인 연세대학교에 교수가 됐다는 기사가 실렸다. 그 교수가 미국에 공부하러 갔을 때 국가가 지급해 주는 시각장애인 안내견의 도움으로 공부를 하는데 큰 도움을 받았다고 한다. 결국 그는 박사 학위를 받고 돌아와 현재 교수로서 활발한 활동을 하고 있다. 전해 듣기에 정이 든 그 애견을 데리고 왔지만 당시 우리나라 사정 때문에 안내견으로 쓰기보다는 그냥 애완견으로 키웠다는 얘기를 듣기도 했다.

그런데 요즘 들어 이런 상황에 변화가 생기고 있다. 교통질서와 도로사정이 전보다는 좋아지고 또 이런 시각장애인 안내견을 키우고 훈련하는 기관이 생기면서 우리나라도 이제 시각장애인 안내견의 시대가 부분적이나마 열리고 있다. 애견가로 유명한 이건희 삼성그룹회장의 지원으로 삼성화재 안에 시각장애인 안내견 육성, 훈련 프로그램이 생겼고 필요한 사람에게 지원도 해 준다 한다. 기업가가 자신의 취미를 공익의 차원으로 승화시킨 좋은 예라 하겠다.

선진사회는 약자를 보호하는 정신이 제도화된 곳이다. 약자에 대한 보호가 비효율적이 되는 도를 넘지 않는 범위 내에서 그들을 위한 배려가 존재하는 부드러운 사회가 선진사회이다. 일단 정신적, 경제적으로 이러한 배려를 할 만큼 풍요로운 사회에서 이런 것이 가능하다. 이제 우리나라는 유사 이래 처음으로 풍요의 시대를 살고 있다. 이러한 시대에 걸맞게 사회자체가 약자에 대한 배려를 생각하고 실천하는 사회가 되기를 기대해 본다. 시각장애인 안내견 프로그램의 시행은 이러한 첫걸음을 내딛는 좋은 예가 될 것이다.

<푸르메재단 뉴스레터> www.purme.org 2006.04.10

국제정세

제 3 부

북핵과 국제 테러리즘, 그리고 정밀 타격의 가능성

현대사 핵과 미사일로 위협당하지만 대한민국 국민은 놀랄 정도로 덤덤하다. 북한이 바라는 바가 바로 남한 사회의 동요와 불안이기에 이런 태도는 기본적으론 바람직하다. 그러나 가끔은 지나치게 무심한 듯도 하다. 위협에는 의연한 태도를 보이되 현실을 냉정히 파악하고 대처하는 것도 필요하다.

국제 전략 문제의 권위자인 제러미 수리Jeremi Suri 텍사스 대학 교수는 뉴욕타임스 기고문에서 북핵 위기의 지속은 동아시아의 안정을 흔들고 핵 확산 중단을 위한 지구촌의 노력을 해치기에 북한이 도발하기 전에 군사시설에 국한된 선제적 정밀(도려내기) 타격을 주문했다. 북한의 위협을 방치하면 한국·일본의 핵무장을 자극할 것이고, 이란과 같은 고립된 국가를 부추길 것이라는 등의 이유를 들었다. 그는 북한에 대해 먼저 정밀 타격을 해도 북한의 보복 공격 가능성은 거의 없다고 보았다. 이는 보복이 결국 자살행위라는 것을 북한 정권이 잘 알고 있고, 중국도 이를 용인치 않을 것이기 때문이라고 했다.

참고로 수리는 위스콘신대 사학과 교수였던 2005년, 강정구 교수가 북한의 6·25 남침을 찬양하는 등 물의를 일으켰을 때 조선일보 특별 기고(10월 18일자)를 통해 강정구 교수 논리의 허구성을 낱낱이 지적하며 "핵 기술을 보유한 북한이 고립되고 호전적이며 예측

불가능한 상태로 남아 있는 세계에서 한국전에 대한 정확한 이해는 절대적으로 필요한 일"이며 "진정한 위협은 북한에서 오고 있음을" 직시하라고 조언했다. 그의 우려는 현실화됐다.

북핵 위기는 단지 한반도나 동아시아만의 문제가 아니라 세계적 문제이며 테러리즘과 밀접히 연결돼있다. 실패한 국가failed state와 테러 조직은 서로 친밀성을 갖기 쉽다. 빈 라덴의 알카에다가 아프가니스탄의 탈레반 정부와 협조해 일으킨 테러는 좋은 예다. 그런데 북한이라는 실패한 체제는 핵이라는 요소를 더 갖고 있다. 국제 안보 분야의 최고 전문가인 그레이엄 앨리슨Graham Allison 하버드대 교수는 이제 국가들의 핵 확산보다도 더 심각한 위협은 테러리스트들이 대도시를 대상으로 벌일 핵 테러 가능성이며, 국제사회는 이를 막기 위해 최선을 다해야 한다고 경고한 바 있다. 핵 테러는 엄청난 파괴력을 갖고 있기에 가장 효과적인 테러 수단이 된다. 목표가 뉴욕이 될 수도 서울이 될 수도 있는 등 예측 불가능하기에 더 공포스럽다.

핵무기·핵물질이 국제 테러 집단에 넘어갈 가능성은 크게 보아 네 가지다. 구舊소련이 해체되면서 흘러나왔을 가능성, 그리고 파키스탄·이란·북한에서 흘러나올 가능성이다. 구소련의 핵무기는 비교적 순조롭게 러시아로 이관됐으며, 파키스탄도 면밀히 감시되고 있다. 이란의 살상용 핵 기술은 아직 초보적 수준이고 만일 상용화 단계에 이른다면 이스라엘이 그것을 확실히 무력화할 것이다. 문제는 북한이다. 독자적으로 국민을 먹여 살릴 수 없는 이 체제는 비싼 값에 핵무기·핵물질을 팔 의향이 있으며 테러 집단은 이것을 구입할 용의가 매우 크기 때문이다. 앨리슨 교수를 비롯한 안보 전문가들은 최근 북한이 미사일·핵무기 관련 기술을 아무 데나 파는 '편의점'이 될 가능성을 경고했다.

이런 구조 때문에 북핵은 세계가 우려하는 초미의 관심사다. 만약 이 사태가 더 진전된다면 정밀 타격 가능성은 높아진다. 다행히 이런 사태 전개를 막을 요인도 존재한다. 바로 중국의 변화다. 북의 전통적 혈맹인 중국은 5세대로 지도부 세대교체를 끝냈다. 새 지도부는 문화대혁명의 혼란을 청소년 시절 경험했고 문혁 종료 즈음에 대학에 입학한 세대로서 선배 세대가 갖는 북한에 대한 근본적 애정이 적다. 중국 정치협상회의 자칭궈 상무위원은 며칠 전 "북한이 도발을 감행할 경우, 한국은 북한에 보복할 준비를 철저히 하라"고까지 발언했다. 예전엔 상상조차 할 수 없는 발언이다. 김정은도 할아버지·아버지가 중국과 가졌던 끈끈한 유대감이 없고, 오히려 이복형인 김정남이 중국과 관계가 더 깊다. 또한 시진핑 주석과 리커창 총리는 또래인 박근혜 대통령 등 남한 인사들과 인적·정서적 유대가 있는 편이다.

북핵 문제는 일반인이 생각하는 것보다 훨씬 더 심각한 함의를 갖고 있다. 북한 정권이 오판을 계속할 경우 정밀 타격이 일어날 가능성이 매우 크고, 그들의 운명은 풍전등화와 같을 것이다. 북한은 바뀐 국제 환경을 이해하고 국제사회와 소통하는 데 눈을 돌려야 한다. 도발을 무턱대고 옹호할 나라는 이제 존재하지 않는다. 김정은 체제가 이제라도 마음을 바꿔 무모한 위협과 도발을 중단하고 대화를 원한다면 대한민국을 비롯한 국제사회는 넓은 가슴으로 북한을 품으며 공생과 공영을 추구할 것이다.

<조선일보 아침논단> 2013.05.13

고르바초프가 북한에 주는 교훈

'고르비Gorby'란 애칭을 가졌던 미하일 고르바초프는 1985년 3월 소련 최고지도자인 공산당 서기장으로 취임하기 전날 저녁, 공산당 정치국 후보위원인 셰바르드나제와 휴양지인 흑해의 한 해변을 걸으며 속마음을 나눴다. 셰바르드나제가 먼저 운을 띄웠다. "모든 것이 썩었소." 고르비가 답했다. "우리는 이대로 계속 살 순 없소." 두 사람은 집권 후에 체제를 근본적으로 개혁하기로 다짐했다. 고르비는 그날 밤 부인 라이사에게도 같은 얘기를 했다. 그 후 고르비 시대가 열리자 정말로 개혁·개방에 불이 붙었다. 셰바르드나제는 외무장관과 정치국 정위원에 임명됐고, '신사고新思考 외교'라는 새 정책이 펼쳐졌다.

공산체제는 대체적으로 노인정치gerontocracy의 폐해에 빠져 있었기에, 54세의 비교적 젊은 고르바초프가 소련 최고지도자가 된 것은 이례적인 일이었다. 그 이전까지 소련 최고지도자들은 늙어 죽거나 쫓겨나기 전에는 권력을 놓지 않았고, 그 결과는 산송장과 같은 노인들의 죽은 정치였다. 1982년 11월, 오랫동안 투병했던 브레즈네프 서기장이 사망하자 역시 노쇠한 안드로포프가 집권했고, 그도 1년여 후에 숙환으로 사망했다. 좀비 같던 체르넨코가 또 권좌를 잇고 1년 남짓 뒤인 1985년 3월에 자연사함으로써, 소련은 2년 4개월 동안 국장國葬을 세 번이나 치르는 기록을 세웠다. 소련이 계속 국장을 치를 수는 없다는 의견이 세勢를 얻으며 선택된 인물이 고르비였다.

그는 나이만 젊은 것이 아니었다. 고르비 체제 아래 모든 것이 변했고, 냉전은 평화적으로 종식됐다. 고르비의 개혁정책은 결국 그에게서 권력을 앗아갔지만, 그는 아직 존경받으며 살고 있다. 냉전사 연구의 권위자인 존 루이스 개디스 교수는 저서 '냉전의 역사'에서 이 상황을 웅변적으로 서술했다. "그는 사회주의를 구원하고 싶었지만, 그것 때문에 무력을 쓰고 싶지는 않았다. 그는 공포 대신 사랑을 선택했고… 그렇게 함으로써 그 자신이 (정치적) 종말을 맞았다. 그러나 그로 인해 역사상 가장 자격을 갖춘 노벨평화상 수상자가 되었다". 고르비의 현재 소망은 '스쳐 지나가는 역사의 소맷자락이라도 잡을 수 있었던 사람'으로 기억되는 것이다.

'신사고 외교'란 무엇인가? 미국은 틈만 나면 공산권을 침략할 것이라는 소련의 고전적 외교사상을 포기하고, 미국을 평화세력으로 인정하고 냉전을 평화적으로 해체해 나간 것이었다. 고르비의 위대함은 전임자들처럼 철권통치자로 군림하면서 현상유지에 연연하지 않고, 자기의 기득권을 포기하고 공산체제의 근본적 결함을 인정하고 개혁해나가며 세계를 좀 더 안전한 곳으로 만들었다는 것이다.

북한에서도 그동안 노인정치가 지속됐다. 김일성·김정일 모두 죽을 때까지 권력을 향유했다. 거기에 왕조식 세습이라는 치명적 결함까지 더해졌다. 이제는 20대인 '왕손王孫'이 지도자로 등극했지만 주위 인물들은 대개 고령이다. 김정은과 장성택은 물론 고르바초프가 아니다. 그러나 김정은이 현명하다면 늙어 죽을 때까지 권력을 영위할 수 없다는 냉혹한 사실은 인지할 것이다.

북한도 이제 고르비만큼은 아닐지라도 현재 처한 위기와 근본문제를 인식하는 지도자군群이 형성돼야 한다. "이대로 계속 살 순 없다"는 것을 빨리 현명하게 깨달아야 하는 것이다. 세대교체라는 요소가 가미되면 더 좋다. 노인정치에서 벗어난 중국과 베트남이라는 좋은 선례先例가 있다. 북한지도부가 생각을 바꿔 기득권을 조금만 포기하고 개혁개방을 한다면 먹고사는 문제를 비교적 쉽게 해결할 수 있다. 대한민국과 미국은 침략세력이 아니라는 북한판 '신사고 외교'도 생겨나야 한다. 소련이 무기를 내려놓았을 때 우려했던 전쟁은 없었다. 한반도에서 전쟁이 일어나는 것을 가장 원치 않는 나라는 한국과 미국이고, 인접국 모두가 무리하게 북한체제를 무너뜨릴 의도가 없다.

권력과 현상유지라는 소아병적 사고에서 벗어난다면 현 북한 지도부가 할 수 있는 일은 꽤 많다. 공포 대신 사랑을 택한다 해도 나쁠 것이 없다. 어차피 공포로만 권력을 지키는 시대는 빠르게 지나가고 있다. 앞으로 40여년간 권력을 누린다는 생각은 얼마나 허망하며 또 불가능한 것인가. 차우셰스쿠나 카다피처럼 끝까지 공포를 택했다가 비극적으로 처형당할 수도 있지 않은가. 북한에서 고르비 같은 인물이 나오긴 어렵겠지만, 그 근처에라도 갈 수 있는 사람이 나오길 기대할 수는 있다. 그리고 여기에는 김정은도 포함된다. 희망섞인 얘기지만 아예 불가능한 일도 아니다. 그래야 그들이 '스쳐 지나가는 역사의 소맷자락이라도 잡을 수' 있을 것 아니겠는가.

<조선일보 아침논단> 2012.01.09

아버지 스탈린을 버린 딸, 스베틀라나

'유로파 유로파'는 아직 생존해 있는 페렐이란 유대인 소년이 우여곡절 끝에 자기 정체를 숨긴 채 히틀러소년단에 가입하고 나치독일 군대에서 일했던 믿기 힘든 실화를 그린 영화이다. 이 영화에서 스탈린의 친아들이 독일군의 포로로 잡히는 장면이 나온다. 사실이었다. 천성이 냉혹한 스탈린은 아들에게도 애정이 없었다. 아들이 포로가 된 것에도 무관심했다. 그는 1,000만 명이 넘는 자국민을 학살하는 데도 눈 하나 깜짝하지 않은 냉혈한이었다. 레닌도 유언에서 스탈린의 잔인한 성격을 우려했다.

그는 원래 '주가슈빌리'라는 그루지야(현 조지아) 사람인데 강철을 뜻하는 '스탈린'으로 이름을 바꿨다. 그의 공포시대는 무작위적인 국가 주도의 테러가 난무했다. 테러 대상과 범위에 대한 예측이 불가능했기에 더 무서웠다. 소비에트 체제 자체의 근본 문제와 스탈린의 개인적 잔인함이 결합돼 생겨난 세계사적 비극이었다. 니키타 미할코프 감독·주연의 '위선의 태양(1994년 아카데미 외국어영화상 수상)'은 일상 속 내재(內在)된 스탈린 시대의 공포를 소름끼치도록 잘 묘사한 걸작이다.

그러나 이런 스탈린이 무조건적 사랑을 보인 유일한 대상이 있었으니 바로 외동딸 스베틀라나였다. 그러나 스탈린의 아내 나데즈다가 의문의 자살을 하고, 유대인 영화감독 카플레르는 스베틀라나와 사랑에 빠진 죄로 스탈린에 의해 강제수용소로 끌려갔다. 히틀러보다는 훨씬 덜한 수준이었지만 스탈린도 유대인을 혐오하고 탄압했다. 볼셰비키혁명 지도자들의 대다수가 유대인이었기에, 그는 권력투쟁 과정에서 유대인 정적들을 참혹하게 제거했다. 볼셰비키혁명의 리더였던 트로츠키와 코민테른 의장을 지낸 지노비예프가 대표적 희생자였다.

아무리 스탈린이 사랑했어도 스베틀라나는 아버지를 미워했다. 그는 이름도 자살한 엄마의 성인 '알릴루예바'로 개명하고 1967년 미국으로 망명했다. 스탈린의 딸이 미국으로 망명한 사건은 냉전 당시 엄청난 충격이었다. 이어 그는 베스트셀러가 된 책을 펴내 아버지와 소비에트 체제를 비난했다. 1984년 조국인 소련으로 돌아갔지만 정착에 실패하고 2년 만에 소련을 떠나 유랑하면서 살아갔다. 그가 며칠 전 세인들의 망각 속에 미국에서 조용히 세상을 떠났다. 향년 85세.

돌이켜보면, 겉보기엔 멋있어도 근본적으로 치명적 결함을 가진 공산체제 중에서도 최악의 버전이 스탈린 체제였다. 이 체제에 대한 충성에서 끝까지 헤어나지 못한 이들도 있었고, 현실을 자각하고 뛰쳐나온 이들도 있었다. 스탈린주의자였다가 공산주의 비판가가 된 '한낮의 어둠'의 작가 아서 쾨슬러가 후자의 대표 격이다. 더욱이 자신들은 공산주의자가 아니면서도 스탈린 체제에 대한 존경과 환상을 가진 사르트르나 조지 버나드 쇼 같은 "쓸모 있는 얼간이들"(레닌의 표현)도 많았다.

세계적으로 많은 스탈린 체제의 변용變容이 나타났다. 마오쩌둥, 폴 포트, 김일성-김정일은 스탈린처럼 타고나길 잔인한 성품의 소유자가 아니었다. 하지만 그들 통치가 못지않게 참혹했던 것을 보면 개인의 성격보다 체제의 성격이 더 중요한 요인이었음을 보여준다. 마오 체제를 보자. 대약진大躍進운동만 해도 무려 4,500여만 명을 희생시켰다(디쾨터 '마오의 대기근'·2011). 그런데 이런 체제를 이상사회로 예찬한 리영희 같은 '얼간이'들도 많았다. 그에게 마오 체제는 상상 속에서 그려낸 허구의 세계였을 뿐이다. 폴 포트의 크메르루주 정권은 무려 자국민의 4분의 1을 학살했다.

한반도에선 스탈린, 마오, 그리고 전통왕조체제와 일본 천황제의 기묘한 혼합체가 북쪽에 존재한다. 남쪽엔 신영복 박성준 등이 가담했던 통혁당이나, 자신도 인정했듯이 1973년 북한노동당에 비밀 입당한 송두율 같은 북한체제에 대한 광신자들은 물론이고, 북한 체제에 아부·기생하는 윤이상류의 '얼간이'들도 넘쳐났다. 남한에 존재했던 '권위주의authoritarian체제'와 북한식 '전체주의totalitarian 독재'도 구별 못하는 '헛똑똑이' 얼간이 아류들도 지식인이라는 허울을 쓰고 살아간다. 그게 멋있는 것으로 착각하는 민족해방NL파 인민민주주의자들이 주류를 이루고, 건강한 사회민주주의자들이 미미한 소수를 이루고 있기에 한국 좌파의 앞날은 어둡다.

스탈린 딸의 사망으로 그의 굴곡진 인생을 돌아보면서 세계적 스탈린 체제를 다시 생각해본다. 그녀를 보면 김일성-김정일-김정은 세습가문의 '아이들'이 오버랩된다. 그들의 운명은 어찌 될 것인가. 그들 중 스베틀라나와 같은 '이탈자'는 생겨나지 않을 것인가.

<동아일보 동아광장> 2011.12.06

인물로 다시 보는 6·25 - 전쟁 배후조종한 스탈린

　6·25 전쟁은 남·북한 외에도 소련·중국·미국 등이 참전한 국제전이었다. 이들 나라의 정치 지도자들은 전쟁의 주요 국면들을 주도하고 성패를 좌우했다. 소련의 스탈린, 미국의 트루먼·맥아더, 중국 모택동, 북한 김일성·박헌영, 남한의 이승만 등 6·25 전쟁을 수행한 핵심 인물들을 중심으로 한 6·25 전쟁의 전개 과정과 특성을 전문가들이 2010년의 관점에서 재구성한다.

　전선이 교착되고 6·25전쟁의 휴전 협상이 진행 중이던 1952년 8월 20일 김일성은 주은래를 통해 스탈린에게 빨리 휴전할 것을 요청했다. 1995년 공개된 스탈린과 주은래의 비밀 회담 기록에 따르면 스탈린은 북한의 요청을 거절하고 미국과 끝까지 싸울 것을 지시했다. 주은래는 "북한은 전쟁을 계속하는 것은 이롭지 못하다고 믿고 있다"며 "(북한은) 송환되는 포로보다 더 많은 인적 손실을 입고 있다"고 말했다. 그러나 스탈린은 "북한은 전쟁으로 인해 사상자casualties 외에는 잃은 것이 없다. 인내를 가지고 지속할 필요가 있다"고 말했다.

　스탈린이 휴전하자는 김일성의 간청을 거절한 것은 미국이 한반도에 묶여 있어야 당시 소련의 군사 점령 아래서 민중들의 불만이 고조되어 가던 동유럽에서 군사행동을 하기가 쉽지 않다고 판단했기 때문이다. 또 미국은 참전으로 인해 경제적 자원이 고갈되고, 미국이 유럽에 더 신경을 써줄 것을 바라는 영국 과 프랑스 등 주요

동맹국들과 사이에 균열이 생기기 시작한 것도 소련에 유리하다고
보았다. 결국 6·25전쟁의 휴전은 이를 완강히 가로막던 스탈린이
1953년 3월 5일 갑작스럽게 사망한 뒤에야 가능해졌다.

　스탈린은 이처럼 6·25전쟁 발발부터 휴전까지 한반도에서 불필
요한 무력 분쟁을 강요한 장본인이었다. 김일성의 남침 전쟁을 승인
해 전쟁을 일으키도록 한 것도 스탈린이었다. 스탈린은 1950년 4월
모스크바를 찾은 북한 수상 김일성과 외무장관 박헌영에게 물었다.
"해방전쟁의 모든 득得과 실失을 다시 한번 따져보시오. 무엇보다 미
국이 개입할 것 같소?" 김일성은 미국의 개입 가능성을 강력히 부인
했다. 이 자리에서 스탈린은 남침을 최종 승인했고, 무기 및 군수 물
자를 공급해줄 것을 약속했다. 그러나 미국 참전으로 소련이 전쟁에
말려들게 되지 않을까 걱정했던 그는 소련이 전쟁에 직접 참여하는
것은 기대하지 말라고 했다.

　김일성의 남침은 스탈린의 동의 없이는 불가능한 일이었다. 스탈린
은 초기에는 김일성의 남침 제안에 회의적이었다. 그는 1949년 3월 김
일성이 처음 남침을 제안하자 전쟁을 단기간에 끝낼 수 있고 미국이
개입 안 한다는 보장이 있어야만 남침이 허용될 수 있다고 하면서 반
대했다. 스탈린은 미군이 남한에서 철수한 직후인 1949년 8월 김일성
이 다시 남한에 대한 공격을 허가해 달라고 요청했을 때도 거절했다.

　그러나 1949년 10월 중국 대륙에서 공산당이 최종 승리를 거두고
필요시에 한반도에 개입할 수 있게 되자 스탈린의 태도가 달라졌다.
또 미국에 심어놓은 고위급 스파이(도널드 매클린)를 통해 미국의
대對아시아 정책이 소극적으로 전환된 것을 간파했다. 1950년 1월
미국 국무장관 딘 애치슨이 연설을 통해 새로운 '방위선'에서 한반

도를 제외하자 스탈린은 김일성에게 "나는 당신을 도울 준비가 돼 있다"고 알렸다.

스탈린과 김일성·박헌영 회담 후 북한의 전쟁 계획 수립을 지원하기 위해 급파된 2차 세계대전 때 독소獨蘇전쟁의 영웅 바실리예프 장군은 북한군 수뇌부와 전쟁 계획을 함께 점검했다. 남침 날짜가 다가오면서 미국이 개입할지 모른다고 걱정하던 스탈린은 6월 20일 북한군이 소련 군함을 사용할 수 있도록 승인하면서도 그 배에 소련 군인은 승선하지 못하게 했다.

당초 북한군은 총공세를 시작하기 전 전초전으로 옹진반도에서 국지전을 벌일 계획이었다. 하지만 6월 21일 스탈린은 김일성의 긴급 메시지를 받았다. 북한 정보국이 수집한 정보에 따르면 남한이 북한군의 이동 상황을 파악하고 옹진 쪽의 군사력을 강화하고 있기 때문에 모든 전선에서 전면전을 벌이는 것이 낫다는 제안이었다. 스탈린은 이에 동의했고, 6월 25일 새벽 침공이 시작됐다.

마지막 순간에 전면 남침으로 작전 계획이 변경된 것은 군사적 측면에서 볼 때는 합리적인 결정이었다. 그러나 국제적으로 관심을 받던 국경에서 갑자기 대량의 탱크로 밀어붙이는 공격은 2차 세계대전 당시 나치 독일 의 폴란드 침공과 같은 인상을 주었다. 그 결과 미국은 대한민국의 방위를 위해 재빠르게 15개국이 참여한 동맹을 결성했고, UN의 깃발 아래 싸우게 됐다.

현재까지 구舊공산권측에서 얻은 증거로 볼 때 6·25는 김일성이 창안했고, 스탈린과 모택동의 승인 아래 일어났다는 것이 밝혀졌다. 그동안 수정주의 학자들이 6·25의 발발원인을 자연 발생적인 내전內戰으로 해석한 것이 한국에서는 한동안 정설처럼 여겨졌다. 냉전 해체 이후 비밀 해제되고 공개된 소련 문서들은 이런 주장들의 오류를 밝혀내는 결정적 계기가 됐다. 그런데도 한국의 일부 학자들과 금성출판사를 비롯한 일부 한국 근현대사 교과서는 이미 폐기된 커밍스류流의 수정주의적 연구를 아직도 무비판적으로 채택하고 있다.

인천상륙작전과 함께 역전된 전황은 북한군에게 불리하게 돌아갔다. 중·소와 북한의 국경지대까지 밀린 김일성은 1950년 10월 1일 스탈린에게 도움을 요청했다. 그러나 스탈린은 소련의 직접 개입 불가라는 최초의 방침을 고수했다. 스탈린은 그 대신 김일성에게 중국이 지원군을 보내라는 자신의 요구를 중국에 전달하라고 지시했다. 그런데 뜻밖에 모택동은 10월 12일 스탈린에게 중국은 북한에 군대를 보낼 수 없다고 알려왔다. 미국과의 군사적 직접 충돌을 피하려 했던 스탈린은 측근에게 "내버려둬. 미국이 우리의 이웃이 되게 놔둬!"라고 말했다. 그리고 스탈린은 경악하는 김일성에게 즉각 한반도를 포기하고 북한의 남은 군대를 만주 등으로 철수시키라고 말하기까지 했다.

그러나 다음 날 모택동은 마음을 바꿔 북한에 군대를 보내겠다고 알려왔다. 스탈린은 즉각 김일성에게 "중국 군대에 필요한 장비는 소련이 제공할 것"이라고 통보했다. 스탈린은 전쟁기간 동안 약 7만 명에 이르는 공군 조종사와 기술 인력 등을 제공했다. 스탈린은 소련의 군사적 존재가 노출되는 것이 두려워 이들의 역할을 극도로 제한했다. 하지만 그는 북한을 포기하지 않았고, 그로 말미암아 한민족의 고통은 더욱 길어졌다.

<조선일보> 2010.06.21

중국, 진정한 대국 되려면

올림픽 개·폐회식을 보면 주최국의 수준과 지향점이 보인다. 88 서울올림픽은 위대한 이벤트였지만 의욕 과잉의 개·폐회식은 당시 한국의 2% 부족함을 보여주기도 했다. 2008년 베이징 올림픽의 개·폐회식(총감독 장이머우)은 현대 중국을 이해하는 단서를 제공했다. 엄청난 스케일의 물량 공세로 역사문화유산을 세계에 자랑했다. 도약하는 중국의 세를 과시하는 중화中華주의 선포식의 인상도 강했다. 체조스타 리닝李寧이 공중에서 스타디움을 돌고 성화를 점화한 것은 올림픽 역사에 길이 기억될 장관이었다. 반면 역시 뭔가를 보여줘야 한다는 강박감을 노출시켰다. 과유불급過猶不及이다. 절제미가 결여된 과잉이 나타났다. 특히 폐막식은 곡예단 수준의 중구난방이었다. 후반부에 다음 올림픽 개최지 런던이 몇 분간의 세련된 공연을 선보였는데, 이것이 앞서 몇 시간의 방만한 중국 행사를 간단히 압도했다.

작년 중국은 일본의 국내총생산GDP을 넘어 세계 2위 경제대국으로 올라섰다. 영국 경제학자 앵거스 매디슨은 "2015년경 중국 경제 규모가 미국을 앞지를 것"이라고까지 섣부르게 예측했다. 이제 세계는 G2(미국과 중국)가 이끈다. 하버드대 니얼 퍼거슨 교수는 저서『금융의 지배』에서 이것을 '차이메리카Chimerica 시대'라 불렀다. 중국이 저가 상품을 수출해서 얻는 경상수지 흑자로 미국의 국채를 사면서 미국은 적자재정을 메우는 동시에 중국 상품을 수입·소비하는 공생 관계가 형성됐다는 것이다. 이런 상호의존 관계는 경제버블의 한 원인이었지만 아직 지속되고 있다.

그러나 진정한 초강대국이 되는 것은 쉬운 일이 아니다. 한 중국학자가 잘 표현했듯이 내륙지역 중국인의 생활은 아직 제3세계 수준이다. 정치 사회의 민주화 정도도 미약하다. 2008년 12월 중국 지식인 303인은 세계인권선언 60주년에 맞춰 인권보장과 일당독재의 종식을 중국 정부에 촉구하는 '08 헌장'을 공표했다. 훗날 역사는 이 사건을 1977년 공산주의 시절 체코슬로바키아의 민주화를 요구한 77 헌장(하벨 주도)에 비견되는 일로 기록할지도 모른다. 또한 공산당 기관지 런민(人民)일보 사장을 지낸 후지웨이를 포함한 중량급 원로 지식인 23명은 작년 10월에 언론자유 보장을 촉구하는 공개서한을 발표했다.

한반도 수천 년 역사에서 지난 20여 년간이 중국에 큰소리쳤던 처음이자 마지막 시대로 기록될지 모른다. 그런 시대는 이제 끝났다. 그래서 한국은 패권국으로 다시 떠오르는 중국 앞에서 다소 굴종적인 태도를 취해야 한다는 의견도 있다. 한 중국 문제 전문가는 한국인에게는 장구한 세월 동안 중국의 조공 국가로 살아온 DNA가 있어서 중국의 횡포에 대해선 일본의 횡포와는 달리 어느 정도 감내하려는 성향이 있다고까지 얘기한다.

동아시아, 나아가 세계의 번영과 평화를 위해 한국과 중국은 밀접한 협력과 상생관계를 유지해야 한다. 그러나 신新조공체제로 가자는 얘기는 옳지 않다. 그런데 중국의 최근 한반도 관련 성명들은 청나라 말기의 위압적 태도를 연상케 한다. 천안함과 연평도 문제는 물론이고 한국 해경함을 들이받은 중국 어선에 대해 피해 보상을 요구하고 '한국 측 사고 책임자'의 엄벌을 요구하는 적반하장격인 일도 벌어졌다. 작년 12월에는 북한의 핵 보유를 용인하는 듯한 발언도 있었다. 중국 외교부 장위 대변인의 경직된 얼굴과 앙칼진 목소리의 논평을 듣는 것이 일상사가 되고 있진 않은가. 힘을 과시하려는 것이겠지만 이웃에는 불편함과 적대감을 심어 준다. 중국이 패권국이 되는 것은 필연이지만, 촌스럽고 막가파 식이 아닌 좋은 패권국가로 가야 하지 않겠나.

북한 관련 고충을 모르는 바는 아니나 중국의 최근 외교 행태는 아직 글로벌 리더로서의 자질 부족을 보인다. 중국이 명심해야 할 일은 북한 핵에 대한 미지근한 태도는 자연스레 한국과 일본의 자체 핵무장론을 야기한다는 것이다. 이것은 대단히 위험한 상황 전개다. 중국의 상당 부분을 커버하는 한국의 미사일 사거리 1,000km 확장 논의나 전술핵 재배치 시사 등은 당연한 후폭풍이다. 중국은 냉전시대의 핵무기에 의한 공멸 공포에 기인한 세력균형balance of terror을 원하는가. 다행히 핵무기 경쟁은 평화적으로 끝났지만 한순간에 지구가 잿더미가 될 위험성이 상존했다.

중국 내에서도 도광양회韜光養晦 · 힘을 드러내지 않고 기다린다는 대외정책 기조를 너무 일찍 버렸다는 자성이 나온다. 중국이 혼란스럽거나 불건강해질수록 한국은 힘들어진다. 그 대신 중국이 건강하고 세련된 강대국으로 커 나가야 한국도 편해진다. 중국에 진정한 대국의 길을 택해야 하는 선택의 시간이 다가온다. 그 첫 리트머스 테스트는 북한 문제가 될 것이다.

<동아일보 동아광장> 2011.03.11

세인트루이스에서 보스니아와 한반도를 생각한다

며칠 전 미국의 국제지역학회ISA 중서부회의가 열린 세인트루이스(미주리 주)는 인구 35만 명의 작은 도시지만 여러모로 의미 있는 곳이다.

1804년 토머스 제퍼슨 대통령의 명령으로 루이스와 클라크Lewis & Clark가 탐험대를 이끌고 2년여의 역사적인 서부탐험을 떠난 지역으로, 서부와 중서부, 북부와 남부를 가르는 미국의 한복판에 위치한 곳이다. 그래서 높이 192m의 서부로의 '관문 아치Gateway Arch'가 이 지역 명물이다. 이미 1904년 엑스포가 열린 곳이고, 월드시리즈 10회 우승(역대 우승 횟수 2위)에 빛나는 명문 야구구단 카디널스의 고향이기도 하다.

그런데 너무나도 미국적인 이 중소도시에 놀랍게도 7만 명의 보스니아 난민들이 거주하고 있다. 현재 보스니아 이외 지역에선 세계 최대 규모다. 보스니아 인구는 약 435만 명이었는데 60만 명이 미국으로 이주했고, 그중 7만 명의 보스니아 무슬림(이슬람인)이 여기에 정착했다. 올해 ISA회의의 가장 주목받은 행사도 세인트루이스 소재 폰본대학교가 2006년부터 수행하는 '보스니아 기억 프로젝트The Bosnia Memory Project, 보스니아 학살에 대한 자료수집 작업'가 주관한 '프리예도르 : 보스니아 학살의 삶'이었다. 프리예도르는 학살이 자행된 보스니아 북서부의 도시이고, 세인트루이스 이주자의 대다수가 이 지역 출신이다. '보스니아-헤르체고비나'라는 긴 정식 명칭을 가진 보스니아는 옛 유고연방의 일부였고, 분쟁으로 점철된 역사를 갖고 있다. 수도 사라예보는 제1차 세계대전을 격발시킨 오스트리아 황태자 암살 사건이 일어난 유럽의 화약고였다.

필자를 포함한 한국의 진실화해위원회 관계자들은 이 프로젝트의 책임자인 벤저민 무어 교수에게 그들 작업에 참고가 될 자료를 전달했다. 참고로, 국제 유고전범재판소ICTY, 네덜란드 헤이그에서 옛 유고슬라비아연방(주로 보스니아 내전)에서 일어난 반인륜범죄 재판이 진행되고 있다.

냉전시대에 유고는 티토의 영도하에 잠정적 평화와 번영을 누렸다. 자동차를 자체 생산하는 등 산업발전도 어느 정도 이뤄냈고, 비동맹 세계의 리더로서 국제사회에서 존중받았다. 유고 특유의 노동자 자주관리제도는 혁신적인 노동체제로 주목받았다. 어떤 이들은 유고를 '문명국가'의 살아있는 교범으로 '인류의 대안'이라고까지 생각했다. 사라예보는 1984년 겨울올림픽을 개최했고, 이에리사와 정현숙이 한국 역사상 처음으로 구기 종목 금메달을 딴 세계탁구선수권대회(1973년)가 열린 곳이기도 하다. 그러나 냉전체제가 무너진 후 잠재적 갈등이 폭발하면서 '유고내전'이라는 20세기 말 인류 최대의 참극이 일어났고, 그 결과 유고연방은 여러 나라로 갈라졌다.

'민족갈등'이니 '인종청소'니 하는 얘기가 횡행하는 이 지역의 복잡한 민족구성과 역사를 일반인들에게 이해시키는 것은 어려운 일이다. 간략하게 설명하자면 유고 주민들은 알바니아계 등 몇몇 소수 인종을 빼고는, 사실상 다 같은 남南슬라브(유고슬라브)인이며 같은 언어인 세르보-크로아티아어를 사용한다. 그러나 오랜 시간 동안 주민들이 서로 다른 문명권을 택하면서 다른 민족으로 변해 버렸다.

예를 들어 보스니아에서는 보스니아 무슬림(44%), 동방정교 세르비아인(약 33%), 가톨릭 크로아티아인(약 17%)이 뒤섞여 사는데 여기서 가장 참혹한 상호학살이 일어났다. 문명세계라는 것이 얼마나 취약한 기반 위에 놓여 있고, 또 얼마나 쉽게 깨질 수 있는지를 여실히 보여주는 산 증거였다. 미국 주도의 국제사회 개입에 따른 데이턴협정(1995년 11월)으로 가까스로 강제적인 평화가 찾아왔지만 아직도 불안한 상태가 지속되고 있다.

유고내전을 보면 자연스레 한반도의 미래가 걱정된다. 물론 유고에서는 이질화 과정이 수세기 동안 진행됐지만 한반도에선 수십 년간 진행됐고, 종교분쟁도 거의 존재하지 않는다는 큰 차이도 있다(김일성교를 종교로 간주할 것인가의 문제가 있긴 하다). 그러나 같은 지역에서 같은 언어를 쓰는 근본적으로 같은 민족이 다른 문명을 택하면서 다른 민족처럼 변해간 과정은 분명 남북한에도 적용되는 아날로지이다. 남북한 간의 작금의 문명적 차이는 분명 우려할 만큼 큰 괴리감을 동반한다. 이질화된 문명권의 갈등이 낳을 수 있는 분쟁, 그리고 거기서 발생할 수도 있는 난민 사태를 미리 방지하기 위해 앞으로 엄청난 노력이 수반돼야 한다는 생각이 새삼 들었다.

<중앙일보 중앙시평> 2010.11.20

오바마 앞의 세 가지 과제

'자고 나니 변해 버린 세상'에서 새 희망을 제시할 것 같은 새 스타일의 세계 리더가 탄생했다. 버락 오바마는 무엇보다 미국이 잃었던 국제적 신망을 되찾은 대통령으로 기록될 것이다.

4년 전, 유별난 이름을 가진 흑인 소년이 '담대한 희망'을 갖고 살면서 민주당 전당대회의 기조연설자가 된 것 자체가 미국이기 때문에 가능했다는 그의 연설은 천지가 진동하는 듯한 감동을 안겨줬다. 지성과 열정이 잘 조화된 그의 명연설은 그 이후에도 계속됐다. 뉴햄프셔 예비경선에서는 건국의 아버지부터 달에 갈 수 있다고 믿었던 케네디까지 관통하는 미국의 "우리는 할 수 있다Yes We Can" 정신을 강조했다. 올 3월 필라델피아 연설에서는 설사 흑인인 자신이 대통령이 된다 해도 인종차별문제가 사라지지 않겠지만 '법 앞에 평등한 시민'이라는 미 헌법의 이상을 추구해 미국을 "더 완벽한 국가A More Perfect Union"로 진화시킬 것을 호소했다.

당선 후 일주일이 된 지금, 새로운 체제를 창출해 낼 그랜드 플랜과 그 계획을 떠받들 숙성된 사상적 기반은 아직 안 보인다. 그러나 오바마가 한 연설들에 일관되게 나타나는 주장은 "정부가 모든 것을 해결할 수 없지만, 국민이 스스로 할 수 없는 일은 정부가 해야만 한다", "내가 우리의 형제자매를 보살펴야 한다"는 믿음이다. "어딘가에 살고 있는 노인이 약값을 내지 못해 고통을 겪는다면, 그가 나의 조부모가 아니라 하더라도 나의 삶은 더욱 가난해진다"는 사회적 연대감의 강조는 열악한 미국 의료보험제도의 대개혁을 예견케 한다.

그러나 그는 구세대 진보주의나 흑인 지도자들이 무조건 정부에 의존하려 하고 분노만 표출했던 것과는 달리 가정의 중요성과 도덕의 힘을 인식하고, 개인의 책임과 사회의 책임이 공히 중요하다는 점도 역설했다. 흑인 가정에서 아버지의 책임을 강조한 발언은 제시 잭슨 목사의 분노를 샀다. 그는 또 증세增稅에 의존하는 낡은 진보와는 다르게 95%의 근로 가정에 대한 감세정책을 통한 경제안정 정책안을 내세우기도 했다.

앞으로 시계의 추는 공공선을 추구할 정부의 더 큰 역할, 또는 '새로운 뉴딜'을 요구하는 방향으로 움직일 것이다. 오바마는 분명 현 금융위기의 본질인 통제받지 않은 시장의 탐욕에 대해 합리적 메스를 댈 것이다.

그러나 그에겐 세 가지 위험이 존재한다. 골수 진보가 보기에 그의 정책은 너무나 '타협적'이다. 공화당 인사까지 포함하는 거국적 내각을 구성하며 "충분히 좌파적이지 않은" 중도노선을 걸을 경우, 극렬 진보의 분노를 사 지지층의 이반을 겪을 수 있다. 반대로 정부 개입 만능주의의 구태를 완전히 못 벗어난 민주당 머신machine의 포로가 될 경우 무기력한 사회보장체제로 복귀할 수도 있다. 시장만능주의가 인간의 탐욕을 억제 못해 작금의 비극을 가져왔듯이, 과거 사회보장체제의 과잉이 의존성을 심화시키고 자율성을 파괴해 가난과 불평등을 오히려 악화하고, 만성적인 재정적자를 야기했다는 사실을 유념해야 한다. 자국 산업을 보호해 고용창출을 이루려는 보호무역주의적 성향도 문제다. 요즘 같은 경제위기에서 보호무역은 큰 유혹으로 다가온다. 그런데 1929년 시작된 대공황을 결정적으로 악화하고 국제화한 요인은 바로 스무트－홀리Smoot-Hawley법이라는 극단적 보호무역조치였다.

위기 상황에서 지속 가능한 새로운 체제를 만들어 낸다는 것은 대단히 어려운 일이다. 부디 오바마가 부시정부가 그나마 성공적으로 수행했던 테러예방대책을 지속하는 한편 대중을 설득할 공감능력, 갈등을 조정할 지도력, 그리고 사상적 깊이를 가지고 사회보장체제와 신자유주의 체제 사이에서 적절한 균형을 잡는 한편, 미국과 세계가 당면한 난제에 현명히 대처해 나가길 기대한다.

<조선일보 시론> 2008.11.12

창어 1호와 베이징올림픽

    지난 24일 중국의 첫 달 탐사선 창어嫦娥 1호 발사로 중국인들의 자부심은 하늘을 찌르고 있다. 주지하다시피 중국은 덩샤오핑의 과감한 개방정책과 시장경제 도입 이후 비약적인 발전을 거듭하고 있으며 정치 · 경제 · 군사 면에서 강대국으로 급부상하고 있다. 가히 욱일승천旭日昇天의 기세다. 미국을 추월하는 세계 최강대국으로 곧 도약할 것이라는 관측도 나오고 있다. 우리 사회 일각에서도 해양세력보다 대륙세력인 중국을 더 중시해야 한다는 시각이 힘을 얻고 있다.

    그러나 20세기 말 "21세기는 '중국의 세기'가 될 것"이라는 예측이 난무할 때, 저명 경제학자인 레스터 서로Thurow MIT 교수는 중국이 초강대국이 되려면 적어도 1세기가 더 걸릴 것이며, 오히려 유럽이 21세기를 주도할 가능성이 크다는 전망을 했다. 반짝 발전은 쉽지만 진정한 글로벌 리더가 되는 것은 장기적인 게임이라는 게 그 이유였다.

    중국은 의심할 바 없는 강대국이며 한국과는 대단히 밀접한 관계를 맺는 국가로서 영속할 것이다. 언젠가는 1등 국가가 될 잠재력도 충분하다. 그러나 그렇다고 해서 중국이 조만간 세계 공동체나 아시아 공동체의 진정한 리더가 될지는 명확치 않다. 몇 달 전 한국을 방문한 미국-동아시아 관계사의 권위인 아키라 이리에Iriye 하버드대 명예교수는 강연에서 "동아시아 각국은 서로 공유하는 가치와 전망을 찾아내 지역공동체로 나아가야" 하며, 장기적으로 공유해야 할 가치는 인권과 시민사회, 그리고 환경 등이 될 것이라고 역설했다.

이러한 기준을 놓고 봤을 때 중국은 당분간은 세계의 리더는 물론이고 동아시아의 리더가 되기에도 힘겨워 보인다. 하부구조인 경제체제는 한국보다 더 자본주의적이라는 평가를 받고 있다. 하지만 정치체제는 여전히 공산당 일당체제이며, 국가 이데올로기도 비록 대단히 변형된 형태이긴 해도 아직 공산주의인 상부구조를 갖는 기형적 이중구조가 존재한다. 발전하는 시장경제와 나날이 자유로워지는 사회체제에서 인간의 욕망은 다양한 형태로 표출될 수밖에 없다. 개명되긴 했지만 경직된 상부구조가 과연 이런 욕구를 효율적으로 충족시키거나 통제할 수 있을지가 매우 불투명하다. 이 문제가 해결되지 않고는 지속적인 경제발전 역시 불가능하다.

이러한 갈등의 전초전은 1989년의 천안문天安門사태였다. 그때는 정부가 교육받은 극소수 대학생들을 쉽게 진압할 수 있었다. 그러나 경제발전이 가속화되면서 정부섹터와는 별개인 사회섹터가 성장하기 시작했다. 1992년 생겨나 현재 3,000만 명이 넘는 회원을 가진 기공수련단체 파룬궁法輪功을 중국 정부가 무자비하게 탄압하는 등 과민 반응하는 이유는 바로 이런 집단이 자생적으로 생겨났고 정부의 통제 바깥에 존재한다는 것이다. 파룬궁은 단지 한 예에 불과하다. 소수민족 관련 인권문제를 포함한 여러 분야에서 중국은 시민사회의 초입에도 못 들어간 단계라 평가된다. 환경오염도 올림픽 진행에 걸림돌이 될 정도로 심각하다.

또한, 축구경기에서 자국 팀이 졌다고 한국 응원단을 집단 구타한다든가, 탈북자를 연행하면서 한국 외교관을 폭행한다든가, 합법적인 계약을 통해 지은 한국인 소유 호텔을 경찰력을 동원해 강제 철거하고 인권 유린을 하거나, 주중한국대사관 고위외교관인 황정일 공사가 잘못된 치료행위 때문에 사망했는데도 적절한 조치를 전혀 취하지 않고 영결식에 중국 측 조문객이 한 사람도 안 오는 충격적인 일들이 그동안 계속해서 벌어졌다. 비록 한국이 외교적 힘이 없어서 이런 사태에 대해 속수무책이지만, 사람들 마음속엔 이런 후진성에 대한 분노가 일어나게 돼 있다.

중국은 내년 베이징올림픽을, 전 세계에 '중화中華시대' 출범을 선포하고 자신의 힘을 과시하는 무대로 삼으려 한다. 그러나 진정한 리더나 초강대국이 되려면 물리적 힘만이 아니라 남의 존경을 불러 일으키는 내면적 역량도 요구된다. '하나의 세계, 하나의 꿈One World, One Dream' 베이징올림픽의 슬로건이다. 이젠 말만 아니라 이런 멋진 슬로건에 걸맞은 노력이 필요하다. 지구촌 주민들은 중국이 성숙한 시민사회와 공통된 가치라는 '꿈'을 지향하면서 '세계' 공동체의 당당한 리더로 멋있게 성장하는 모습을 보고 싶어 한다.

<조선일보 아침논단> 2007.10.29

'아프리카 친북論'은 흘러간 노래

　제2차 세계대전이 끝나고 난 후 80여 개의 식민지가 독립을 이루었다. 이 신생국들 중 대다수가 과거 지배세력들로부터의 진정한 독립과 자립적인 발전을 얻기 위해 노력해야 했으며 미소美蘇 냉전 시기에 자신의 목소리를 내려 했다. 이와 같은 상황이 바로 제3세계의 등장을 이끌었고, 이러한 노력은 인도의 자와할랄 네루가 주창한 '비동맹非同盟 중립주의'와 1955년의 제1차 반둥회의로 실체화됐다. 이렇게 제3세계의 협조와 단결을 부르짖은 비동맹 운동은 이집트의 가말 나세르, 유고슬라비아의 요시프 티토, 인도네시아의 수카르노, 쿠바의 피델 카스트로 등이 주도했고 북한의 김일성 주석도 이러한 운동에 가세해 나름대로의 성과를 얻었다.

　그러나 "미소 양진영 어디에도 속하지 않는다"는 원칙은 지키기가 힘들었고 실질적 양극체제兩極體制, bi-polar system에서 사실상 둘 중 하나에 경도된 노선을 택하는 나라가 많았다. 당시 소련은 제3세계에서의 민족주의의 힘을 간파하고 이를 전후 체제 경쟁에 적극 이용하려 했고 따라서 '비동맹'을 내걸면서도 소련 쪽에 치우친 국가가 많았던 것이 사실이다. 소련의 니키타 흐루시초프는 제3세계와의 선린善隣에 노력한 지도자였다.

　이러한 상황에서 북한은 맹렬히 비동맹 외교에 매진하게 됐고, 대한민국은 상대적으로 이들 세계와는 소원한 관계였던 것 또한 사실이다. 1970년대 엘 하지 오마르 봉고 대통령이 이끄는 가봉과의 관계 개선을 위해 한국 정부가 사력을 다한 것도 외교 경쟁에서 뒤진 아프리카에서 뒤늦게나마 외교적 교두보를 확보하기 위해서였다. 당시 북한은 제3세계에서의 외교 우위를 지속하기 위해 자신의 국력을 넘어선 지원활동을 했었다. 제3세계 국가들과 공산 반군 세력에의 지원은 훗날 북한의 경제에 부담을 주는 요소로 작용하기도 했다.

그런데 남아프리카공화국에서 안식년을 보내고 있는 한 교수의 느닷없는 발언이 이러한 옛 시절 이야기를 일깨워 주고 있다. '김일성은 위대한 근대적 지도자다'라는 제목의 이 글은 "아프리카인에게 김일성은 자신들의 지도자만큼이나 존경스러운 먼 동양의 지도자", "아프리카인들은 한국보다 북한을 더 친숙하게 생각한다"고 밝히고 있고 주한 남아공 대사관은 여기에 대해 공식적으로 반박하는 성명을 냈다.

그분의 주장은 일견 그럴듯해 보이지만 몰역사성沒歷史性이라는 치명적 결함이 있다는 것을 얘기하지 않을 수 없다. 그가 '이었었다', '했었다'라고 언급했으면 아무런 문제가 없었을 것이다. 그러나 1960, 70년대의 주장이 작금昨今에도 통하기 위해서는 그동안 환경이 근본적으로 변하지 않았다는 전제하에 자기주장을 입증하는 합당한 증거를 보여 줘야 한다. 사실 1970년대 후반 이후 세상은 경천동지驚天動地할 변화를 겪었다. 그 후 아웅산 사건에 따른 북한의 고립, 북한의 극심한 경제 실패와 한국의 눈부신 경제 성장이 극명하게 보여 준 차별성, 한국의 민주화, 88서울올림픽의 성공, 동유럽 공산권의 파산과 비동맹운동의 약화 등으로 제3세계에서 북한과 대한민국의 처지는 역전된 지 오래다.

좋은 예 중 하나가 독립정권 수립 이후 북한과 매우 친밀한 관계를 유지하고 지원을 받던 짐바브웨다. 짐바브웨는 1994년에 한국과 수교협정을 맺은 반면 북한대사관은 1998년 재정난 때문에 스스로 문을 닫았다. 짐바브웨에서 가장 큰 건물 중의 하나가 과거 북한의 지원으로 설립된 '주체사상연구소'라는 얘기를 들었다. 하지만 이런 곳에서도 북한은 소외되고 있다. 물론 이런 지역에서 북한에 대한 노스탤지어가 잔존할 수는 있다. 하지만 냉정히 살펴보면 이미 대다수가 북한이 결코 자신들의 역할 모델이 되지 못함을 깨달았던 것이다. 어쨌거나 그 교수님 덕분에 남아공은 공식적으로 한국에 친근감을 표시한 셈이 됐다.

하지만 학문적 주장은 역사성歷史性과 적실성適實性을 지녀야 한다. 한 교수의 과감한 주장은 아마도 1980년대 초반까지의 상황에서는 어느 정도 설득력이 있고 논쟁의 가치가 있는 발언이었을지도 모른다. 하지만 어찌하겠는가. 지금은 이미 21세기인 것을.

<동아일보 시론> 2005.10.21

미국서 '리버럴Liberal'이 힘을 잃은 이유

높은 범죄율, 해결 불가능해 보이는 가난, 만성적인 재정적자, 그리고 무엇보다도 가치관의 부재가 배태하는 정신적 공황의 생지옥.

이런 것들이 1980년대와 1990년대 초 미국 대도시의 모습이었다. 공화당이 중앙 정부를 장악했지만 뉴욕·워싱턴DC·디트로이트 같은 대도시들은 억울함과 피해 의식을 이용한 증오와 편 가르기의 정치전술, 자유분방하고 상대주의적인 가치관을 신봉하는 포퓰리스트들이 장악하고 있었다.

수도인 워싱턴을 파산으로 이르게 한 매리언 배리 시장과 최대도시 뉴욕이 범죄의 소굴로 변하는 데 속수무책이었던 데이비드 딘킨스 시장이 대표적인 경우였다. '약한 자'를 위한 정치를 표방하고 막대한 시혜를 해 오면서 인기를 얻은 지방 정부가 결국 그들을 파산과 타락으로 이끄는 과정은, 동기가 좋아도 방법이 나쁘면 참담한 결과가 나온다는 평범한 진리를 깨닫게 했다.

하지만 수십 년간 계속될 것 같았던 이들의 포퓰리즘은 결국 파국을 맞았다. 시혜주의와 평등주의라는 강력한 이념으로 무장한 정치세력이 이렇게 허망하게 무너진 데에는 그들의 잘못된 정책과 무능함이 자초한 측면도 있었고 이들을 대체할 만한 매력적인 대안이 존재했기 때문이기도 했다.

새로운 정치세력은 이들 도시를 짧은 시간 안에 변화시켰다. 뉴욕의 범죄율과 실업률을 극적으로 줄이는 데 성공한 공화당의 루디 줄리아니 시장은 9·11 사태 이전에 이미 '쿨'한 영웅으로 떠올랐다. 이들은 세금 인상, 과도한 사회복지, 정부 개입과 규제 같은 정책이 대변하는 '큰 정부'에 반대했다. 그리고 마약 확산, 무분별한 낙태, 전투적 페미니즘, 범죄에 대한 온정주의와 같은 급진적 문화가치에 대항했다. 그 대신 이들이 내놓은 사상의 양대 축은 시장경제에 대한 믿음이라는 경제적 신자유주의와 기독교적 가치관을 바탕으로 한 사회적 보수주의였다.

비교적 우리에게 잘 알려진 경제적 신자유주의보다는 생소하지만 그 못지않게 중요한 것이 바로 사회적 보수주의이다. 가정의 중시, 약자에 대한 보호, 선정적이고 비윤리적인 방송 매체 비판, 범죄에 대한 강력한 대응, 사형제도 폐지 반대, 애국심, 무엇보다 자율과 책임이라는 가치의 무기는 결국 사회의 분위기를 바꾸는 데 성공했다.

미국에서 좌파를 뜻하는 '리버럴'이라는 단어는 이제 무책임을 뜻하는 욕설이 돼 버렸고 '보수'를 얘기하는 것이 대세가 됐다. 미국에서는 레이건 대통령이 이런 조류의 상징적 인물이었고, 영국에서는 대처 총리가 그랬다. 빌 클린턴과 같은 미국 민주당 지도자들도 보수주의의 아젠다를 적극 포용했고, 영국 노동당 정부 토니 블레어 총리의 정책도 대처리즘의 변주에 가까웠다. 그러지 않으면 당선이 불가능했기 때문이다.

이런 영·미의 역사적 경험은 한국에도 중요한 교훈을 주고 있다. 한국의 보수는 정치경제적 자유주의와 사회적 보수주의를 양대 축으로 새로운 모습으로 거듭나야 한다. 일부의 지적처럼 새로운 보수가 창백한 시장지상주의로 오해돼서는 안 된다. 시장을 중시한다는 것은 결코 시장만능주의와 동의어가 아니다. 현대 공동체 사회에서 시장만능주의가 해결하지 못하는 부분을 메워야 하는 것이 사회적 보수주의의 역할이다.

또한 한국 사회의 무기력하고 부도덕한 일부 보수의 모습도 혁파 革罷돼야 한다. 고리타분하고 답답하고 무능한 보수, 이기적이고 냉정한 보수, 힘 앞에 굴욕적인 보수, LA 부동산 가격을 올려놓는 보수. 이것은 보수주의의 원래 이념과 거리가 멀다.

인간과 인간이 만든 제도의 불완전성을 인정하고, 격변적인 사회 개조를 부정하면서도 유기적 변화를 중시하며, 사회적 약자를 보호한다는 보수주의 기본원칙의 토대 위에 한국 사회에서 점차 실종돼 가고 있는 자율과 책임의 가치관을 더한 모습으로 치열한 자기혁신을 한 후에라야 한국의 보수는 다시 사회적 주도권을 잡을 수 있을 것이다.

<조선일보 시론> 2005.07.05

미국의 보수가 성공한 이유

미국 네오콘의 산실이었던 '퍼블릭 인터레스트Public Interest' 잡지가 얼마 전에 자진 폐간했다. 한국의 언론도 이 사실을 전혀 파악하지 못할 정도로 조용히 문을 닫았다. 전성기를 누리고 있는 저널이 자진 폐간한다는 것이 의아하지만, 정상에 있을 때 내려온다는 점에서 이해할 수 있는 일이었다.

필자는 <퍼블릭 인터레스트> 창간 주역인 어빙 크리스톨Irving Kristol 의 폐간사 '좋았던 40년간의 세월'에서 과거의 역경을 딛고 승리한 자의 의기양양함 같은 것을 기대했었다. 그러나 "포스트 산업사회"와 "이데올로기의 종언"이라는 화두로 유명한 사회학자이자 친구인 다니엘 벨과 1965년에 나눈 대화로 시작되는 이 글은 너무나 담담하고 건조하게 쓰여 있었다. 사정을 모르는 사람들이 읽는다면 무척 재미없는 글이었겠지만 공산주의자에서 전향하여 네오콘의 이론적 대부代父가 된 크리스톨이 차지하고 있는 위치를 아는 사람이라면 이렇게 "쿨cool"하게 감정을 절제할 수 있는 능력에 경탄을 금치 못할 것이다.

퍼블릭 인터레스트는 친구가 지원해준 1만 달러로 시작했고 처음부터 우파 잡지였던 것도 아니었다. 그러나 이 잡지의 필진들은 뉴딜 이후 미국 정부의 정책기조인 '큰 정부, 정부에의 의존, 분배 중심 정책'의 효율성에 회의를 갖기 시작했고, 이러한 정책이 오히려 가난·불평등·교육·성性과 같은 사회문제를 악화시켰다고 믿었다. 그리고 이러한 문제들을 해결하기 위해 철저히 실사구시實事求是적인 태도를 취했고, 결국 자발성에 기반한 '성장의 경제'를 포용하게 됐다. 그들은 더 나아가 가정의 중요성·도덕·문화·기독교와 같은 '가치의 문제'를 주요 이슈로 삼았다.

우리는 네오콘이라면 외교적 일방주의一方主義와 전 세계적 헤게모니를 추구하는 미국의 보수 세력 정도로 알고 있지만 사실 그것은 미국 사회 내부의 주류를 바꾸기 위한 문화·가치·사회운동이었다. 이러한 운동의 중심에 있던 퍼블릭 인터레스트는 점차 보수적인 재단들의 관심을 끌고 그들의 지원을 받게 되면서 영향력을 확대했다. 그렇지만 철저히 당파성을 배제하고 학구적 자세로 사회문제를 탐구했으며 결국 이념적 구분을 넘어서 인정받는 지성적인 잡지가 됐던 것이다. 이 잡지의 초기 필진들은 거의 다 좌파성향의 민주당 지지자였으며 훗날 민주당 상원의원이 되는 패트릭 모이나한을 제외하고는 전혀 정치에 참여하지 않았다는 점도 기억해 둘만하다.

미국 우파는 각고의 노력 끝에 사회의 근본적인 가치관을 변화시키는 데 성공했고 그 이론적 중심에 있던 퍼블릭 인터레스트는 새로운 미래를 위해 발전적 폐간을 했다. 물론 미국의 모든 사회문제가 다 해결됐기에 그런 것은 아니다. 다만 처음 설정했던 제한적인 목적이 달성됐기에 효용성이 다했다고 생각하고 자진 용도폐기를 한 것이다.

미국 우파의 성공에서 한국의 우파는 무엇을 배울 것인가? 그들은 더 나은 사회를 만들기 위해 고민했고 그 결과로서 도출된 철학을 가지고 사회와 정신을 근본부터 바꾸는 운동을 전개했다. 미국 우파의 정신적 리더들은 정권 탈환이나 일신一身의 영달 같은 작은 문제에 연연하지 않았다. 그러기에 이렇게 '쿨cool'한 크리스톨의 폐간사도 나올 수 있었던 것이다.

이에 반해 한국의 우파는 과거 영화榮華의 기억에서 벗어나지 못하거나 긴 호흡을 갖지 못하고 정권 탈환 수준에만 관심이 머물러 있지는 않은가? 혹은 자신의 가치관도 정립하지 못한 채 현실에만 안주하는 기회주의적 모습을 보이고 있는 것은 아닌가? 한국의 좌파는 1980년대 이후 치열한 자세로 사회를 밑으로부터 변화시키는 문화 · 가치 · 사회운동에 성공했다. 이제 한국의 우파는 그 이상의 노력과 치열함으로 그들과 경쟁해야 한다. 그것은 정치투쟁과 같은 수준이라기보다는 누가 현실 문제를 더 잘 해결할 것인가를 놓고 벌어지는 실용적인 논쟁이고 밑으로부터의 문화경쟁인 것이다.

<조선일보 시론> 2005.06.10

전통주의와 수정주의를 넘어

: 冷戰책임을 舊소련서 찾던 전통주의에 다시 힘 실려

　냉전시대는 미국과 소련을 각각 수장으로 하는 양진영이 서로를 절멸시킬 수 있는 능력을 보유한 채 이념을 중심으로 무한경쟁을 하고 대치했던 시기였다. 그러나 정작 몇 차례 대리전을 제외하면 그것은 '긴 평화Long Peace의 시대'이기도 했다.

　냉전사를 둘러싼 국제정치학계의 논쟁은 치열한 양상을 띤다. 초창기 냉전연구의 주도권은 허버트 파이스Herbert Feis와 조지 케넌George Kennan 같은 전통주의자들이 잡았다. 이들은 냉전의 기원과 격화가 주로 소련의 팽창주의적 행태에 원인이 있다는 소련 책임론의 입장을 견지했다. 이들은 소련의 공산주의적 팽창을 막기 위해 미국이 자유세계의 전사로 활동한 측면을 강조했다.

　그러나 이러한 전통주의에 대한 비판적 태도를 견지하는 새로운 조류인 수정주의가 60년대 초반에 태동해 베트남 전쟁의 격화와 함께 발전해 나갔다. 미국 자본주의의 근본적 문제점을 비판했던 혁신주의 사학자들의 영향과 베트남전으로 격발된 뉴레프트의 조류 속에서 그들은 냉전의 책임을 주로 미국, 특히 미국의 경제적 팽창욕구에 묻고 있었다.

　수정주의 태동기에 가장 영향력 있었던 저서는 윌리엄 애플먼 윌리엄스William Appleman Williams의 '미국 외교의 비극'이었다. 윌리엄스가 위스콘신대학 재직 때 키워낸 일군一群의 제자들과 그를 추종하는 학자들을 가리켜 위스콘신 학파라는 이름이 붙여졌고, 콜코Kolko 부부, 토머스 매코믹, 로이드 가드너와 같은 학자들이 이 학파의 중심적인 역할을 담당했다.

이 학파는 전통주의자들의 일방주의적 냉전해석을 탈피해, 보다 넓어진 지평을 제시했지만 또 다른 도그마를 창출했다는 비판을 받기도 했다. 거대담론체계에 매달려 실증적 연구에 소홀했거나 역사적 사실을 거대담론에 무리하게 끼워 맞추려한 점이 많았다. 소련과 공산권에 대한 연구나 소련 쪽 자료 탐구는 전혀 없는 가운데 냉전 전반에 대해 균형 잡힌 해석을 하지 못했던 점도 심각한 결함이었다.

이러한 대립 속에서 변증법적 합슴synthesis의 논리로 나타난 것이 후기 수정주의post-revisionism, 탈수정주의라고도 함다. 갓 서른을 넘긴 젊은 학자인 존 루이스 개디스John Lewis Gaddis가 1972년 내놓은 『미국과 냉전의 기원』은 새로운 조류의 탄생을 알린 전주곡이었다. 미국의 최우수 역사학 저작에 주어지는 밴크로프트상Bancroft Prize을 수상한 이 책은 후기 수정주의의 시대를 예견한 역작이었다.

이후 후기 수정주의적 연구들은 매우 다양한 모습을 보이며 발전해 나갔고 80년대 들어 완연한 모습을 나타냈다. 당대의 학자들에게 큰 영향을 미친 83년의 한 논문을 통해 개디스는 이러한 현상을 "떠오르는 후기 수정주의적 통합emerging post-revisionist synthesis"이라고 표현했다.

후기 수정주의는 냉전 초래의 책임을 미국과 소련 어느 한쪽에만 물을 수 없다는 절충주의적 입장을 취했다. 후기 수정주의학파는 한쪽에만 책임을 묻는 당시의 조류를 배격하고, 결국 미소 양국 모두가 전쟁 이후 자신의 전 세계적 영향력을 확보하려는 '제국'의 형태를 띠었고, 이 와중에 냉전이 격화되었음을 주장했다.

우리나라에서는 80년대 진보운동의 영향으로 수정주의 계열의 책들이 많이 번역됐지만 후기 수정주의계열의 연구는 거의 소개되지 못한 채 냉전해체기를 맞았다.

이러한 냉전사의 연구방향은 냉전해체기에 들어 큰 전환점을 맞이한다. 한 시대가 마감되며 새로운 자료들이 쏟아져 나오자 '새로운' 냉전사 연구의 시대가 왔던 것이다. 일단 미국의 우드로 윌슨 센터는 워싱턴에 냉전국제사 프로젝트Cold War International History Project를 세워 쏟아져 나오는 자료들을 정리하고 냉전사 연구를 지원하는 작업을 하고 있다. 이러한 전환을 주도한 것도 개디스였다. 이 프로젝트의 자문위원이기도 한 그는 92년 12월 윌리엄스의 저서명을 패러디한 것으로 보이는 '냉전사의 비극'이라는 제목의 미국국제관계사학회SHAFR 회장직 취임연설에서 스탈린의 잔인한 성격과 행동이 소련의 냉전 정책에 결정적 요인이었다는 견해를 밝혔다. 소련을 비롯한 동구권의 붕괴 이후 쏟아져 나온 공산권의 비밀자료들과 그에 따른 새로운 해석들로 인해 개디스와 같은 우파 후기수정주의 학자들은 전통주의적 관점에 경도됐던 것이다. 즉 그동안 분석이 불가능했던 문서들을 비교적 자유롭게 볼 수 있게 되면서 스탈린 체제와 그 이후 소련체제의 부도덕성이 밝혀지자 냉전 초래의 책임은 전체적으로 소련의 권위주의에 있다는 쪽으로 변해 갔다. 일부 학자들은 이러한 견해를 '문서로 무장한 전통주의traditionalism with archives로의 회귀'라고도 평했다.

또한 개디스는 미국과 소련 모두 제국이었다는 기존의 자신의 해석을 견지하면서도 노르웨이의 저명한 후기 수정주의 사학자이자 노벨평화상위원회 사무총장인 가이르 룬데슈타드Geir Lundestad가 90년

'비교 관점에서 본 미 제국과 미국외교정책에 대한 연구'에서 주장한 논리를 발전시켜 미국은 '초대받은 제국empire by invitation'인 반면 소련은 '강압에 의한 제국empire by coercion'이었음을 구별하고자 했다.

여기에 대한 격한 반론은 수정주의 계열에서 주로 나왔다. 한국전쟁에 대한 수정주의적 해석으로 유명한 브루스 커밍스Bruce Cumings는 <후기 수정주의를 수정함>이란 논문에서 개디스의 회귀가 퇴행적이라는 취지로 맹렬한 비난을 했다. 이러한 커밍스의 입장에 대해 캐스린 웨더스비나 윌리엄 스툭은 새로운 사료들에 기반한 실증적 연구를 통해 한국전쟁에 대한 커밍스의 논리가 틀렸음을 거꾸로 공박하기도 했다.

이러한 논쟁은 냉전사 연구를 넘어서 현 탈냉전시대의 성격규정에 대한 논쟁으로 이어지고 있다. 특히 유일 초강대국이 된 미국에 대한 성격규정을 놓고 벌어지는 제국논쟁이 가장 큰 관심을 끌고 있다. 노엄 촘스키, 이마누엘 월러스타인, 안토니오 네그리와 같이 미제국 또는 제국일반에 대해 부정적인 의견을 내놓는 학자들과 니알 퍼거슨, 즈비그뉴 브레진스키, 조지프 나이, 존 개디스와 같이 '제국의 오만'과 결점을 경계하지만 기본적으로 자유의 제국으로서의 미국의 역할을 강조하는 학자들이 풍부한 논의를 계속하고 있는 것이 냉전사 연구의 현주소다.

<조선일보 세계의 지식사회, 이것이 화두(15)> 2004.12.16

1980년대 탈냉전과 한국

<[편집자] "냉전Cold War은 서로를 완전히 파괴할 능력이 있던 미국과 소련을 각각 수장으로 하는 두 진영이 이념을 중심으로 무한 경쟁하던 시기였습니다. 그러나 냉전은 직접적인 열전Hot War으로 이어지지 않은 채 끝난 '긴 평화'의 시대이기도 했어요."

11일 오후 서울 종로구 세종로 동아미디어 센터 21층 대강당에서 열린 2004 청소년 역사 강좌 제11강에서 '1980년대 탈냉전과 한국'을 주제로 강연한 강규형 명지대 교수(냉전사)는 잘 알려지지 않은 냉전 해체의 뒷이야기를 적절히 섞어 가며 300여 명의 청중을 사로잡았다. 다음은 강연 요지.>

· 2차 냉전과 KAL기 피격 사건

1989, 90년에 냉전체제는 붕괴했다. 그러나 새벽이 오기 직전에 가장 어두운 것처럼 냉전체제는 1980년대 초반 심각한 대치 상태에 빠졌다. 이른바 2차 냉전(또는 신냉전)이 절정으로 치달았다.

1979년 12월 소련의 아프가니스탄 침공은 1970년대 데탕트(긴장 완화)의 종언을 가져왔고 2차 냉전시대의 개막을 알렸다. 1980년 미국 대통령 선거에서 승리한 보수 반공주의자 로널드 레이건은 소련에 대한 군사적 우위를 추구하는 정책을 펴 나갔다. 소련을 '악의 제국'evil empire'으로 규정한 1983년 3월 8일의 연설과 2주 뒤 스타워즈Star Wars 계획, 즉 전략방위구상Strategic Defense Initiative · SDI 천명이 대표적이었다.

레이건의 대對 소련 강경 방침을 결정적으로 강화시킨 것이 1983년 9월 1일 소련의 대한항공KAL 007기 격추 사건이었다. 국제 정세의 긴장이 심화됐을 때 KAL 007기는 부주의하게 소련의 군사요충지 상공을 날았고, 과민 상태의 소련 공군이 과잉 대응하면서 큰 비극이 벌어졌다. 이 사건으로 냉전체제의 긴장은 더욱 심화됐다. 동서 양측은 상호 체제의 공고화와 합리화를 위해 사실을 왜곡하고 이용했다. 서로 이해하며 더 합리적으로 해결할 수 있었던 사건도 필요 이상으로 커져 갈등 구조가 심화된 것이다.

반면 이 사건으로 긴장 상태가 일단 절정에 이르자 '열전'으로의 확대를 방지하기 위해 양측이 노력하면서 급격한 안정 상태로 향했다. 이러한 상황은 당시 공산권의 한계상황과 변화라는 세계사적 조류와 맞물리면서 냉전체제 해체의 싹을 틔우는 역할을 했다.

· 1988년 서울올림픽과 탈냉전

서울올림픽 유치는 당시 지식계와 대학가에서 조소의 대상이었다. 태생적 한계가 있는 전두환 정권이 국민을 현혹하려는 '정치 쇼'라는, 어느 정도 일리가 있는, 냉소적이고 적대적인 감정이 존재했다. 그러나 서울올림픽은 세계사에 예기치 못한 영향을 끼쳤다.

KAL기 사건을 전후해 대외적인 정책 변화를 탐색하던 소련은 고르바초프라는 새로운 지도자가 출현하면서 본격적으로 '개혁(페레스트로이카)'을 추구했다. 소련의 체제 변화 필요성을 절감한 고르바초프는 1985년 집권 이후 꾸준히 변화를 추구했고 1988년경 '대내외적으로 대규모 개혁이 필요하다'는 결론에 이르렀다. 소련의 숨가쁜 변화와 함께 서울올림픽이 열렸고 소련을 비롯한 동유럽 국가들의 참여는 새 시대를 표방하는 상징이 됐다.

북한은 서울올림픽의 남북 공동 개최 시도가 실패하자 공산권의 보이콧을 주장했지만, 고르바초프는 김일성 주석에게 소련 및 동유럽 국가들의 서울올림픽 참가를 일방적으로 통보했다. 이는 북한이 '소련 주도의 사회주의 동맹의 성격이 변했다는 것을 깨달은 첫 번째 사건'이었고, 고르바초프가 세계를 놀라게 한 '조금 더 평화로운 세계로 가는 또 다른 신호'였다. 서울올림픽 이후 탈냉전의 속도는 빨라졌다. 1988년 12월 유엔을 방문한 고르바초프는 공개적으로 냉전의 종식을 천명했다.

이러한 성공은 한국이 동유럽 국가들과 수교하는 데 큰 역할을 했고, 동유럽권의 해체와 공산주의의 종언에 제한적이나마 도움을 주었다. 자본주의 세계의 변방 정도로 알려져 있던 한국의 경제적 성공은 소련을 위시한 공산권에는 '삼키기 힘든, 그러나 삼켜야 할 쓴 약'이었다.

▼ 제11강서 쏟아진 질문들 ▼

강연이 끝나자 1980년대 중후반에 태어나 냉전체제는 물론 1988년 서울올림픽에 대한 기억조차 희미한 중고교생들의 질문이 이어졌다.

민지윤 양(17, 이화여자외국어고 2년)은 "올림픽 공동 개최 시도가 실패한 것 외에 북한이 서울올림픽 참가를 반대한 이유는 무엇인지 궁금하다"라고 물었다.

강사인 강규형 교수는 "소련의 변화와 서울올림픽 개최 등으로 1987~88년은 북한 지도부에 악몽의 시기였다. 북한으로서는 남한의 잔치에 들러리를 설 수 없었을 뿐만 아니라 참가 자체가 자기 체제의 실패를 자인하는 것이기 때문에 서울에 올 수도 없었다"며 "87년 KAL기 격추 테러는 서울올림픽에 대한 북한 지도부의 불안과 스트레스를 잘 보여 준다"라고 말했다.

이지현 양(18, 의정부여고 3년)은 "83년 KAL기 격추사건이 왜 '냉전체제 해체의 싹'이 될 수 있었느냐"고 물었다.

강 교수는 "냉전체제의 특징 중 하나는 긴장이 급박하게 고조하다 전쟁으로 치닫지 않고 급격한 안정을 이루는 것이다. 1962년 미국과 소련의 쿠바 위기가 좋은 예다. 전쟁 직전까지 갔지만 미-소 수반 간에 최초로 '핫라인hot line'이 설치될 정도로 안정화됐다. KAL기 사건으로 양측의 긴장이 급속히 고조됐지만 소련 내의 체제 변환과 맞물려 급격한 안정의 흐름을 탔다."

이경은 양(15, 윤중중 3년)은 "고르바초프의 페레스트로이카에 대한 동유럽 공산권과 소련 내부의 반대는 없었느냐"라고 질문했다.

강 교수는 "제2차 세계대전 후 소련군이 진주해 만든 정부가 많았던 동유럽권 국가들은 일부 집권층만 빼고는 고르바초프의 개혁을 가장 반겼다. '시나트라 독트린'이라고 불린 그의 주장은 '소련은 소련의 길을 갈 테니 너희는 너희의 길을 가라My Way'는 것이었다. 그러나 이에 반대하는 소련 보수파는 쿠데타를 일으켜 고르바초프를 감금하기도 했지만 결국 성공하지 못했다."

▼고양외고 김민석 군 – 김수미 양 대화▼

"한 학생이 굴렁쇠를 굴리며 잔디밭을 지나가는 장면이 기억나요."
고양외국어고 일본어반 3학년 친구인 김민석 군(18)과 김수미 양(18)의 서울올림픽에 대한 기억은 어렴풋하게나마 '굴렁쇠'가 거의 전부다. 크면서 자주 들은 올림픽 주제가 '손에 손잡고' 정도가 귀에 익었을 뿐이다.

▽수미＝학교에서 근현대사와 국사 과목을 모두 선택해서 들었는데 '지금의 역사'가 부족해 아쉬웠어. 오늘 강의처럼 살아 있는 현대사를 들을 기회는 별로 없었잖아.

▽민석＝그래. 서울올림픽에 대한 책이 있다는 것도 이번 강연을 통해서 처음 알았어.

▽수미＝대한항공KAL 007기 격추사건이 한 시대의 흐름에 미친 영향을 알 수 있었던 것은 아주 큰 수확이야. 단편적인 사건이라도 그 시대의 맥락에서 다시 조명해야 한다는 교훈을 얻었어.

▽민석＝냉전이 대립만은 아니었다는 해석도 신선했어. 또 냉전체제의 해체 과정에서 고르바초프라는 지도자의 노력과 미소 두 진영 내부의 정치적 흐름을 세부적으로 접근할 수 있어서 좋았지.

▽수미＝그동안 대학에 다니는 언니한테서 접한 역사책은 좀 한쪽으로 치우친 경향이 있었는데 청소년 역사 강좌를 들으면서 역사에 대한 여러 관점이 있다는 걸 배웠어.

▽민석＝9월 수시에 붙고 나서부터 이 강좌를 들었는데, 집에 계

신 할아버지와 이야기를 많이 하게 됐어. 6·25전쟁을 직접 겪으신 할아버지와 이야기하면서 역사에 대한 새로운 시각도 얻을 수 있었지.

▽수미＝대학에 가서 역사를 공부할 때 여기서 들은 강좌가 큰 도움이 될 거 같아.

▽민석＝나도 교과서에서 접할 수 없는 부분들이어서 좋았어. 하지만 역사 강좌가 다음 주로 끝난다고 하니까 좀 아쉽네.

<동아일보 청소년 역사 강좌> 2004.12.13

지구촌 분쟁 美개입 필요성 강조, 사만다 파워
: 『미국과 대량학살의 시대』 서평

　20세기는 문명이 가장 발달했던 시대였지만 대량학살이 가장 큰 규모로 자주 일어난 시대이기도 했다. 구舊유고슬라비아에서 특파원으로 일했고 지금은 하버드대 케네디 행정대학원에서 가르치는 사만다 파워. 2003년 논픽션 부문 퓰리처상을 수상한 '미국과 대량학살의 시대'(에코리브르, 36,000원)에서 저자는 20세기의 대표적인 대량학살을 개관하고 미국에 방관의 책임을 묻고 있다.

　보스니아 사태에서 격발된 파워의 문제의식은 유대인 대학살이나 킬링필드 같은 주제 외에 잘 알려지지 않은 비극에도 미친다. 1차 세계대전 중 자행된 터키의 아르메니아인 대학살이나 아프리카의 르완다 사태처럼 참혹함에서는 결코 덜하지 않았던 사건들까지 파고든 것이다. 저자의 개인적 경험 때문이겠지만, 보스니아 사태에서 이슬람교도 등이 저지른 학살은 간과하고 있는 오류가 나타나기도 한다. 저자는 더 큰 규모로 자행된 세르비아인들의 학살에만 중점을 두고 있다. 하지만 이 책의 주제가 특정 사건에 대한 집중분석이 아니고 그 동안 눈감아 왔던 20세기 가장 추악한 사건에 대한 고발이란 점과 강대국들의 무관심에 대한 질타라고 봤을 때 사소한 오류는 큰 문제가 아니다.

　이 책은 요즘 유행하는 수준 낮은 '미국 때리기'와는 질적으로 다르다. 그런 책들이 흔히 얘기하는 미국의 영향력 비판과는 달리 저자는 오히려 대량학살과 같은 인권문제에 미국의 적극적인 개입을 요구한다.

그러나 저자가 의도했든 의도하지 않았든 이 책은 역설적이게도 이 문제에 대한 강대국들의 근본적인 한계를 보여 준다. 어떤 나라의 국민이건 기본적으로 자신과 관련 없는 사안에 대해서는 처음부터 무관심하거나, 짧은 기간 관심을 보이다가 곧 무관심해질 수밖에 없기 때문이다. 그렇기 때문에 이 같은 문제에 대해 깨어 있는 용감한 사람들의 역할이 더 클지 모른다. 저자는 이러한 사람들의 행동을 찬양하고 결국 지구상에서 벌어지는 대량학살은 인류 전체의 문제라는 것을 설득력 있게 주장한다. 국제적인 인권문제에 관심이 있는 사람들에게는 필독서라 할 것이다.

<헤럴드경제> 2004.11.14

---

* 저자인 사만다 파워는 2013년 8월 현재 미국의 주UN대사로 임명(2013년 6월)돼 재직 중이다.

체르노빌Chernobyl 사태와 용천폭발사고
: 은폐, 허위, 그리고 시인?

1986년 4월 26일 새벽 1시경.

소련 우크라이나공화국 수도 키예프에서 130km 떨어진 체르노빌에서 인류역사상 최악의 핵발전소 사고가 터졌다. 소련체제는 공산체제답게 이 사고를 숨겼다. 하지만 스웨덴 원자력발전소가 방사능 유출을 감지했다. 처음에는 자신의 발전소에서 문제가 있는 것으로 판단했지만 곧 소련에서 방사능이 날아온 것을 알아내고 소련정부에 문의한다. 하지만 소련정부는 처음에는 이것을 부인했다. 그러나 세계는 점차 소련에서 심각한 사고가 터졌음을 눈치챘고 소련정부는 28일 저녁 원자로 사고가 터진 것을 공식 시인했지만 그것의 정도를 축소 은폐했으며, 그 사이 소련지도층은 체르노빌 주변의 친지들에게 대피할 것을 알렸고, 그리고 나서야 30일에 주민대피를 명령했다. 물론 그 사이 피해는 더 커져만 갔다. 그 다음에야 소련정부는 국제적인 도움을 요청했다.

물론 국제사회는 이 요청에 적극적으로 호응을 해서 대대적인 도움을 줬다. 이 구호사업에 가장 헌신적으로 참여해 영웅적인 구호활동을 펼쳤던 사람 중 하나는 세계적인 방사능 전문의인 미국의 로버트 게일Robert Gale박사였다. 그는 훗날 이 경험을 『마지막 경고 : 체르노빌의 유산』이라는 책으로 펴내기도 한다. 하지만 우크라이나는 아직도 이 사고의 후유증에서 벗어나지 못하고 있다. 체르노빌의 비극은 아직도 계속되고 있는 현재진행형이며, 환경적인 피해정도는 상상을 불허한다고 한다.

문제는 이 체르노빌 사태가 소련공산체제의 비효율성과 비밀주의, 정부의 정보독점, 의료의 후진성, 무사안일주의, 인명경시, 그리고 무엇보다도 위선성을 낱낱이 들어내는 계기가 됐다는 점이다. 그러나 출범한지 얼마 안 되는 개혁적 마인드를 가진 고르바초프체제는 이 사건을 페레스트로이카와 글라스노스트라는 개혁, 개방노선을 진전시키는 기회로 삼았다. 또한 냉전시대 양진영의 가교역할을 역할을 했던 아만드 햄머Armand Hammer가 잘 지적했듯이 체르노빌 사태는 동·서 양진영 사이에 이념과 체제를 넘은 인도주의적 구호를 촉발시키는 계기로 작용하여 냉전종식을 앞당기는 작은 요소가 되기도 했다.

　용천사태가 터지자마자 제일먼저 생각난 것이 바로 이 체르노빌 사태였다. 두 비극은 정도는 다르지만 용천사태에서 나타난 북한체제의 문제점과 체르노빌이 표출했던 소련공산체제의 문제점은 크게 다르지 않다고 생각한다. 북한정부는 대표적인 "닫힌 사회"답게 사고 발생 후 이틀이 지나서야 이 사고를 국제적으로 시인했다. 국내보도는 철저히 통제하다가 24일 밤에서야 짤막한 국내보도를 시작했다고 한다. 하지만 86년 당시 소련체제가 그랬던 것처럼 북한체제가 용천폭발사고를 체제의 개혁과 개방을 서두르게 하는 계기로 삼아야 할 것이라는 생각이 든다. 문제는 김정일 위원장은 고르바초프가 아니라는 사실이다. 그러나 모쪼록 김 위원장과 북한정권이 고르바초프가 가졌던 지혜를 배워 이 비극을 슬기롭게 대처해 나가길 기원한다. 역사는 인간의 유일한 데이터베이스이다. 거기서 배우지 못하면 어디서 배울 것인가?

<업코리아> 2004.04.25

존 케리John Kerry에 대한 단상

미국에는 케리라는 이름을 공유한 두 명의 거물 정치인이 활동했었다. 하나는 존 케리 하나는 밥 케리. 둘 은 나이가 비슷한 베트남전쟁의 영웅이고 제대 후에 반전 운동을 펼친 전력도 같고, 진보적인 미남 상원의원으로 미국 민주당의 총아였다는 공통점도 있었다.

이 두 케리 중 먼저 스포트라이트를 받은 것은 네브라스카의 밥 케리였다. 유명 영화배우 데브라 윙거의 애인으로도 널리 알려졌고 열정적인 성격과 카리스마를 갖춘 그는 이전 민주당 대통령 후보 경선에서 만만치 않은 대중성과 득표력을 보였지만 언제부턴가 잊혀진 인물이 됐다. 이에 반해 상대적으로 온건한 정책과 신중한 성품의 존 케리는 이제 미국 대통령선거의 초점이 되고 있다.

좋은 집안 출신의 명문 예일대생이었다가 월남전에 해군장교로 복무하면서 다수의 무공훈장을 받고 부상경험도 갖고 있으며 제대 후에 전쟁의 참혹함을 알리는 전도사역할을 하던 그는 변호사 자격 취득 후 순조롭게 매사추세스 주의 상원의원으로서 정치적 역량을 쌓아갔다.

몇 일전 코미디언이자 풍자가인 데니스 밀러가 텔레비전 프로에서 각 대통령 후보들을 조롱하다가 존 케리에 대해 얘기해달란 부탁을 받자 정색을 하고 "나는 존 케리를 찍지 않을 것이다. 하지만 그가 베트남에서 고생한 과정을 잘 알고 그를 존경하기에 그를 조롱하고 싶은 생각이 전혀 없다"고 말해 관객들의 박수를 받은 것을 보면 그가 얼마만큼 미국정계에서 신망을 받는 인물인지 알 수 있다.

한 번의 이혼경험, 병마와의 싸움 등의 역경을 이기고 침착하고 합리적인 이미지로 미국 정계의 존경받는 인물이 된 그는 몇 년 전 전 미국의 관심을 끌었던 빅매치였던 공화당의 유망주 밥 웰드 매사추세츠 주지사와의 상원의원 선거에서 이긴 후 지금까지 탄탄대로를 걷고 있다. 그렇지 않아도 부자인 그는 하인즈그룹의 상속자이자 펜실베니아주 출신 상원이었다가 비행기사고로 사망한 존 하인즈의 미망인과 재혼하면서 또 한 번 세간의 이목을 집중시켰다. 하인즈 미망인의 재산은 6억 달러가 훨씬 넘는 것으로 추정되고 있다. 적어도 케리가 정치자금에서 자유로울 것이라는 추측을 가능케 하는 부분이다.

처음 민주당의 선두주자였던 하워드 딘 전 버몬트 주지사가 "광딘 병"이니 마틴 루터 킹 목사의 유명한 "나는 꿈이 있어요I have a dream" 연설을 패러디한 "나는 외침이 있어요I have a scream"라는 유행어를 탄생시킨 엽기적이고 불안정한 아이오와주 코커스 이후 연설을 한 후에 신망을 급속도로 잃을 때 그의 안정성과 신뢰감은 선두주자로 떠오르는 데 결정적 요소로 작용하는 듯하다. 아직 민주당 예비선거가 갈 길은 멀지만 국제정세에 밝고 정치경험도 풍부하며 식견과 중후함을 가지고 있는 그에게 민주당원의 기대가 쏠리는 것은 분명해 보인다.

'조금 이상해 보이지만 그래도 잘 생긴 얼굴'이라는 평을 받는 외모와 특이하지만 정도를 걸은 인생역정, 풍부한 자금력과 넓은 인지도가 그의 장점이다. 이러한 장점을 잘 살리고 부시를 이길 수 있는 대안이라는 그의 이미지를 잘 살린다면 요번 미국 대통령선거는 의외로 재미있는 선거가 될지도 모른다는 생각이 든다. 대단한 부자인 그가 빈곤층을 포함한 소외계층의 대변자라는 슬로건과 어떻게 조화할 것인지. 부시와 차별화되면서도 실효성 있는 경제정책의 대안을 가지고 있는지. 동북부 출신의 그가 지역정서를 극복하고 남부의 지지를 받을 수 있는가. 그리고 부시와 네오콘에 대적하는 자신만의 미국의 세계정책 청사진을 보여 줄 수 있는지에 따라 그의 민주당 경선승리와 더 나아가 미국 대선 승리 여부가 결정될 것이다.

<업코리아> 2004.01.29

---

* 존 케리는 2013년 8월 현재, 오바마 행정부 2기의 국무부장관으로 재직 중이다.

두 천재의 죽음 – 레니 리펜슈탈과 에드워드 텔러

오늘 두 천재의 부음이 동시에 들렸다.

하나는 히틀러가 총애했던 천재 감독 레니 리펜슈탈Riefenstahl, 하나는 히틀러 치하를 탈출했던 헝가리 출신의 유태인이자 미국 '수소폭탄의 아버지' 에드워드 텔러Teller.

공교롭게도 나치체제와 관련이 된 천재들이지만 너무나 다른 삶을 살았던 두 사람이 거의 같은 날 고령으로 사망한 것은 우연이라기에는 묘한 느낌이 든다.

리펜슈탈, 마티 제공

사실 리펜슈탈이 아직 살아 있다고는 생각지도 못했다. 대단한 미모를 가진 배우 출신의 젊은 여감독으로 그녀는 히틀러의 전폭적인 지원을 받으며 1934년 나치의 뉘른베르크 전당대회를 기록한 "의지의 승리"와 같은 나치 선전 영화들을 감독했고, 역사상 가장 위대한 기록 영화 중 하나인 "베를린올림픽" 다큐멘터리 제작을 총지휘했던 인물이기도 했다. 영화에 있어서 이동식 레일사용, 클로즈 업 등 혁신적인 기법을 도입했으며 영상매체가 선전선동에 있어서 얼마만큼 큰 역할을 했는지 보여 주는 좋은 예가 그녀인 것이다.

우연한 기회에 본 베를린올림픽 다큐멘터리는 다큐영화라기보다는 예술에 가까웠다. 마지막 마라톤 경주에서 일장기를 단 두 한국 청년 "손"과 "난"(손기정과 남승룡 선수의 일본 이름)이 피니시 라인까지 들어오는 과정은 리히아르트 슈트라우스의 음악과 더불어 리드미컬하게 전개됐기에 하나의 단편 영화를 보는 듯했다.

반면 에드워드 텔러는 유태인으로서 미국에 와 물리학에서 혁혁한 업적을 내며 맨해튼 프로젝트라는 원자폭탄 프로젝트에도 참여했고, 나중에 미국 수소폭탄 제조의 중심인물이 되는 사람이다. 소련 수소폭탄의 아버지였으며 나중에 인권운동가로 변신해 탄압받고 유배생활을 했기에 소련의 양심이 되고 노벨 평화상을 수상 받은 사하로프 박사가 러시아에 있었으면 미국에는 텔러 박사가 있었던 것이

에드워드 텔러

다. 그는 권위 있는 엔리코 페르미상 수상자였고 올해 민간인 최고의 영예인 '대통령 자유메달'을 수상했던 인물이기도 하다.

또 하나 생각나는 것은 냉전 말기에 큰 이슈로 떠오른 "별들의 전쟁 계획"SDI의 실질적인 입안자가 노령의 텔러 박사였다는 사실이다. 불가능해 보였고 막대한 돈이 들어갔던 SDI 프로젝트의 중요성과 가능성을 역설하고 결국 레이건 대통령의 결심

을 굳힌 사람이 텔러 박사라고 한다. 결국 미국의 SDI 강행은 소련으로 하여금 넘을 수 없는 기술격차를 인정하고 탈냉전을 가속시켰던 요인으로 평가되고 있다. 텔러 박사는 그 이전에도 反전체주의적 사상에 기반한 대소 강경주의자로 알려져 스탠리 큐브릭 감독의 유명한 반핵 풍자영화 <닥터 스트레인지러브 또는 내가 폭탄을 두려워하지 않고 사랑하게 된 과정(1964)>이라는 명작의 모델이 되기도 했다.

리펜슈탈은 향년 101세, 텔러는 향년 95세. 참 장수했다는 느낌이 든다.

전혀 다른 길을 걸어갔지만 부정적이건 긍정적이건 후대에 큰 족적을 남긴 두 사람의 부음을 동시에 들으며 여러 상념이 떠오른 것은 두 사람의 인생을 보며 20세기의 상처가 아직도 21세기에 남아 있다는 것을 강하게 느꼈기 때문이리라.

<업코리아> 2003.09.10

인권에 대한 나탄 샤란스키의 불굴의 신념

: 『민주주의를 말한다 - 폭정과 테러를 극복하는 자유의 힘』 서평

자유의 전사가 세계에 부르짖는 '자유화의 힘'

서평자가 나탄 샤란스키Natan Sharansky에 대해 처음 안 것은 유학시 소비에트 러시아사를 공부하면서이다. 소련의 반체제 인권운동가에 대한 관심이 생기면서 자연스럽게 샤란스키와 부코프스키와 같은 불굴의 의지를 가지고 인권운동을 전개해 갔던 사람들의 이름이 친숙한 존재가 됐다. 이들은 당시 사하로프나 아말리크와 같이 국제적인 인지도를 가진 인권운동가들은 아니었지만 소련내부의 인권운동사에 있어서 결코 덜 중요한 사람들이 아니었다.

1948년생인 샤란스키는 사하로프 박사의 통역관으로 일하면서 본격적인 인권운동을 시작했다. 그는 소련 내 유태인들의 인권문제를 비판하면서 유태인들이 이민갈 수 있는 권리를 달라고 주장하다가 1977년 반역과 미국에 대한 스파이 혐의로 13년을 선고받았다. 샤란스키는 악명 높은 KGB의 수용소에서의 16개월간의 독방 생활을 거쳐 무려 9년 동안 시베리아 강제수용소 생활을 하다가 1986년 2월 레이건 대통령의 강력한 요구와 고르바초프 서기장의 대서방 유화정책이 맞아떨어져 동서독 국경에서 "스파이 상호교환 프로그램"으로 극적으로 풀려났다. 이스라엘로 이주한 샤란스키는 영웅적인 대접을 받으면서 이스라엘 내 이민자들의 권익을 위한 정당을 소련출

신의 이민자들 중심으로 창설하고 정계에 투신해 각료생활을 하였으며 얼마 전 사임할 때까지 예루살렘·해외 유대인 담당 장관직을 맡았었다.

인권에 대한 불굴의 의지를 가진 인간승리의 전형인 된 그가 최근 써낸 책이 바로『민주주의를 말한다 : 폭정과 테러를 극복하는 자유의 힘The Case for Democracy : The Power of Freedom to Overcome Tyranny and Terror』이다. 이 책은 특히 조지 부시대통령의 애독서로 그의 외교정책의 근간을 이룬다는 점에서 큰 관심을 끌었다.

책을 읽기 좋아하지 않는다는 부시가 통독을 하고 감명을 받았으며 주위 사람들에게 읽기를 권한다는 기사가 나가기도 했다. 그런 점에서 이 책은 한 인권운동가의 단순한 주장 차원이 아닌 국제정치의 주도적 패러다임을 구성한 사상으로서 면밀히 분석해야 할 대상인 것이다.

이 책에서 샤란스키는 공포세계에 살고 있는 사람들에게 필요한 것은 악의 세력에 마주설 수 있는 내면의 용기이고, 자유세계에 살고 있는 사람들에게 필요한 것은 악의 세력을 알아볼 수 있는 도덕적 분별력이라는 점을 반복해서 강조한다. 샤란스키가 이런 악의 세력의 하나로서 북한 김정일 정권을 지목하고 있는 것은 놀랄 일이 아니다.

그의 스승이자 이 책의 헌정대상인 안드레이 사하로프 박사가 생전에 자주 얘기했던 말인 "자국 내 국민들의 권리를 존중해 주지 않는 국가는 이웃 국가들의 권리 또한 존중해 주지 않는다"라는 사실도 그가 대단히 강조하는 바이다. 결국 폭정국가는 자국민을 대하는 방식으로 외국인들도 대할 것이기에 폭정국가가 존재하는 한 진정한 세계평화는 오지 못할 것이라는 게 그의 주장의 핵심이다. 따라서 폭정체제에 인권의식과 민주주의를 퍼트리면 결국 자유진영의 안전은 보장된다는 것이다.

샤란스키는 이러한 논리에 근거해 9·11 테러 이후 독재국가 내의 안정을 추구하는 정책은 결국 더 큰 문제를 낳는 원인이 된다고 생각한다. 그래서 현 세계에서 이 문제를 해결하기 위해 샤란스키는 두 단계를 거치는 방안을 제안한다. 우선 테러지원 국가들의 테러리스트들에 대한 지원을 단절시킨다. 그 다음 단계는 훨씬 어려운 것인데, 테러지원 국가들의 체제를 민주정부 체제로 교체한다는 것이 그것이다. 현재 부시행정부의 세계전략은 이러한 샤란스키의 논리에 따르는 듯하다.

이러한 샤란스키의 논리를 배태시킨 것은 두말할 필요 없이 샤란스키 자신의 개인적인 경험이었다. 샤란스키는 소련체제의 인력 동원력과 통제력은 번영의 요인이었지만 창의력과 자유로운 아이디어의 공유가 중요하게 된 정보화시대에서는 한계를 드러냈다고 평가한다. 아울러 사우디아라비아도 현재 막대한 석유수입과 상대적으로 적은 수의 인구 때문에 그럭저럭 버텨나가지만 앞으로는 사우디 공포정치의 한계가 드러날 것이라 예언한다.

사실상 사우디아라비아의 문제는 전 세계적 문제로 비화될 가능성이 농후하다. 전제적이지만 친미적인 부패한 사우드 왕가를 지원할 것인가? 아니면 막대한 후유증을 감수하고라도 사우디를 열린사회로 변모시킬 것인가? 이것은 향후 세계정세에 있어서 가장 중요한 키포인트일 것이고 샤란스키는 당연히 후자의 방식을 촉구하고 있다.

이러한 그의 경험과 신념은 그의 유명한 "마을 광장론town square test"

의 밑바탕이 되었다. "누구나 마을광장 한가운데로 나가 많은 사람들 앞에서 자신의 견해를 체포, 구금, 물리적 위해에 대한 두려움 없이 발표할 있다면 그 사회는 자유사회이다. 하지만 두려움 때문에 이렇게 하지 못하는 사회라면 그 사회는 공포사회이다."

사실 이 단순한 테스트는 그 사회가 공포사회인지 아니지를 판별해내는 매우 유용한 준거가 된다. 샤란스키는 각 정치체제의 다양성을 인정하지만 그의 마을 광장론을 통과하느냐 못하느냐를 가지고 자유사회와 공포사회를 구별하고 모든 사회가 그의 마을광장 테스트를 통과하는 자유세상이 되기를 갈망한다.

샤란스키는 결론적으로 소련에서 민주주의 혁명을 유발시킨 세 가지 요인을 열거하면서 그것이 세계적으로도 보편성을 갖는다고 주장한다. 첫째, 자유를 갈망하는 체제 내부의 사람들의 존재. 둘째, 그 체제의 자유화를 믿는 자유진영의 정치지도자들, 셋째, 체제 내의 인권상황과 연계된 자유진영의 외교정책. 그래서 앞으로도 세계는 이 세 가지 원칙에 충실하게 따를 것을 권유한다.

그렇게 되기만 한다면 많은 사람들이 불가능하다고만 여기는 이슬람 세계의 자유화가 가능하고 이것이 이루어져야 진정한 중동평화와 세계평화가 온다고 결론짓고 있다. 즉 모든 국가의 자유화가 전 세계인이 추구해야 할 이상이고 그 기준은 "마을 광장론"인 셈이다.

이 책은 샤란스키의 신념으로 가득 찬 책이다. 그리고 그의 특별한 경험에서 우러나온 책이기도 하다. 그렇기에 그의 경험이 너무 일반화된 형태로 주장되기도 한다. 샤란스키도 그러한 한계를 솔직히 인식한다. 그리고 미국을 위시한 모든 세계의 자유국가들이 전적으로 세계의 자유화를 위해 나서야 한다는 것은 당위론적으로는 맞지만 현실적으로 이들의 능력에 한계가 있다는 것도 일부분 인정해야 한다. 능력을 벗어난 목적의 추구는 종종 바람직하지 못한 결과를 낳았다는 것도 인류의 역사는 가르쳐 준다.

그러나 이 책에 나타난 샤란스키의 주장이 궁극적으로 인류가 추구해야 할 이상이라는 점에는 이의를 달 수 없다. 샤란스키의 『민주주의를 말한다』는 역경을 이겨낸 자유의 전사가 세계에 던지는 부르짖음이고, 세계는 그의 말에 귀를 기울여야 한다. 특히 북한인권이라는 심각한 문제를 풀어나가야 하는 우리에게는 소중한 조언을 주는 책이기도 하다. 필독을 권한다.

<시대정신> 2005년 여름호(29호)

유고슬라비아 사태 제대로 보기

"사랑은 모든 것을 초월한다. 전쟁만 빼고."

유고영화 <부코바르>(1997년)의 표제어다. 이 영화는 아름다운 도시 부코바르에서 전개됐던 크로아티아인과 세르비아인간의 살육전 속에 세르비아계 남편과 크로아티아계 부인이 겪는 비극을 담담하지만 비장한 어조로 그린 수작이다. 전쟁 후 폐허가 된 이 도시에서 각자 자기 민족의 대피소로 떠나는 두 사람이 무표정하게 버스 창밖을 내다보는 마지막 장면은 영화사의 명장면으로 꼽힐 만하다. 그런데 이 영화를 본 사람들의 얘기가, 영화는 아름다웠지만 전후 상황을 이해하기 어려웠다는 것이다. 같은 언어를 쓰며 같은 도시에서 살아 온 같은 민족인 듯한 사람들이 처절히 맞서는 전쟁, 그 자체가 상식을 넘어섰기 때문이었던 것 같다.

이 영화에서처럼 발칸은 다시 불타고 있다. 발칸이라는 말에서 우리가 떠올리는 이미지는 '무질서', '세계의 화약고', 그리고 '전쟁' 등이다. 발칸화balkanization라는 용어는 바람직하지 못한 정치적 균열화를 뜻하는 것이기도 하다. 이런 발칸 국가들 중에서도 가장 이해하기 힘든 나라가 바로 유고슬라비아다. 제1차 세계대전이 보스니아의 사라예보를 방문한 오스트리아 황태자를 가브릴로 프린씨프Gavrilo Princip라는 세르비아계 청년이 암살한 데서 격발됐다는 사실은 유고 역사의 복잡성과 비극을 잘 보여 준다.

우리가 유고문제를 살펴볼 때 가장 큰 장애요인은 종교와 민족 그리고 인종 문제다. 헝가리계 유태계 같은 소수민족과 개신교 유태교 등 소수 종교를 제외할 때 구 유고연방은 크게 보아 2인종(남 슬라브계, 알바니아계), 5민족(세르비아, 크로아티아, 슬로베니아, 마케도니아, 알바니아), 4언어(세르보-크로아티아어, 슬로베니아어, 마케도니아어, 알바니아어), 3종교(그리스정교, 가톨릭, 이슬람)가 뒤섞인 나라다. 이 같은 상황은 유고 역사의 전개과정과 밀접한 관계가 있다.

남 슬라브족이 남서 러시아지역에서 발칸반도로 진출한 것은 약 6세기경. 발칸 각 지역으로 흩어진 이들은 독립적인 발전과정을 거쳐 불가리아인, 세르비아인, 슬로베니아인, 크로아티아인 등으로 분화된다. 이 가운데 세르비아인은 지금의 남부세르비아와 몬테네그로에 정착했고 12세기 스테판 네만자 왕 아래서 비약적으로 발전했다. 세르비아왕국의 전성기는 스테판 두샨 대왕(1331~55)에 이르러 대제국을 건설했을 때. 훗날 세르비아인들은 이 대제국 영토의 회복이 자신의 의무라 생각하게 된다. 반면 크로아티아와 슬로베니아인들은 헝가리와 오스트리아의 영향권 안에서 성장하게 된다.

그러나 1389년 6월 28일 밀려오는 오스만 투르크(오스만 터키)에 대해 지금의 코소보에서 세르비아는 불가리아 보스니아 알바니아인들과 연합해 대항한다. 이 전투는 영웅적 항전에도 불구하고 세르비아 왕까지 전사하는 투르크의 대승리로 귀결됐다. 이는 발칸반도에서 투르크의 지배권을 결정지은 사건이었지만, 세르비아인들에겐 조국을 위해 초개와 같이 목숨을 버린 조상들의 영웅담이 각인되는 계기였다. 실제 코소보전투 기념일인 성 비투스St. Vitus일은 세르비아의 가장 중요한 기념일이고 코소보전투에 대한 많은 노래, 설화 신화가 면면히 구전되고 있다.

그러나 이 코소보지역 일부에 원래 살던 알바니아인들은 재빨리 이슬람으로 개종했다. 또 코소보 이외 지역의 알바니아인들이 이곳으로 대거 이주했는데 이들은 이주 전에 이슬람으로 미리 개종했거나 이주 후 집단적으로 이슬람으로 개종했다. 그럼으로써 오늘날의 코소보 사태의 비극이 잉태됐던 것이다.

동남유럽, 서아시아, 중동, 북아프리카에 이르는 대제국을 이룩한 오스만 투르크는 일반의 인식과 달리 상대적으로 관대한 제국이었다. 예를 들어 이슬람으로의 개종은 권장되었지만 강요되진 않았다. 단지 개종한 사람들에게는 특혜가 따랐다. 이러한 관용 속에서 세르비아인들은 그리스정교를 계속 신봉했고, 보스니아−헤르체고비나의 남 슬라브인들은 그리스정교, 가톨릭을 계속 믿는 사람들과 이슬람으로 개종한 사람들로 나뉘었으며 이것은 훗날 보스니아 내전의 실마리가 됐다. 1699년 카를로비츠 조약으로 오스트리아에 넘겨진 크로아티아는 가톨릭지역으로 남게 된다.

오스만제국이 쇠락할 무렵 발칸 각국에선 민족주의운동이 일어나는데, 이 운동을 제일 먼저 시작한 것도 세르비아인들이었다. 1804년의 제1차 세르비아 봉기와 1815년 2차 세르비아 봉기는 발칸 민족주의 운동에 불길을 댕긴 역사적 사건이었다.

이 민족주의 부흥기에 특기할 사항은 각 지역의 역사, 문화, 종교, 언어 등에 대한 관심이 높아졌다는 사실. 그 대표적 인물로 북 스테파노비치 카라지치Vuk Stefanovich Karadzic를 들 수 있다. 그는 근본적으로 같은 언어를 쓰는 남 슬라브인들은 하나로 뭉쳐야 한다는 전제하에 유고슬라비아운동을 전파해 나간다. 그는 구유고연방의 공식 언어였던 세르보-크로아티아어Serbo-Croatian를 교정하는 작업을 해 나가면서, 그 와중에 헤르체고비나의 슈토sto방언이 세르보-크로아티아어의 가장 순수한 원형을 간직하고 있음을 확인했다. 요즘 보스니아-헤르체고비나에서 세르비아계 분리운동과 잔혹한 인종청소를 지휘했던 인물이 바로 그와 같은 이름의 라도반 카라지치Radovan Karadzic이고 민족분쟁이 가장 치열했던 곳에 그들 언어의 원형이 보존되었다는 것은 역사의 아이러니다.

이러한 민족주의운동은 1908년 오스트리아-헝가리가 보스니아-헤르체고비나를 병합하면서 더 격화됐고 급기야 1914년 오스트리아 황태자 암살과 1차 세계대전으로 세계를 끌고 가는 요인이 됐다. 1차 세계대전 종전 후 급조된 유고슬라비아 국가가 탄생했지만, 민족들의 화학적 결합은 이뤄지지 않았다. 세르비아인과 크로아티아인들은 결코 그들 자신은 '유고슬라브인'이라고 생각하지 않았다. 2차 대전 당시 유고슬라비아를 점령한 나치 독일은 이곳을 이탈리아 헝가리와 분할통치하고, 크로아티아 일부를 파벨리치가 이끄는 크로아티아 나치당 우스타시Ustasi에 맡겼다. 우스타시의 잔혹한 세르비아인 학살은 이후 양 민족 간에 메울 수 없는 골을 남겼다. 그 와중에 유고에서의 반나치투쟁의 주도권은 점점 세르비아 왕당파 미하일로비치 장군으로부터 공산주의자 조시프 브로즈Josip Broz, 티토의 본명로 넘어가게 된다.

티토가 이끄는 파르티잔 운동은 사실상 유고를 해방시켰고, 여타 동구권 국가들과 달리 소련으로부터 독립적인 공산체제를 이루는 기반이 됐다. 이런 독립성은 48년 유고의 소련 및 다른 동구권 국가들과의 결별로 나타난다. 티토는 비록 크로아티아 출신(정확히는 半

크로아티아-(½슬로베니아인)임에도 불구하고 유고 정권의 정통성이 외세, 특히 나치 독일에 항거한 세르비아에 있다고 보았다. 그래서 겉으로는 유고연방 내 각 공화국들을 평등하게 대우하면서도 사실상 세르비아 중심으로 국가를 통치했다. 그러나 카리스마적인 티토의 죽음과 곧이어 밀어닥친 동구권의 붕괴, 그리고 냉전종식은 유고에 세찬 시련을 안겨주었다. 80년대 중반 대다수 서구의 지식인들은 공산권 국가들 중에 서구화와 민주화가 가장 높은 수준에 있던 유고의 내전과 붕괴를 예측하지 못했다. 발칸사의 태두 격인 찰스 젤라비치[elavich]와 바버라 젤라비치 부부 같은 소수 역사학자들만이 예외였다.

유고의 복잡한 상황을 이해하기 위해선 각 공화국 내의 민족, 종교, 언어 분포도를 살펴보는 것도 도움이 된다.

* 세르비아 : 세르보-크로아티아어를 쓰며 그리스정교를 믿는 세르비아인들이 절대다수다. 하지만 세르비아 내 보이보디나 자치구에는 헝가리계 소수민족이 상당수 있고, 역시 코소보 지역(과거 자치구)에는 이슬람을 믿고 알바니아어를 쓰는 알바니아인이 전체 코소보 인구 200만 중 90%다. 몬테네그로는 보이보디나와 코소보 지역을 제외한 세르비아와 사정이 거의 같다. 이 보이보디나와 코소보를 포함한 세르비아와 몬테네그로가 신유고연방을 구성한다.

* 슬로베니아 : 슬로베니아어(남 슬라브어의 한 변형)를 쓰고 가톨릭을 믿는 슬로베니아인들이 90% 이상이다.

* 크로아티아 : 세르보-크로아티아어를 쓰며 가톨릭을 믿는 크로아티아인이 78, 79%에 이른다.

* 마케도니아 : 불가리아어와 세르보-크로아티아어에 매우 가까운 마케도니아어를 쓰며 그리스정교를 믿는 남 슬라브계 마케도

니아인이 약 65~67%, 이슬람을 믿는 알바니아인이 약 20~30%인 인구 200만의 아주 작은 공화국이다.

* 보스니아－헤르체고비나 : 여러 민족이 뒤엉켜 사는 곳으로 세르비아계가 40%, 이슬람을 믿는 남 슬라브계가 약 38%, 그리고 크로아티아계가 약 22%다. 세 그룹 모두 세르보－크로아티아어를 사용한다. 종교비율은 이슬람 40%, 그리스정교 31%, 가톨릭 15%.

문제는 각 공화국에서 민족그룹들의 경계가 명확하지 않고 매우 복잡하게 엉켜 있다는 사실. 가장 복잡하고 또 그래서 가장 큰 분규를 야기했던 보스니아－헤르체고비나의 예를 보면 유고의 민족분규 문제가 얼마나 심각한지 알 수 있다.

이러한 상황에서 거센 외세의 침탈 속에 민족혼을 지켜온 세르비아인들은 과거 세르비아왕국의 영토에 기반한 大세르비아주의를 내세우는 동시에 타민족, 특히 같은 남 슬라브(유고슬라브)족이고 같은 언어를 쓰지만 이슬람의 투르크에 '혼을 팔아먹은' 보스니 아내 이슬람계나, 헝가리(마자르족)와 오스트리아 또는 나치 독일에 '영혼을 내어준' 슬로베니아/크로아티아인들을 경멸하게 된 것이다. 세르비아인들은 알바니아인에 대해서도 마찬가지 감정을 갖고 있다. 원래 고대 일리리아족의 후손이기에 인종도 다르고 다른 언어를 써온 알바니아인들이 투르크의 침탈 이후 재빨리 이슬람을 받아들이고 세르비아인의 성지 코소보를 차지했다고 생각하는 것이다.

반면 크로아티아/슬로베니아인들은 자신들이 합스부르그제국 내에서 훨씬 더 발달된 고등문명을 향유하고 산업화 등의 물질문명 또한 더 높은 수준이라고 자부하면서 '거칠고 야만적인' 세르비아인들을 경시하는 경향을 보여 왔다. 크로아티아/슬로베니아인들은 크로아티아와 세르비아의 경계인 사바강이 문명과 비문명을 가르는 경계선이라 믿었고 세르비아인들의 코소보 기념일 축제를 '야만인들의 축제'로 폄하했다.

결국 세르비아인들의 역사적 정통성과 자부심은 타민족에 대한 편견으로 치달았고, 슬로베니아/크로아티아인의 경제적 문화적 우월감은 세르비아에 대한 오만으로 변해 갔던 것이다.

그런가 하면 알바니아인들도 자치가 허용되던 코소보지역에서 경찰 등 자치정부 내의 압도적인 자기세력을 이용해 세르비아계 주민들을 학대하면서 몰아냈고, 이는 코소보 내외의 세르비아계를 분노케 했다. 코소보 전체 인구의 75%에 불과하던 알바니아계가 현재 90%를 차지하는 것만 보아도 알바니아계의 탄압과 세르비아계의 추방이 상당했음을 알 수 있다. 이러한 코소보 내에서의 세르비아계 탄압은 세르비아 내에서 자연히 슬로보단 밀로셰비치 같은 강경파의 득세를 가져왔다. 87년 4월 코소보를 방문한 당시 유고 공산당 3인자 밀로셰비치는 세르비아계 주민들 앞에서 이렇게 말했다. "아무도 당신들을 때릴 권리가 없다." 이후 밀로셰비치는 열화와 같은 세르비아 민족주의자들의 지지 속에 유고의 최고 권력자로 부상했던 것이다.

우리는 여기서 몇 가지 중요한 사실을 확인할 수 있다. 악마의 화신인양 보도되는 세르비아계는 단지 광적인 살인마들로 묘사되고 크로아티아, 보스니아 내의 이슬람계, 알바니아인 들은 단지 피해자로 묘사하는 것이 지금까지 서방 중심 언론 보도의 기조였다. 다시 말해 세르비아계의 크로아티아, 이슬람계 학살과 알바니아인 학살 등만이 언론의 스포트라이트를 받아온 것. 반면 세르비아가 역사적 정통성을 주장할 수 있는 근거라든지, 크로아티아인들의 2차대전시 나치 협력과 세르비아인 학살, 유고 내전시 벌어졌던 크로아티아계와 이슬람계의 세르비아인 학살, 코소보 내에서의 세르비아인 탄압 등은 상대적으로 훨씬 덜 취급되거나 아예 무시되어 버렸다.

어느 쪽의 짓이건 반인류 행위는 처벌받아 마땅하다. 특히 아르칸이 이끄는 세르비아 특수 테러집단인 타이거의 행위는 용납될 수 없는 것이고, 만일 라도반 카라지치나 밀로셰비치가 어떤 구체적인 프로그램을 갖고 타민족의 학살을 주도했다면 그들은 전범재판에 회부되어야 할 것이다. 마찬가지로 크로아티아와 보스니아 이슬람교도의 세르비아인 학살행위나 코소보 내 알바니아인의 세르비아계 탄압정책도 똑같은 비난과 처벌을 받아야 함은 당연한 얘기다.

그리고 유고사태는 결코 일과성 해프닝이 아니다. 그것은 위에 예시했듯 뿌리 깊은 역사적 배경을 가진 20세기의 마지막 비극인 동시에, 설령 어떤 '해결책'이 찾아진다 해도 언제 다시 터질지 모르는 휴화산일 수밖에 없다.

나아가 유고의 경우처럼 원래 같은 말을 쓰던 한 민족이 오랜 세월 다른 문화권 속에 살면서 이질적으로 집단화하고 결국 다른 민족으로 변해가는 과정은 우리 남─북한 민족 재통합 과정에도 시사하는 바가 작지 않다. 아울러 유고사태는 문명충돌, 언어─민족─종교와 인간 갈등, 학살의 멘탈리티, 인간의 본성 등의 거대담론이 소용돌이치는 비극의 현장으로 우리의 진지한 관심을 불러들이는 화두이기도 하다.

<News+(현 주간동아)> 1999.04.29(181호)

깊어진 증오 '발칸의 휴화산'

: 포성 멎은 코소보Kosovo의 앞날

78일을 끌던 코소보 사태, 더 정확히 얘기하면 나토군의 유고 공습이 드디어 잠정적이나마 종결됐다. 우리 시대에 유고분쟁만큼 인간 본성에 대해 근본적인 회의와 환멸을 불러온 국제문제도 드물다. 유고분쟁의 큰 문제점은, 일견 성공적이라고 보이는 국제 개입을 비웃듯 언제든 다시 재연되거나 다른 지역에서 다른 형태로 확산될 개연성을 안고 있다는 것이다. 보스니아 사태가 잠잠해지자 곧 코소보 문제가 매일 신문지면을 장식하지 않았던가. 그런 점에서 이 두 지역은 언제든 다시 터질 수 있는 '활동성 휴화산'이다.

애당초 구유고슬라비아의 해체과정 자체가 탈냉전 체제의 국제사회에 예기치 못한 위협이었다. 냉전적 사고에서 헤어나지 못했던 세계의 지도자들은 유고분쟁의 근본원인, 특히 극도로 복잡한 이 지역의 역사 문화를 시간이 한참 흐른 뒤에야 비로소 이해하기 시작했다 ('NEWS+' 4월 29일자 졸고 참조).

유고분쟁은 대내적인 안전보장 시스템이 완전히 파괴했다. 새 경계선을 따라 옛 유고연방은 급속히 붕괴하기 시작했고, 각 지도자들은 일정부분 자기의 정치적 욕망에 따라 이런 분위기를 이용하면서 비합법적 테러를 용인 혹은 장려했다. 밀로셰비치도 89년 코소보 분규를 이용해 당시 대통령 이반 스탐볼리치를 제거하고 세르비아 최고지도자로 부상했다. 국제적으로도 신뢰에 근거한 협상은 불가능했다. 협상중재자들은 각 계파 지도자들의 끝없는 거짓말과 지켜지지 않는 약속들 속에서 헤매야 했을 뿐이다.

초기에 서구의 지도자들은 유고문제에 개입하기를 꺼렸다. 이 지역은 전략상 중요하지도 않고, 서구 각국의 직접적 국익에도 별로 상관없는 것으로 보였기 때문이다. 그러나 이후 유고 문제의 전개과정은 세계에 몇 가지 중대한 문제점을 시사했다.

첫째, 유고 분쟁은 제어되지 않을 경우 그렇지 않아도 불안정한 발칸반도 전체의 문제로 확산될 가능성이 있다. 둘째, 그것은 당시 유럽 지도자들이 추구하던 유럽 코뮤니티의 정체성 자체에 대한 도전이었다. 셋째, 그리고 가장 중요한 요인은 20세기 말에 유럽에서 일어나는 전쟁조차 막지 못한다는 자괴감이 형성됐던 것이다. 2차대전 이후 유럽에서 사라졌다고 믿어 온 대규모 민족학살, 특히 '문명세계'에 있어서 민간인들에게 무차별 자행된 강간, 고문, 살해, 그리고 강제추방을 묵과할 수 없다는 분노가 점증했다. 미국과 유럽 지도자들은 유고문제를 심각하게 받아들이고 개입하기 시작했다. 러시아도 평화협정 체결 과정에서 주요 역할을 맡으려 노력했다.

'세르비아의 예루살렘'인 코소보에서 다수파인 알바니아계가 행한 소수파 세르비아계 탄압에 대항하는 세르비아정부의 더 심각한 알바니아계 탄압은 결국 나토의 개입을 불러왔다. 데이튼 협정으로 보스니아 사태를 성공적으로 해결해 노벨 평화상 후보에도 오른 리처드 홀브룩은 미국 특사 자격으로 밀로셰비치와 담판해 코소보 분쟁을 해결하려 했다. 이 회담이 결렬된 뒤 나토는 50여 년 역사상 처음으로 주권국가를 공격했다.

한 주권국가 내부의 인권문제에 개입한 이 사태는 베스트팔렌 조약 이래의 국제질서의 근간인 주권불가침 원칙에 대한 정면 거부였던 것이다. 그 목적은 코소보에서의 분규를 정치적 협상을 통해 해결하기 위해 밀로셰비치를 굴복시켜 다시 협상테이블로 끌어내려는 제한적인 것이었다. 미국 주도하의 나토가 지상군 투입을 꺼렸던 것도 인명피해를 줄이는 것뿐 아니라 이러한 제한적 목표를 유지하기 위한 것이었다. 이러한 공격은 초기에 세르비아의 단말마적 인종청소를 격화시키고 국제적으로 러시아 및 중국과의 관계가 악화되는 부작용을 낳았지만, 결국 소기의 목적을 불완전하게나마 달성했다.

많은 평론가들은 이 지역에 오랜 이해관계를 가진 러시아와 중국 대사관 오폭에 따른 중국의 격렬한 항의로 '신냉전' 구도가 생겨날 수 있다고 경고한다. 우리 국방연구원KIDA의 보고서는 더 나아가 나토의 유고 폭격은 새로운 북한·중국·러시아의 삼각 전략동맹을 초래할지도 모른다고 분석한다. 이 보고서는 만약 미국과 북한과의 핵문제 협상이 실패할 경우 미국이 북한에 대해 유고에서와 비슷한 공습을 가할 가능성까지 상정한다. 또 유엔 안보리의 결의 없이, 그리고 러시아와 중국의 반대 속에 행해진 이 공격이 위험한 전례가될 것이라고 분석한다.

러시아는 역사적으로 발칸에 가졌던 영향력이 최근 상당부분 소실됐다고 믿기에, 이 지역의 슬라브인들과 동방정교의 '보호자'로서의 자신의 자존심과 명예를 지키려 안간힘을 쏟았고 또 쏟을 것이다. 미국을 위시한 서구는 아직도 불명확하고 불안정한 탈냉전 체제의 안정성을 위해 이러한 요인을 깊이 인식해야 한다. 소련체제 몰락 이후구겨질 대로 구겨진 러시아의 자존심을 어느 정도 살려주는지가 비교적 친서방적이고 타협적이지만 취약한 현 러시아 체제를 유지시키는 데 도움이 되고 향후 국제체제를 이끌어 나가는 데 순기능을 할 것이기 때문이다. 중·미 관계에 있어서도 양측은 유고 사태로 야기된 갈등관계를 치유하기 위해 비슷한 수순을 밟을 것으로 보인다.

밀로셰비치가 평화협정에 동의한 지금, 코소보에서 세르비아군이 철수하고 국제 평화유지군이 진주해 이 지역의 질서안정을 도모할 것이다. 이제 세르비아를 위시한 모든 이해 당사자들은 이 지역에서의 갈등 진정을 위해 유엔 등의 채널을 통해 협상해 나가야 할 것이다. 코소보 사태에서 중립을 견지해 온 유엔 사무총장 코피 아난 같은 사람이 역할을 할 수 있으리라 보인다. 그는 유엔 안보리의 동의 절차 없이 행해진 나토의 공습을 비난하는 한편 반인륜적인 세르비아의 알바니아계 탄압을 공박하는 양비론적 입장을 취했다.

클린턴과 고어를 위시한 미국 지도자들과 옐친 및 유고특사 체르노미르딘을 위시한 러시아 지도자들은 지금이야말로 태도를 유연하게 해야 할 때다. 5만 명의 평화유지군 중에 약 1만 명으로 예상되는 러시아군의 지휘권 문제나 알바니아계의 귀환 및 정착 등의 어려운 난제들이 산적해 있기 때문이다. 마녀사냥식 처리는 민감한 이 지역의 문제들을 풀어나가는 데 도움이 되지 않을 것이다.

한편 클린턴 대통령은 평화조약 체결에 즈음해 발칸에서의 복구작업을 유럽연합EU이 주도해 줄 것을 촉구했다. 이는 궁극적으로 발칸을 유럽 커뮤니티로 수렴할 것을 목표로 하는 동시에 경제개발과 민주정치 발전을 통해 이 지역의 민족 및 문화갈등을 완화하는 데에 초점을 맞추고 있다. 신 유고연방 내에서의 위기는 인접한 마케도니아, 알바니아의 안전뿐 아니라 유럽 커뮤니티 내의 통합력을 위협하는 원인이 될 수도 있기 때문이다.

유고에 있어서 또 하나의 문제는 밀로셰비치의 위상에 걸린 문제일 것이다. 코소보 사태로 세르비아는 일단 바라던 인종청소를 달성했다. 그러나 약 100여만 명의 알바니아 난민들의 귀환과 세르비아계가 보복을 예상하고 코소보를 떠나는 문제 등은 밀로셰비치가 바라던 사태의 전개과정이 아니다. 비교적 원만했던 몬테네그로와 세르비아의 관계가 코소보 사태로 많이 악화된 것도 그에게는 큰 부담이고, 무엇보다 세르비아 내에서의 불만 증가는 그에게 치명적으로 작용할 공산이 크다.

세르비아 국민은 나토의 공습에 처절하게 저항했는데 얻은 것이 거의 없고 반면 폭격에 따른 인적 물적 피해, 실업률 증가, 코소보에서의 철군 등 잃은 것이 너무 많다는 분노에 휩싸이고 있다. 이러한 분노는 앞으로 밀로셰비치의 정권운영에 있어서 큰 부담으로 작용할 것이다.

잠정적이나마 '휴화산' 상태로 접어든 코소보, 나아가 유고의 전황이 다시 불타오를지의 여부는 결국 이 같은 요인들에 달려 있다.

<News+(현 주간동아)> 1999.06.24(189호)

이슬람 원리주의의 발생원인과 발전과정 그리고 오늘의 세계

이슬람의 교리와 관용성의 기원

내가 이슬람과 중동세계에 관심을 가지게 된 계기는 유학 시절 중 발칸사를 제2전공으로 정했던 때였다. 물론 주전공인 러시아지역도 이슬람·중동세계와 밀접한 관련을 맺고 살았던 곳이지만 발칸지역 이야말로 이슬람문화(무슬림문화)[1]의 영향을 직접적으로 받은 지역 이었다. 15세기 후반부터 시작된 오스만 터키(오토만 투르크라고도 한다)제국의 지배를 받아온 발칸지역은 약 4세기 동안 이민족과 이 질적인 문화의 영향하에 놓일 수밖에 없었다.

그런데 흔히 우리가 이슬람하면은 생각나는 "한 손에는 코란, 한 손에는 칼"이라는 말로 대표되는 이슬람의 호전성과 불관용성을 기 대했던 나는 발칸사를 공부하면서 이러한 생각이 편견이었음을 깨달 았다. 더군다나 서구에 널리 알려져 있었던 "끔찍한 터키인Terrible Turks"이라는 인식도 역시 잘못된 생각임을 알게 되었다. 당시 이슬람 의 종주국이었고 발칸, 중동, 북아프리카, 그리고 소아시아에 걸치는 대제국을 건설했던 터키제국은 놀랍게도 그들에게 복속된 신민들에 게 거의 완벽한 종교의 자유를 주고 있었다. 밀렛제도millet system라고

---

1) Islam 또는 Muslim, Moslem이라고도 한다. 이슬람을 회교라고도 하는데 이것은 이슬람을 비하 하는 의미가 있기 때문에 사용하지 않는 것이 올바르다.

불리는 터키의 독특한 종교·시회제도는 제국 내의 신민들에게 자기들 나름대로의 종교를 믿을 권리를 주었고 이슬람을 제외한 다른 종교를 5개로 나누어 각자 자신들의 종교자치구를 영위할 수 있게 하였다. 이 5개 종교자치구는 가장 수가 많은 동방정교(그리스 정교)와 그 외에 가톨릭, 개신교, 유태교, 아르메니안 그레고리안교로 구성되어 있었다. 이슬람으로의 개종은 권유만 됐을 뿐 강제되지 않았다. 이러한 분위기하에서 터키제국에서는 당시 서구사회에 널리 퍼져있던 반유태주의Anti-Semitism의 풍조도 없었고, 정복된 지역의 신민들은 일부 자발적으로 이슬람으로 개종했지만 대체적으로 자신의 종교, 문화를 지켜나갈 수 있었다.

이러한 사실들은 필자에게 큰 충격으로 다가왔고 중동·북아프리카사를 부전공으로 택하게 하는 계기가 되었다. 중동·북아프리카 지역은 이스라엘인들과 이집트의 기독 콥트교 등 몇몇 예외적인 경우를 제외하고는 대체적으로 이슬람 문명권에 속한 지역이었고 자연히 나의 관심은 이슬람이 관용의 종교였던 이유와 그럼에도 오늘날 왜 이슬람인 중 일부가 분노하고 있는지에 집중이 됐다. 다행히 나의 중동·북아프리카 역사 지도교수였던 기포드 닥시Gifford Doxsee 교수는 이 문제에 큰 관심을 가진 분이었고 한국에서 온 호기심 많은 학생에게 자상한 가르침을 주었다.

그 분에게 들은 이 분야에 관한 4개의 과목과 종합시험 그리고 개인적인 가르침을 통해 제일 먼저 알게 된 것은 이슬람의 기본 교리였다. 기독교와 유태교는 뿌리가 같은 종교인데도 불구하고 서로 간에 메울 수 없는 교리상의 문제가 있었으니 그 것은 예수의 실체에 관한 논쟁이다. 유태교에서는 예수를 메시아로 인정하지 않고 따라서 당연히 신약을 인정하지 않는데 반해, 기독교는 유태인들을 예수를 팔아먹은 자들이라 생각해서 유태인들을 저주받은 민족으로 설정하기도 했다. 이러한 갈등은 서양역사에 면면히 흐르고 있는 반유태주의라는 독소를 낳기도 했다. 반면 이슬람은 모세와 예수를 공히 선지자 즉 신의 대리인으로 인정하고 있다. 알라라는 뜻도 기독교와 유태교에서 얘기하는 신의 개념과 동일하다. 단지 "마지막 신의 대리인인 무하마드(모하메드, 마호멧, 마흐무드 등 여러 이름으로 불려진다)를 믿는 이슬람이 더 완벽하고 정통적이다"라는 생각을 가지고 있을 뿐이었다. 그러기에 이슬람은 타 종교와 문화에 대해 관용을 보일 수가 있었고, 그리스·로마 문명과 같은 서양 고대문명을 온존시켜 르네상스 시기의 서양에게 다시 돌려 준 것도 이슬람 세계였다.

서양의 발전과 이슬람의 분노 그리고 근대 이슬람 원리주의의 기원

그런데 이렇게 관용적이었던 이슬람세계가 긴장하고 분노하는 계기는 바로 서양의 기독교 세계가 세계의 주도권을 잡는 근대의 태동이었다. 근대 이전 시기에 문화, 기술, 경제 등 거의 모든 면에서 선진적인 지역은 중, 근동 지역과 중국이었다. 그런데 근대에 들어와 서구의 기독교세계는 눈부신 발전을 하게 되고 이것은 이슬람 세계에 거대한 도전이었다. 이슬람인들은 자연히 "신의 마지막 메시아인 무하마드를 믿는 자신들이 왜 그전의 실패한 메시아를 믿는 서구세계에 뒤떨어져야 하는가?" 하는 의문을 갖게 되었다. 이러한 의문에 대해 고민하던 이슬람 세계의 일부는 바로 그들이 무하마드의 교리를 제대로 따르지 않았기 때문에 이런 일이 발생했다고 믿게 되었고, 그것이 이슬람 원리주의근본주의, fundamentalism의 근대적 탄생이었던 것이다. 그래서 "이슬람의 기본 정신, 즉 무하마드의 원래 가르침으로 돌아가는 것이 올바른 길이다"라는 생각이 자연스럽게 나타났다. 참고로 이슬람 원리주의라는 용어는 비공식적인 용어로 서구에서만 쓰는 용어이다. 또 비록 요즘 원리주의가 확산되는 경향은 있지만 이슬람교도들 중 일부가 원리주의를 믿고 있고, 원리주의자들이 다 테러리즘을 신봉하는 것도 아니며 단지 그 중 일부만이 테러에 의지한다는 것도 명심해야 할 사항이다.

일단 이러한 이슬람 원리주의의 대표적인 사상 두 가지만 열거하려고 한다. 18세기에 있어서 대표적인 원리주의는 와하비주의또는 와하비즘, Wahhabism이다. 18세기 중엽 무하마드 빈 압둘 와합이라는 사상가가 나타나 아라비아의 부족장 중 하나였던 무하마드 이븐사우드를 교화하고 그들은 사우드 왕국을 건설하여 그들의 보수주의적 원리주의를 포교한다. 그러나 이들의 노력은 곧 위기의식을 느낀 터키제국과 이집트의 무하마드 알리 연합군에 의해 실패한다. 그러나 이들의 사상은 나중에 압둘 아지즈 이븐사우드라는 후손에 의해 20세기 초 오늘날의 사우디아라비아의 건국으로 다시 부활한다.

19세기에 있어서 대표적인 원리주의자는 자말 알딘 알 아프가니였다. 아프간 출신이라는 뜻을 가진 이름을 가지고 있는 그의 출생지에 대해서는 아프간이었다는 설과 오늘날의 이란이라는 설이 있다. 그는 서구의 과학과 기술을 받아들여야 한다는 생각을 갖는 등 편협한 사상가는 아니었다. 하지만 그는 서구의 영향력과 지배를 반대하는 반제국주의자Anti-Imperialist이자 이슬람권은 뭉쳐서 대항해야 한다는 범이슬람주의자Pan-Islamist였다. 그는 이슬람권을 광범위하게 돌아다니며 그의 사상을 설파했고 커다란 호응을 받았다. 그의 사상은 훗날 무하마드 압두와 같은 제자들에 의해 더 정교화되어 넓게 퍼져 나갔다.

이스라엘과의 투쟁과 원리주의

이렇게 발전하는 서구에 대한 반발과 대항이 근대적 의미의 이슬람 원리주의의 등장원인이었다고 한다면 현대에 들어와 이슬람권의 원리주의가 강화되는 하나의 원인은 이스라엘의 건국과 이슬람인들과 유태인들의 갈등이었다. 구약에 따르면 아브라함은 부인 사래와의 사이에서 아이가 없었다. 대신 하녀인 하가 사이에서 이스마엘이라는 아들을 갖고 나중에 나이가 90이 넘어서야 기적적으로 사래에게서 이삭을 낳는데, 이스마엘과 하가는 나중에 사래에 의해 쫓겨난다. 이스마엘은 아랍인들의 선조가 되고 이삭은 유태인들의 선조가됐다고 한다. 즉 아랍인들과 유태인들은 뿌리가 같다고도 할 수 있고 그러기에 우리는 이들을 같은 셈족(Sem²))으로 부른다. 이 전설이 맞는다면 이스마엘이 쫓겨난 것은 오늘날까지도 계속되고 있는 아랍인들과 유태인들의 끝없는 투쟁의 서막이라고 할 수 있겠다.

서기 135년 유태인들은 로마제국에 대항해 폭동을 일으킨다. 여기에 대해 로마제국은 유태인들을 그들의 주거지인 팔레스타인에서 추방함으로써 디아스포라(Diaspora라고 불리는 유명한 유태인들의 전 세계로의 방랑이 시작된다. 참고로 유태인들은 전 세계로 퍼져나가

---

2) 반유태주의를 뜻하는 Anti-Semitism도 여기서 기원한다.

지만 특히 동유럽지역과 북아프리카·스페인지역으로 많이 이주했다. 우리는 동유럽에 거주하는 유태인들을 아시케나짐이라고 부르고 북아프리카지역으로 뻗어나간 유태인들을 셰파르딕이라고 부른다. 이 중 아시케나짐이 오늘날 이스라엘과 유태인들 세계에서 주도권을 가지고 있다. 추방된 유태인들은 언젠가 그들의 땅인 팔레스타인, 즉 "젖과 꿀이 흐르는 땅 가나안"[3]으로 돌아와 "천년왕국"을 세우리라는 꿈을 갖게 되는데, 이러한 꿈이 구체화되는 것은 1897년 스위스에서 개최된 제1차 시온주의 대회였다. "팔레스타인에 다시 유태인의 나라를 세우자"는 시오니즘(영어로는 자이오니즘이라한다, Zionism)은 유태인들에게 "현대의 모세"로 추앙 받는 헤르츨에 의해 주도됐고, 이 후 강력한 정치 이데올로기로서 존재한다. 이러한 꿈을 이루기 위해 세계의 많은 유태인들은 물심양면으로 시오니즘을 지원한다.

이러한 유태인들의 노력이 계속되고 있는 와중에 영국은 유태인들과 아랍인들에게 모순된 약속을 했다. 1차 세계대전에서 독일/오스트리아/터키 동맹국들과 생과 사의 투쟁을 하던 영국은 아랍인들에게 "만약 영국을 도와 터키에 투쟁한다면 독립을 시켜주겠다"는 약속을 은연중에 했다. 아라비아의 지도자 샤리프 후세인과 이집트 주재 영국 고등 판무관이었던 맥마흔 사이에 1914년 1월부터 1916년 3월까지 10차례 오간 후세인-맥마흔 서한이라는 역사적 문건에 있는 이 약속들은 대단히 모호한 내용을 담고 있었지만 이것을 믿은 아랍인들은 "아라비아의 로렌스"[4]로 잘 알려진 영국의 정보장교 토

---

3) 사실 팔레스타인은 척박한 땅이지만 유태인들은 자기들의 귀향을 이렇게 상징적으로 표현했다.
4) Lawr]ence of Arabia. 로렌스의 자서전과 이에 기반한 데이비드 린 감독의 유명한 영화로서 우리

마스 에드워드 로렌스의 지휘하에 종주국인 터키에 반기를 든다.

한편 1917년 영국의 외무장관 밸포어는 "팔레스타인 내에 유태인의 집a national home in Palestine을 마련하는 데 도움을 주겠다"라는 선언을 한다. 역사적으로 밸포어 선언Balfour Declaration이라 명명된 이 선언은 1차 대전에서 세계 각 국의 각계각층 여러 분야에서 무시 못 할 영향력을 가지고 있는 유태인들의 도움을 바라는 회유책이었다. 이 선언에 쓰여 진 "유태인의 집"이라는 대단히 모호한 용어는 유태인들에게 곧 그들의 "나라"라고 받아들여졌고, 전쟁의 혼란 상황에서 발생한 영국의 두 가지 모순된 약속들은 나중에 팔레스타인 분쟁의 직접적인 원인이 된다. 나중에 아랍인들과 유태인들은 국제법상에서 그들의 요구를 주장할 근거로서 각각 이 후세인-맥마흔 서한과 밸포어 선언을 제시했다.

유태인들의 팔레스타인에서의 독립국가 건설 욕구는 2차 세계대전이 끝나고서야 실현됐다. 1948년 소련을 제외한 서구 열강들의 반대에도 불구하고 유태인들은 무력투쟁을 통해 기적적으로 이스라엘을 건국하는데 성공한다.[5] 이후에 이스라엘과 이웃 아랍 국가들의 투쟁은 작게는 이스라엘과 이슬람권의 갈등 크게는 서방세계와 이슬람권의 갈등의 주요요인이 된다. 팔레스타인에서 쫓겨난 아랍인들(흔히 팔레스타인인이라 한다)은 오랜 기간 동안 살아온 그들의 거주지를 빼앗긴 후 팔레스타인 해방 기구PLO가 주축이 된 처절한 대

에게 잘 알려져 있다.

[5] 훗날 이스라엘의 수상이 되고 중동평화협정을 이끌어내 PLO 의장 야세르 아라파트, 이스라엘 외무장관 시몬 페레스와 같이 노벨 평화상을 수상 받았으나 이스라엘 과격파에 의해 살해되는 이자크 라빈이 유태인들의 독립운동 게릴라 단체인 하가나의 지도자로서 이스라엘의 독립 과정에서 큰 역할을 했다.

이스라엘 무력투쟁을 전개해 나갔다. 이 투쟁은 다른 이슬람 국가들, 특히 이집트, 시리아, 이라크, 리비아 등의 아랍 국가들이 팔레스타인인들을 지원함으로서 국제분쟁으로 발전되어 나갔다.

한편 이스라엘 건국 이후 이스라엘은 서방과 밀착관계를 맺게 되고 미국을 위시한 서구 열강들은 친이스라엘 정책을 펴나갔다. 이러한 친이스라엘 정책은 서구 열강들 특히 미국 내의 "유태인 로비"의 영향이 컸다. 막강한 자금력과 지위를 가지고 있는 유태인들은 여러 방법으로 미국의 정책이 친이스라엘의 방향으로 흐르도록 그들의 영향력을 행사했고 이러한 유태인 로비는 어느 정도 성공을 거뒀다. 이러한 미국과 서방의 친이스라엘 정책은 이슬람권의 분노를 촉발시키는 원인이 됐고 한동안 이슬람 국가들 중 일부가 소련과의 관계 개선을 한 원인이 되기도 했다. 오늘날에도 이슬람 원리주의 테러의 가장 큰 논리 중의 하나가 이스라엘과 이스라엘을 돕는 서방 특히 미국과 투쟁해야 한다는 것인 것을 볼 때 이스라엘의 존재는 현대에 있어서 이슬람 원리주의 확산에 일조를 했다고 보겠다.

이란의 이슬람 혁명과 원리주의의 확산

이슬람 원리주의가 현대에 들어와 폭발한 결정적 계기는 이스라엘의 건국과 아랍-이스라엘 갈등과 더불어 이란에서 1979년 2월에 일어난 "호메이니 혁명(이슬람 혁명이라고도 한다)"을 들 수가 있다. 이란은 과거 페르시아라고 불리었던 나라로서 당시 이란을 통치하던 팔레비 왕조의 레자 샤 팔레비는 "백색혁명White Revolution"이라고 불리는 사회개혁을 수행하고 있었다. 백색혁명은 이슬람색을 탈피하고 이란 사회를 급격히 세속화, 서구화하는 작업이었다. 이러한 과정에서 서구의 퇴폐풍조가 이란에 급속히 유입되는 등의 부작용이 일어났다. 보수적인 이란의 종교지도자들과 여기에 동조하는 국민들이 이러한 상황에 반발하여 폭동을 일으켰고, 결국에는 혁명이 성공하여 당시 프랑스에 망명 중이었던 이란의 과격 종교지도자 호메이니가 정권을 장악하는 사태로 발전했다.

이란은 민족적으로 아랍인들과 다르고 언어적으로도 인도-유럽어족에 속하는 언어를 사용하는 사람들이다. 더 중요한 것은 이란은 이슬람 소수파인 시아파를 추종하는 나라이다. 이슬람은 크게 보아 두개의 계파로 나누어져 있다. 다수파는 무하마드의 정통 계승자는 그의 제자들인 칼리프들이라고 믿는 수니파(순니파)다. 소수파는 무하마드의 사촌동생이자 사위인 알리와 무하마드의 딸인 파티마가 정통 계승자이고 또 정통계승자들은 무하마드가 속해있는 하심가 출신으로 무하마드와 혈연관계가 있는 사람이어야 한다고 믿는 시아파이다. 시아파는 시아 알리, 즉 알리를 추종하는 자들이라는 뜻으로, 이슬람 정통논쟁에서 밀려나 다른 지역에서는 소수파로 박해받았던 데 비해 이란에서는 다수파를 형성하고 있었다. 시아파는 소수파, 즉 언더독underdog으로서 다수파인 수니보다 더 과격한 모습을 띄는 경향이 강했다. 이러한 시아파의 세력이 강한 이란에서 호메이니 혁명으로 촉발된 원리주의의 부흥은 전 세계에 원리주의가 가지고 있는 잠재력과 휘발성을 여실히 보여 주었다. 이후 이란은 미국 대사관 점거와 같은 對 서방 과격 투쟁의 선봉에 서고 과격 테러리스트 단체들을 지원하는 등 反서구적 원리주의의 주인공이 됐다. 이러한 상황에 대해 미국을 비롯한 서방은 무력한 모습을 보임으로서 이란은 이슬람 원리주의가 서방에 대한 강력한 대항수단이 될 수 있음을 보여 줬다. 여기서 하나 더 덧붙이고 싶은 것은 비록 시아파가 더 과격한 모습을 보여 왔고 이란혁명의 충격이 워낙 컸기에 "시아파=과격파"라는 공식이 널리 통용됐으나 이것은 꼭 맞는 얘기는 아니다. 요즘 들어 더 큰 문제를 야기하고 있는 사담 후세인의 이라크라든가 아프가니스탄을 장악했던 탈레반 정권 등은 모두 수니파에 속하고 있다. 즉 계파에 따라 원리주의와 과격파를 나누는 것은 별로 타당성이 없는 구분법이다.

사우디아라비아와 아프가니스탄의 경우

친서방적이고 오일머니로 거대한 부를 향유하고 있는 사우디아라비아에서 과격파가 나오는 이유에 대해 요즘 들어 많은 사람들이 의아해 하고 있다. 사우디아라비아는 전략적으로 서방에 가까운 것이 자국에 도움이 된다고 생각하고 석유의 최대 고객인 서구와 좋은 관계를 유지하려고 한다. 그러나 앞에도 지적했듯이 사우디아라비아는 근본적으로 엄숙주의, 배타주의, 혁신에 반대하는 극도의 보수주의 이념인 와하비주의(와하비즘)을 국가의 기본 이념으로 설정하고 있는 나라이다. 이러한 국가의 기조하에서 서구 자체와 서구식 생활방식과 세속화에 반대하는 사람들이 많이 나타나고 또 이들 중에서 일부가 과격파가 되는 경향이 있다. 예멘 출신의 집안에서 태어났지만 사우디아라비아 출생이고 거기서 자라난 오사마 빈 라덴 같은 이들이 대표적인 경우라고 할 수 있다.

또 요즘 빈 라덴을 비호하는 집단으로 국제분쟁의 한가운데 서 있는 탈레반의 아프가니스탄은 지리적으로 여러 나라와 접경을 하고 있는 전략상의 요충지였다. 인도(요즘의 파키스탄), 중국, 구소련에 속해있던 투르크메니스탄, 우즈베키스탄, 그리고 페르시아(요즘의 이란)와 국경을 맞대고 있는 아프가니스탄은 비록 경제적인 이득이 거의 없는 지역이라 하더라도 전략적으로 중요한 지역이었기에 제국주의시대에 서구 열강들, 특히 영국과 러시아의 각축장이었다. 영국의 입장에서는 "대영제국의 빛나는 왕관"이라고 칭해지는 가장 중요한 식민지였던 인도를 방어하기 위해 꼭 취해야 했던 지역이 아프가니스탄이었다. 결국 아프가니스탄은 영국의 지배권하에 놓이게 되고 이러한 상황은 아프간인들로 하여금 서구에 대한 저항의식을 키운 요소였다.

더군다나 1979년 구소련이 무리하게 아프가니스탄의 나지불라 공산정권을 돕기 위해 개입한 아프간 전쟁 때 당시 최강의 군사력을 자랑하던 소련의 붉은 군대에 대항해 영웅적인 저항을 했던 곳도 아프가니스탄이었다. 무자헤딘이라고 불렸던 아프간 이슬람 반군은 미국 등의 서구의 지원을 받아 소련군을 괴롭혔다. 결국 아프가니스탄은 "소련의 베트남"이 됐다. 소련은 참패 끝에 철군을 하게 되고 이슬람정권이 아프가니스탄에 서게 된다. 아프간 전쟁 후에 일어난 아프간 내전에서 승리한 과격 원리주의 집단인 탈레반(학생의 뜻. 열혈 이슬람 학생들이 주축이 돼서 이런 이름을 가지게 됐다)은 집권 후에 극렬한 이슬람화, 反서구화, 反여성정책을 펼쳐나가는 등 새로운 원리주의의 중심으로 부상하고 결국 테러리스트 오사마 빈 라덴에게 은신처를 제공하고 동맹관계를 형성했던 것이다. 여기서 하나 아이러니컬한 것은 아프간 전쟁 당시 미국이 제공한 스팅어 미사일은 사람이 운반하고 쏘는 지대공 미사일로서 당시 소련 조종사들에게 가장 두려운 존재였는데 당시 제공된 스팅어 미사일 중 상당수가 아직도 남아있어 거꾸로 미국에게 두려운 존재가 되었다는 사실이다.

결론에 대신하여

이슬람의 분노와 원리주의 확산을 얘기할 때 하나 또 지적하고 넘어가야 할 문제는 이슬람 세계의 사회구조이다. 현재 이슬람 세계는 폭발적인 인구증가와 그에 상응하지 못하는 낮은 취업률이라는 고질적인 문제를 가지고 있다. 이것은 이슬람 사회가 현대산업사회에서 두각을 나타내고 있지 못하고 전근대적인 사회구조를 가지고 있기 때문에 생기는 현상이라고 분석되는데, 이슬람 젊은이들이 갖는 좌절과 분노에는 이러한 구조적이고 근본적인 문제가 존재하고 있다. 안정된 생활이 어려운 많은 이슬람의 젊은이들이 그 좌절감의 배출구로서 원리주의, 더 나아가서는 테러에 귀의하는 지도 모르겠다.

이 글에서 필자는 요즘 세계적인 화두가 된 이슬람 원리주의의 발생원인과 발전과정 그리고 그것이 오늘날 세계에 던지는 도전의 실체를 설명하였다. 앞에도 언급했듯이 이슬람과 이슬람 원리주의, 그리고 이슬람 테러리즘은 서로 간에 연관성이 있다는 것은 부정할 수 없으나 우리는 이것을 동일시해서는 안 될 것이다. 이슬람세계에서는 온건론자들도 많다. 그 중 대표적인 경우가 터키이다. 한때 이슬람의 종주국이었으나 1차 세계대전 이후 우리에게 케말 파샤라는 이름으로 더 잘 알려진 무스타파 케말 아타투르크의 영도 아래 근대화, 세속화, 서구화에 어느 정도 성공한 터키는 온건한 이슬람세계의 대명사가 됐다. 그리고 원리주의자들이라 해서 전부 테러리즘을 받아들이지도 않는다는 것도 중요한 사실이다. 원리주의를 국기로 삼는 사우드 왕가가 테러리즘에 반대하는 것은 좋은 예라고 하겠다. 결론적으로 세계는 이슬람권 전체를 적으로 삼는 잘못을 저지르면 안 된다. 이슬람과 이슬람 원리주의 그리고 이슬람 테러리즘을 구별하는 지혜가 필요하다 하겠다. 그렇지 않을 경우 원리주의는 더 확산되고 테러리즘도 더 확산될 가능성이 많다. 혹자들은 오늘날의 사태를 "문명 대 야만"이라는 외교적 수사로서 설명하려하나 분명히 문명갈등의 요소가 존재한다는 것도 인정을 해야 한다. 9·11 미국 테러 사태가 났을 때 아라파트는 미국인들을 위한 헌혈을 했지만 많은 팔레스타인인들은 이 테러에 환호를 했다. 그렇다고 해서 우리가 이들을 야만인이라고 치부할 수는 없다. 대신 그들 마음속에 자리잡은 분노와 좌절을 근본적으로 이해하는 태도가 필요하다 할 것이다. 문명은 공존도 하고 갈등도 하는 속성을 지니고 있다. 이슬람인들에게 원한과 분노의 감정을 자극하는 것보다는 테러리즘을 이슬람 세계에서 고립시키기 위한 공존의 마음과 정책이 필요한 시점이라는 생각이 든다. 마찬가지로 이슬람 세계도 분노를 넘어선 자체 발전의 계기를 마련하고 타 문명과의 조화를 위해 노력할 시점이라는 생각도 든다.

<진리·자유> 2001년 가을호(제43호)

이슬람 원리주의의 도전

이슬람, 이슬람 원리주의,
이슬람 테러리즘은 어떻게 구별돼야 하는가?

"이슬람은 원래 타 종교와 문화에 대한 인정과 이해가 깊었던 관용의 종교다. 교리상으로 모세와 예수를 선지자로서 인정하고 있고, 단지 마지막 선지자인 무하마드를 믿는 이슬람이 가장 정통적이라는 것만 강조한다.

그러나 근대에 들어서 서구의 눈부신 발전은 이슬람세계에 강력한 도전이 됐다. 이슬람인들 중 일부는 하느님의 마지막 대리인인 무하마드를 믿는 자신들이 제일 발전해야 하는데도 서구에 뒤지는 이유가 무하마드의 교리를 정확히 따르지 않았기 때문이라고 생각했다. 이에 따라 무하마드의 기본정신으로 돌아가는 것이 바른 길이라는 원리주의근본주의, fundamentalism가 생겨나기 시작했다. 특히 이란에서 시아파 호메이니혁명이 일어난 뒤 원리주의자들의 주장이 강해졌다.

원리주의자 중 일부는 서구에 대한 분노와 좌절감으로 테러에 귀의하는 데 이것이 반反이스라엘 투쟁과 더불어 오늘날 이슬람 테러리즘의 배경이다. 그러나 이슬람세계 중에는 근대화와 세속화에 어느 정도 성공해 세계체제에 순조롭게 편입하려는 터키와 같은 경우도 있다. 따라서 이슬람과 이슬람 원리주의는 동의어가 될 수 없고, 또한 이슬람 원리주의자들 중 일부가 테러리스트가 되는 경우가 있을 뿐 이슬람 원리주의와 이슬람 테러리즘이 동의어가 돼서도 안 된다."

왜 미국의 맹방인 사우디아라비아에서도 과격파가 나오는가?

"사우디는 '오일 머니'로 부를 누려왔고 친서방정책을 지속적으로 추진한 국가다. 그러나 18세기 이슬람부흥운동 중 하나인 와하비야 운동(와하비주의라고도 함)은 이슬람 원리주의의 중요한 흐름 중 하나이자, 사우디의 건국이념이었다. 무하마드 빈 압둘 와합의 주도로 일어난 이 운동은 이슬람의 정신적 쇠퇴를 비판하고 이슬람의 원래 정신으로 돌아갈 것을 주장한다. 그의 사상은 18세기중엽 사우디의 건국 시조 이븐 사우드라는 정치지도자를 만나 꽃을 피운다. 사우디는 비록 친서방적이지만 국민들의 생활은 와하비주의에 기반한 엄숙주의, 배타주의, 그리고 혁신에 반대하는 극도의 보수주의 영향권 내에 있다. 이러한 풍토는 서구와 서구식 근대화에 반대하는 원리주의자들이 생겨나는 토양이 되어 일부 과격파가 생겨나게 했다고 할 수 있다. 예멘 출신 집안에서 태어났지만 사우디에서 성장한 오사마 빈 라덴이 대표적인 예다."

왜 아프가니스탄은 원리주의의 기원지 중 하나이자 원리주의가 득세하는 지역이 되었나?

"아프가니스탄은 19세기 이슬람 부흥운동의 가장 중요한 사상가인 자말 알딘 알 아프가니('알 아프가니'는 아프간 출신이라는 뜻)의 출신지이다. 그는 서구의 과학과 기술을 부분적으로 받아들여야 한다고 믿었으나 기본적으로 서구의 영향력에 저항한 반제국주의자이자 이슬람권이 뭉쳐야 한다고 주장한 범이슬람주의자였다. 그는 아프가니스탄뿐 아니라 이슬람 전 지역을 돌아다니며 그의 사상을 설파해 큰 호응을 얻었다.

근현대에 들어서 아프가니스탄은 전략적 위치 때문에 서구 강대국들의 침탈의 대상이었다. 특히 소련이 허약한 나지불라 공산정권을 돕기 위해 1979년 시작한 전쟁은 아프간인들에게 수니 계열의 이슬람 원리주의를 강화시키는 결정적 역할을 했다."

<동아일보> 강규형 박사 문답식 기고 2001.09.26

교육 · 학술

제 4 부

일부 국사학자의 왜곡된 역사 인식

　지난 대선에서 주요 후보 세 명(박근혜·문재인·안철수) 중 누가 됐어도 적어도 외적으론 품격 있는 대통령이 탄생했을 성싶다. 그중 문재인 의원은 사적으로 만났으면 형님처럼 모시고 친하게 지냈을 것 같은 느낌이 드는 사람이었다. 그러나 문 의원이 당선됐더라도 북방한계선NLL 문제로 탄핵 사유가 발생했을 것이다. 돌이켜보면 (헌법재판소도 선거 개입 등 법률 위반을 인정했듯이 노무현 당시 대통령이 잘못한 점이 있지만) 한나라당과 민주당이 합세해 노 대통령을 탄핵한 것은 지나친 처사였다. 그러나 NLL 건은 한 국가의 주권·영토 그리고 안전 보장 문제이기에 차원이 다르다.

　이제 남북 정상회담 대화록 내용은 거의 다 밝혀졌다. 민주화 운동의 대부였던 진보 인사 박상증 목사는 노 대통령의 철없는 언행을 "헌법 파괴"라 규정하면서 작년 대선에서 문재인 후보에게 "NLL 의혹을 해명하라"고 요구했다. 그런데 희한하게도 문 의원을 포함한 이재정 전 통일부장관, 김만복 전 국가정보원장 등 당시 회담 배석자는 모조리 노 대통령의 NLL 무시 발언을 부인했다. 정말 기억을 못 한다면 집단 기억상실이요, 기억하면서도 부인했다면 솔직하지 못한 것이다. 최근 검찰 조사 결과는 후자가 진실임을 증명했다.

　배석자들도 반역에 가까운 문제 발언에 대해 동의했고 문제를 못 느꼈다는 것은 심각한 일이다. 이 이슈 때문에 수세에 몰리니 문 후보는 뒤늦게 허겁지겁 "NLL은 사실상 남북 간 영해선이고 단호하게 사수한다"는 선언을 했다. NLL 관련 갈팡질팡 행보는 영원한 낙인이 될 것이며 이 건으로도 탄핵 조건은 충분하고도 넘친다.

사실 노 전 대통령은 여러 번 공개적으로 NLL을 부정했고, 많은 좌파와 국사학계 인사는 이런 생각을 공유했다. 왜 그럴까? 바로 잘못된 역사관과 국사 교육에서 나온 케케묵고 삐뚤어진 민족 담론談論의 영향이었다. 국사편찬위원장을 지낸 원로 국사학자 이만열 교수의 최근 글('복음과 상황' 2013년 2월호 커버스토리)에서 이런 견해가 잘 나타난다. 북한 3대 세습과 박근혜 당선이 다를 바가 없다고 주장하면서 "지난 대선이 저 사악한 정권과 그 정권을 뒷받침하는 정당을 심판하는 재판정이어야 한다고 생각"했지만 유권자가 다른 선택을 했고, 아마도 "하나님께서 MB 정권의 악이 아직 턱밑까지 차지 않았으니 이를 마저 채워서 심판하시겠다는 걸까 하는 생각"이 들기도 한다면서 다음과 같이 피력했다. "'NLL 논란'만 해도 그렇습니다. 새누리당은 이를 국경선이라고 주장하면서 철통같이 지켜야 한다고 강하게 주장했지만, 그들도 NLL이 국제법적으로도 영해를 규정하는 경계선은 아니라는 국제법학자들의 공통된 견해를 모르지는 않았을 것입니다. 그런데… 감성적 선동으로 나가고 보니… (중략) …차제에 대화록을 공개해서 진실을 밝힘으로써 허위 비방과 선동을 한 당사자를 처벌하는 게 어떨까 합니다." 이 교수도 노 전 대통령의 NLL 부정 발언이 없었다고 잘못 생각했다. 이 글에서 유일하게 동의할 수 있는 점은 대화록을 속히 공개하자는 것 하나뿐이다.

민족문제연구소는 이만열 등 국사학계 인사 여러 명이 등장하는 이승만·박정희 폄하 동영상 '백년전쟁'을 작년에 제작·배포했다.

2차 인혁당 사건 유가족들이 세운 재단이 제작 자금을 주로 지원했다. 돈을 많이 들여 교묘하게 제작했지만 대선용으로 급히 만들어서인지 치명적인 실수가 여기저기 보인다. 대선이 끝나고 난 다음엔 전교조 교사를 위시한 많은 중고교 교사가 순진한 학생들을 호도하는 교육 자료로 이 다큐를 이용하고 있다. 역사관의 편향성은 물론이고, 내용도 오류투성이이니 포토샵을 이용한 사진 조작까지 자행하는 역사 왜곡을 저질렀다. 이런 의도적 왜곡들은 법적인 책임을 물어야 할 위중한 사안이다.

민족적 자긍심과 애국심을 고취하고자 국사 교육을 강화하고 국사학에 전폭적인 지원을 한 것은 박정희 전 대통령이었다. 그러나 애국 애족을 강조하는 이선근 박사류流의 국사학 전통은 사라진 지 오래고, 이제는 파괴적 민족 담론과 민중민주주의가 그것을 대체했다. 국사 교육이 오히려 대한민국의 공통 가치를 훼손하는 방향으로 흘렀다. 과도한 애국 애족도 문제지만 국가 정체성 부정은 더 큰 문제이니 이런 상황을 방치하고 사회 통합을 추구하는 것은 불가능하다.

역사학계의 거목巨木인 차하순 서강대 명예교수는 최근 출간된 '한국현대사'(세종연구원)의 1장에서 올바른 역사 연구 자세에 대해 설명한다. 편향성을 피하면서 사실에 바탕을 둔 균형적이고 객관적 자세를 가져야 한다는 가르침이다. 차 교수도 우려하듯이 현재 주류 국사학계가 올바른 자세를 견지하고 있다고 말하긴 힘들 것이다. 국사학계의 자기 혁신이 요구된다.

<조선일보 아침논단> 2013.03.18

사회과 교단 일각의 심각한 왜곡 교육

일부 교사들, 그 중 역사·정치·경제 등 사회과社會科 교사의 상당수가 개인의 정치적 견해를 수업시간에 여과 없이 얘기한다는 연구 결과가 나왔다. 또한 '교육과 학교를 위한 학부모 연합'에 따르면 왜곡된 정보나 편향된 내용을 가르치는 경우도 많다 한다. 내용을 살펴보면 "6·25는 북침"이라는 '고전적'인 허구부터 "천안함은 미국이 일으킨 자작극"이라는 허언까지 망라한다. 이런 교육이 교육 현장 일각에서 이뤄진다는 것은 이미 알고 있었지만 막상 그 내용을 보니 황당하다.

특히 충격적인 것은 "천안함 사건 전사자들은 전시 상황이었을 경우 사형에 처해 마땅한 존재"라는 망언이다. 교육자라는 사람이 학생들에게 이런 거짓 폭언을 쏟아낼 수 있나? "북한 소행 가능성은 0.0001%도 안 된다"면서도 "패잔병 새×들이 마치 개선장군처럼 앉아 국민들에게 겁을 주는 모습에서 구역질이 났다"고 한 <김용옥> 한신대 교수의 극언이 연상된다.

이런 교육은 일부 정치인들과 식자층들의 무책임한 언행에도 책임이 있다. 천안함 폭침 당시 탐색구조본부 단장을 지낸 김정두 예비역 중장은 민주당을 비롯한 야당이 당시 "천안함이 북한의 소행이 아니라 좌초된 것이라는 것을 입증하려고 엄청 노력했다"고 최근 증언하면서 분노를 표했다.

예를 들어 박영선 민주당 의원은 "천안함 침몰이 한·미 연합 독수리훈련이나 수리 중인 미 해군 핵잠수함과 관련이 있는 것 아니냐"는 발언으로 미국 책임론의 원조 격이 됐다. 정지영 감독이 기획·제작한 영화 '천안함 프로젝트'는 올해 초 전주국제영화제에서 상영됐고 국내 개봉을 기다리고 있다. 이 영화는 천안함 폭침에 대한 의혹을 두서없이 제기하며 온갖 추측을 늘어놓는 수준이라 하며, 이 영화의 주요 증언자인 신상철 서프라이즈 대표와 (배우 송옥숙의 남편이기도 한) 이종인 알파잠수기술공사 대표 두 사람의 의견조차도 서로 일치하지 않는다 한다.

이런 일이 생기는 데에는 우리 사회의 정체성 부재不在와 잘못된 국사 교육이 큰 원인 가운데 하나일 것이다. 실제로 "이승만도 이완용이랑 비슷한 친일파로 나라를 팔아먹으려 했다"는 한 교사의 수업은 '다큐멘터리 백년전쟁'(민족문제연구소 제작)의 내용을 빼다 박았다. '백년전쟁'은 외적으론 다큐의 형식이지만 사실은 왜곡으로 가득 찬 선전선동 영상물로서, 대한민국에 대한 부정적인 인식을 심겠다는 의도가 뻔히 보인다.

이승만은 독립협회 시절부터 민주공화주의자로 활동한 선각자이고 독립운동가였다. 그런 그를 친일파로 매도하는 것은 망발 수준이다. 이 다큐의 '프레이저 보고서'편은 한국의 경제개발은 미국이 다 해준 것이고 박정희의 역할은 없었다는 게 골자다. 그렇다면 평소 그들의 미국에 대한 증오와는 논리 모순이 아닌가. 이런 허술한 논리는 제2차 세계대전 이후 미국이 경제개발을 지원한 개발도상국이 많은데 유독 왜 한국에서만 성공했는지를 설명할 수 없다. 우리의 정치지도자들과 경제인들 및 국민이 합심해서 이룩한 경제개발은 미국의 지원과는 별개로 경제 발전을 이룬 원동력이었다. 이승만이나 박정희나 결함이 많은 정치가였지만 그들의 공과功過는 공평하게 평가돼야지 이렇게 한쪽만 편파적으로 다뤄선 안 된다.

최근 일어나고 있는 국사 교과서 논란도 같은 맥락에서 이해될 수 있다. 내용이 알려지지도 않은 교학사의 한국사 교과서에 대해 온갖 잘못된 추측과 허위 사실을 동원해 무차별적으로 공격하는 일이 벌어지고 있다. 특히 수권 정당을 자처하는 민주당 인사들이 릴레이식으로 허위 사실을 유포하며 자기들과 생각이 다른 학자들에 대해선 표적 감사(민주당 김태년 의원실)를 하는 등 비이성적인 행태에 대해선 맹성猛省이 요구된다.

<문화일보> 2013.06.17

한계에 온 대학·대학원 정원

　우리 사회의 심각한 학위 인플레이션 현상은 어제오늘 일이 아니다. 박사 학위 소지자도 넘쳐나서 대학이나 연구소가 아닌 곳에서도 서로 "김 박사, 이 박사"로 부르는 것을 흔히 볼 수 있다. 공무원들도 공직 근무를 하면서 석·박사 학위를 받는 것이 유행처럼 돼버렸다.

　주경야독晝耕夜讀 정신이야 탓할 수가 없지만 생업을 가지면서 대학원 과정을 제대로 이수하는 것은 거의 불가능한 일이다. 그런데도 신통하게 학위들은 잘 받는다. 많은 대학과 학과가 품질관리를 치밀하게 하지 않고 학위를 졸속 남발하기 때문이다. 과정을 만들어 놨으니 학생을 모집해야 하고 또 졸업시켜야 하기 때문에 생기는 악순환이다. 그러다 보니 국내 학위는 제대로 인정을 받지 못한다. 푸대접을 탓하기 전에 과연 국내 학위가 권위를 가질 수 있는지 반성해 볼 일이다.

　안대희 전 대법관은 대학교 3학년 때 사법고시에 합격한 이후 학업에 제대로 임할 수 없었기에 결국 대학 졸업을 못 했다. 직장 생활을 하면서 어영부영 편법으로 학위를 받으려 하지 않았다는 것이 오히려 평가받을 일이다. 그러나 일반적으론 너무 많은 사람이 너무 쉽게 학사나 석·박사 학위를 받으니 학위의 희소가치가 없어지고 권위도 사라졌다. 한국이 고학력 사회일지는 몰라도 지성이 넘치는 사회는 결코 아니다. 특히 학벌 세탁용으로 전락한 다수 특수대학원의 심각성은 아는 사람은 다 안다. 우리나라만큼 특수대학원이 난립한 나라가 또 있을까.

미국 대학들이 세계 대학의 학부·대학원 과정 평가에서 최상위를 차지하는 이유 중 하나는 철저한 학사 관리 때문이다. 유명 대학원 과정의 입학은 매우 까다롭고 학위 과정은 가혹하리만큼 엄격하다. 그 많은 미국 대학 중에 박사 학위를 수여하는 대학과 학과는 극소수라는 점도 기억해야 한다.

한국의 대학 평준화론자들이 흔히 언급하는 프랑스의 대학 제도는 언뜻 평준화된 듯 보이고, 평준화된 대학들의 환경은 열악하다. 하지만 프랑스에는 '수퍼 명문대'라고 할 수 있는 그랑제콜Grandes Écoles 시스템이 존재한다. 여기에선 입학, 수업 과정, 학위 수여에서 철저한 질적 관리를 한다. 일례로 한국 입양아 출신인 플뢰르 펠르랭 중소기업·디지털경제부 장관은 국립행정학교ENA 등 여러 그랑제콜을 졸업하면서 경쟁력을 키워갔다.

다행히 국내의 모든 대학과 학과가 느슨한 학사 관리를 하지는 않는다. 예를 들어 카이스트의 학위는 높은 평가를 받는다. 엄격한 교육 관리와 우수한 졸업생 배출로 그곳의 박사 학위는 누구나 인정한다. 한국의 일반 종합대학에도 권위를 가진 학과가 꽤 있다. 문과·이과에서 특출한 경우를 각각 한 개만 든다면 서울대 동양사학과(단, 동양사학는 매우 협소한 학과명이기에 향후 서양사학, 국사학과 등과 더불어 사학과로 통합조정될 필요가 있다는 점은 언급하고 싶다)와 연세대 천문우주학과이다. 세계 일류급 교수진은 물론이고, 배출되는 학위 수여자들은 해외 유명 대학의 수준과 비교해도 결코 뒤지지 않는다. 여기서 엄격한 과정을 거친 학위는 대학 사회에서 믿을 수 있는 상품으로 통용된다. 영문학처럼 학과 특성상 태생적으로 세계 일급 수준이 되기 힘든 학과들도 학문 균형상 꼭 필요하며, 이런 전공에서도 탄탄한 학사 운영이 진행되는 곳이 몇몇 있다. 결국 배출하는 학위의 권위는 자신들이 세우는 것이다.

그러나 한국에는 많아도 너무 많은 대학과 대학원 과정이 존재한다. 1996년 대학·대학원 설립 요건을 대폭 완화한 '대학 설립 준칙'은 불에 기름을 부은 격이었다. 학과와 프로그램도 지나치게 다양하고 세분돼 있다. 이 많은 과정에서 모두 수준급 학위를 배출하는 것은 처음부터 불가능한 일이다. 필자는 이미 여러 번 대학·대학원의 난립과 부실화는 기대 수준 폭발과 상대적 박탈감으로 이어진다고 강조했다. 고도성장이 어려워진 지금 이런 상황은 시한폭탄과 같은 존재가 돼 사회 통합의 거대한 저해 요소로 작용한다.

저성장 시대에는 새로운 마인드와 해법이 필요하다. 유사 학과 통폐합과 대대적인 정원 감축, 수준 미달 대학의 퇴출과 같은 파격적인 구조조정이 시급하다. 특수대학원도 대폭 줄이고 면밀한 질적 검토 끝에 일반 석·박사 학위를 수여하는 대학과 학과의 숫자도 조정해야 한다. 부풀어 오를 대로 오른 대학·대학원 정원은 사회의 암癌덩어리와 같은 존재다. 그런데 현재 추진 중인 반값 등록금과 같은 대책은 환부에 마취 진통제만 투여하는 셈이다. 고통스럽지만 과감한 치료와 수술로 이 문제를 해결하지 않는다면 결국 대한민국 발전의 발목을 잡을 것이다.

<조선일보 아침논단> 2013.02.20

대학들 등록금만큼 잘 가르치나

　반값 등록금 문제가 논란이다. 그러나 그 이면에는 대학과 대학원의 무분별한 난립으로 생겨난 대학교육의 저급화 문제가 도사리고 있다. 일단 대학, 대학원 정원의 대폭 감축은 절체절명의 국가적 과제다. 아무나 다 가고 졸업장만을 위한 통과의례가 돼버린 대학은 지성의 장이 될 수 없다. 또한 졸업해도 바라는 직장을 갈 수 없는 젊은이들의 분노는 축적되고 사회 불안의 시한폭탄이 되고 있다.

　난립한 대학도 문제지만 대학교육에 대한 인식부족은 또 다른 큰 문제다. 학생들이 비싼 등록금에 어울리는 제대로 된 교육을 받고 있는가. 학생들은 학업의 중요성을 인식하고 집중하는가. 며칠 전 어떤 대학이 수업을 거의 듣지 않은 학생 2만여 명에게 성적을 주는 '학점장사'를 했다는 보도가 있었다. 공부 안 하고 쉽게 학점 받으려는 악습은 보편적인 현상이 되고 있다. 대학과 교수는 교육을 등한시한다. 반면 상당수 학생들은 진정한 학업에는 관심이 없고, 놀거나 여러 이유에서 돈 버는 것에 더 정신이 팔려있다. 사정이 이렇다면 대학교육은 파산한 것이나 다름없다.

　얼마 전 교육과학기술부는 교수평가를 '연구'에서 '학생교육' 중심으로 바꾼다고 천명했다. 연구를 등한시해도 된다는 것이 아니라 그동안 방치했던 교육기능에도 신경을 쓴다는 뜻으로 이해돼야 할 것이다. 처음에는 "그 문제를 이제야 알았나? 잘 될까?" 싶었지만 늦게나마 심각성을 인식했다니 일단은 다행스럽다.

  그동안 대학과 교수평가의 거의 절대적인 기준은 논문 수였다. 자연스레 교육과 봉사라는 다른 기능은 대체적으로 무시됐다. 많은 교수들은 승진과 재임용에서 살아남기 위해 '논문 쓰는 기계'로 변해야했고, 본의 아니게 다른 책무를 소홀히 하는 경우도 있었다. 이런 현상은 한국만의 문제는 아니다. 유럽 47개국 850개 대학 모임인 유럽대학협회EUA는 6월 "대학 평가방식이 지나치게 연구 성과에만 치우쳐 교육의 존재 이유라 할 수 있는 교육 품질을 놓치고 있다"며 "대학은 평가 순위를 끌어올리기 위해 존재하는 것이 아니다. 가르치고 배우는 곳이다"라는 지당한 말씀의 보고서를 제출했다.

  필자는 기회 있을 때마다 대학에서 교육과 연구의 균형을 추구할 것을 촉구했다. 그러나 대학의 특성에 따라 역점을 달리할 필요도 있다. 예를 들어 테크니션을 육성하는 학교에선 당연히 학생들을 좋은 기술자로 키워내는 교육이 주가 돼야한다. 이런 목적의 대학에서 왜 SCI(과학기술논문인용색인) 등재 국제학술지의 논문을 요구하는지 이해하기 힘들다. 연구중심의 대규모 대학에선 연구가 중심이 돼야 하지만 그렇다고 교육을 방치해서는 안 된다. 몇 년 전 대표적인 연구중심대학인 하버드대학에서도 교육을 경시해선 안 된다는 교수들의 선언이 있었다. "하버드대 교수들은 강의 하나하나에 마치 연주자가 음악회를 준비하듯 정열을 쏟는 강의를 한다(장한나 동아일보 인터뷰)." 교육경제학의 대가인 에릭 하누섹은 비싼 교재나 첨단 시설 등은 학습 능력 개선에 그다지 효과가 없고, 학교에 좋은 선생님들을 많이 받아들이는 것이 가장 효과적인 방법이라고 지적했다. 그는 교육자로서 적성이 맞지 않는 선생님들은 다른 직종으로 전업하도록 유도해야 한다고까지 주장한다. 대학뿐 아니라 초중고교에다 해당되는 얘기이다.

중등학교에선 교사평가가 사실상 없으니 상황이 훨씬 더 심각하다. 선생 때문에 어떤 과목을 좋아하게도 되고, 싫어하게도 되며 그것이 학생의 인생을 결정짓기도 한다(로테 퀸, '발칙하고 통쾌한 교사 비판서'). 그만큼 교육에서 선생의 능력과 열성은 중요한 요소이다. 물론 선생의 교육적 능력은 운동선수의 능력처럼 어느 정도 타고나는 것이지만, 노력과 열성 여하에 따라 일정수준까지는 끌어올릴 수 있다.

중등교육에서의 교실붕괴는 정말 심각한 상태지만 대학에서의 교육경시도 반값 등록금 이전에 신경써야 할 국가적 문제이다. 성의라곤 찾아볼 수 없는 혼(魂)이 빠진 교수들의 수업, 그리고 학생들의 텅 빈 눈만이 존재하는 교실을 상상해보라. 사회의 미래가 걱정되지 않는가. "인간의 천성은 진리를 찾아내려는 사랑에 사로잡혀 있다(아우구스티누스, '고백록')". 대부분의 학생들은 좋은 수업과 지도를 받고 싶어 한다. 교육구조상의 문제와 잘못된 방향설정이 이런 열망을 가로막고 있다. 사회와 대학과 교수들은 이런 욕구를 채워주기 위해 노력해야 한다.

영원한 홈런왕 베이브 루스는 이렇게 말했다. "베이스라인이 오르막길처럼 느껴지기 시작할 때, 모든 야구 선수들은 그만두어야만 한다." 필자도 교실로 가는 발걸음이 무거워진다고 생각될 때 미련 없이 교단을 떠날 것이다.

시한폭탄이 돼 버린 대학정원

　언제부턴가 산업계는 극심한 인력난을 겪고 있다. 그래서 저개발 국가의 수많은 젊은이들이 일자리를 찾아 '코리언 드림'을 향해 몰려든다. 반면 한국 젊은이들의 실업은 점점 더 심각해지면서 국가적인 문제가 됐다. 한편에서는 인력난, 다른 한편에선 취업난. 이런 모순의 원인은 무엇일까? 여러 이유가 있겠지만 한국의 왜곡된 교육구조가 그 원인 중 하나라는 것은 부인하기 어렵다.

　과거에는 "대학 못 간 한恨"이란 것이 존재했다. 이런 한을 풀어주기 위해, 그리고 대학이 장사가 됐기에 무분별한 대학/대학원 신설과 정원늘리기가 성행했다. 그 결과, 한국은 세계 최고수준의 그리고 세계 역사상 전무한 압도적인 대학 진학률을 자랑(?)하는 나라가 됐다. 청년층의 대학교육 비율이 OECD 회원국 중 가장 높고, 무려 84퍼센트의 고등학교 졸업생이 대학에 진학한다. 더 잘 사는 나라들의 진학률을 훨씬 웃돈다.

　그리고 그 결과는 일부 대학교육의 거대한 부실화였다. 대학평가와 교수평가의 대폭 강화로 상위대학들의 교육/연구여건은 전보다 좋아졌다. 그러나 하위대학, 특히 일부 지방사립대들은 정원도 못 채우는 상태가 심화되고 있다. 현재도 전체 대학정원이 대학진학 희망자의 숫자를 사실상 넘어섰다. 대학진학을 포기하는 학생들은 대학을 못 가는 것이 아니라 안 가는 것이다. 이대로 두면 2016년의 대학정원은 60만인데 고등학교 졸업생은 55만 5천 명밖에 안 된다.

　대학원 사정도 마찬가지이다. 일반대학원이건 특수대학원이건 명문대 대학원은 학벌세탁용으로 많이 이용되고, 비명문대 대학원들은 몇몇 경우 빼고는 정원 채우기에 급급하다. 그동안 너무 많은 석사/박사과정이 남발됐다. 한국대학 학위의 가치가 형편없이 하락되고 질적으로 저하됐다. 차마 대학원 학위논문이라고는 생각할 수 없는 수준의 논문들이 속출하고, 논문 대필도 성행한다. 국가경쟁력을 좀먹는 수준이다.

　유명 연예인, 스포츠 스타들이 적만 걸어놓고 학교에 거의 안다니는 경우는 또 얼마나 많은가? 그런데도 별 문제없이 학위를 취득하는 것은 교육 부실을 잘 보여주는 현상 중 하나이다. 대학/대학원은 적어도 재학 중에는 치열하게 다니면서 공부해야하는 곳이다.

　대학정원 증가와 부실화가 낳은 심각한 문제는 통제 불가능한 정도의 '기대수준의 폭발'이다. 이른바 "대학물"을 먹은 사람은 내실과는 상관없이 자연스레 기대수준이 높아지고 산업현장을 기피한다. 폭발적으로 높아진 기대수준을 충족시키는 방법은 중단 없는 고도성장밖에는 없다. 그러나 성장 동력은 꺼져가고 있고, 지속적인 고도경제성장을 해내는 것은 불가능한 일이다. 오히려 기대수준을 합리적으로 조정하는 일이 시급하다.

　기대수준이 폭발하는 사회는 불안정하고 불행하다. 경제력이 강한 한국이 매우 낮은 행복수준을 보이는 한 이유가 여기에 있다. 미국의 경제 전문지 "포브스"는 갤럽이 지난 5년여 사이 전 세계 155개국을 대상으로 한 행복도에 관한 설문 결과를 최근 보도했다. 한국은 56위를 기록했다. 경제위기를 겪는 그리스(50위)나 내전을 겪은 코소보(54위)보다 낮다. 기대수준 폭발을 처리하지 못해 불만에 가득 찬 한국사회는 사실상 시한폭탄과 같다. 이미 시한폭탄은 재깍거리며 가동되기 시작했다.

이런 상황에서는 아무리 묘안을 짜내도 백약이 무효다. 교육부는 2004년에 "2009년까지 358개 대학 중 87곳을 없앤다"는 계획을 발표했으나 제대로 실행되지 않았다. 시혜성 복지혜택을 증가시키기는 쉬워도 감축하는 건 어려운 것처럼, 대학/대학원 정원도 늘리기는 쉬워도 줄이는 것은 큰 고통을 수반한다. 한국사회는 시한폭탄 제거와 같은 절박함으로 대학/대학원 정원감축에 임해야 한다.

부실대학에 대한 통폐합 유도 등 정원을 전반적으로 감축해야 한다. 대학정원은 30% 이상, 석사과정은 40% 이상, 박사과정은 50% 이상을 줄여야 적정규모이다. 교육과학부는 고통이 덜 한 방법으로 후유증을 최소화시키면서 정원감축을 할 방도를 시급히 마련해야 한다. 각 대학들도 교육부 정책에 주체적으로 대응하는 노력을 기울여야 한다. 경쟁력 없는 학위과정을 과감히 정리하거나, "협력을 통한 경쟁력 강화"의 정신으로 비슷한 수준의 대학들이 공동 대학원 과정 개설을 통해 자연스런 정원 감축과 내실화를 추구하면서 정부 정책과 조응調應하는 쪽으로 노력하는 것도 한 방법일 것이다.

<중앙일보 중앙시평> 2010.10.06

한국사 필수 지정보다 중요한 것들

역사교육, 특히 자기 나라의 역사를 가르치는 것은 '기억의 공유'를 통해 국민으로서의 정체성을 얻기 위함이다. 그러기에 한국사를 필수로 하자는 요즘 세간의 주장은 타당하다. 그러나 잘못된 역사교육은 오히려 독이 될 수도 있다. 한국사 필수 논의 이전에 국사교육의 여러 문제점을 인식하고 개선방향을 찾는 노력부터 해야 한다.

일제강점 35년에 대한 치욕을 극복하고자 민족주의를 북돋는 국사교육이 광복 후 강조된 것은 당연한 일이었다. 이런 노력은 결실을 이뤄 자긍심을 갖는 데 성공했다. 그러나 부작용도 나타났다. 한국의 국사 교육은 역사 인식의 주체를 국민 혹은 국가가 아니라 민족으로 설정하고 있으며 민중적 관점을 강조했다. 그 결과는 한편으론 편협하고 폐쇄적인 복고적復古的 민족주의, 다른 한편으론 마오쩌둥毛澤東주의에 영향을 받은 좌파적 민족주의로 귀결됐다. 근현대사 교과서에 마오쩌둥 사진이 여러 번 실린 것은 우연이 아니었다. 근대적 개념인 '민족'을 무리하게 고·중세사에 적용하는 오류도 범했다. 더구나 권위주의 정부 시기의 국사학에 대한 특혜에 가까운 전폭적 지원은 국사학계를 안이하고 자족적이고 구태의연한 시각과 서술에 머물게 하는 원인이 되기도 했다.

국사 교과서의 또 다른 특징은 내재적內在的 발전론에 입각해서 근대를 열강의 침략과 그것에 대한 저항이라는 이원적二元的 관점에서만 접근하고 있는 점이다. 반면 조선왕조체제의 내적 취약성과 자폐적自閉的 성격에 대한 언급은 없다. 왜 조선체제가 근대국민국가 형성에 처절하게 실패했는지에 대한 설명이 거의 없고, 편리하게 외세에만 원인을 돌린다. 이런 역사서술에서 자기성찰이란 찾아보기 어렵다.

한국의 근·현대는 좋건 싫건 간에 국제관계 속에서 전개될 수밖에 없는데도 국제관계에 대한 인식과 서술이 무시되고 있다. 즉 폐쇄적 시각으로 역사를 바라보는 일국사—國史적 관점에 빠져버려 한국사를 세계사적 시야에서 객관적으로 파악하지 못한다. 결과적으로 반외세적·감상적 민족주의 색채만 짙어졌다. 이런 사고 틀의 효용성은 이미 예전에 끝났다. 현대사 서술에서는 대한민국의 정통성에 대한 부정적 서술, 대한민국의 성취에 대한 부정적 평가와 북한체제에 대한 우호적 서술도 강하게 나타났다.

일국사 중심의 교과서술의 배경에는 독특하게 세분되고 폐쇄적인 역사학의 존재 양태도 있다. 한국은 역사학과가 한국사·동양사·서양사로 나누어진 거의 유일한 국가이다. 심지어 국사학과만 있는 대학들도 있다. 그 결과 같은 역사학 내부에서도 교류가 단절되는 경향이 있다. 현대 학문은 학문 간 통섭通涉을 중시하는 데 비해 한국의 사학계는 역사학 내부에서도 벽을 쌓고 있다. 이러한 특수성으로 인해 국사학계 일부에서는 서양사나 동양사와의 교류도 없는 채 한국사라는 좁은 틀 안의 연구를 진행하고 있다.

금성출판사 근현대사 교과서를 둘러싼 논쟁만 봐도 그동안 일부 국사학계가 가졌던 폐쇄성과 후진성이 잘 드러났다. 새로 나온 '한국사' 교과서들은 이전 교과서들보다 많이 개선됐지만 크게 봐서는 기존의 한계를 못 벗어나고 있다. 또한 일선 역사교육 현장의 편향성 문제도 심각하다. 제일 문제 많고 편향된 금성출판사 교과서가 전국적으로 가장 높은 채택률을 보였던 것은 그런 서술이 교사들의 입맛에 맞았기 때문이다. 이것은 단지 전교조 교사들만의 문제가 아니다. 많은 중등 교원이 자신들이 대학에 다니던 시절 배우고 체득했던 옛 인식체계에서 못 벗어나고 있다.

한국사를 이렇게 가르치느니 차라리 안 가르치는 게 낫겠다는 얘기까지 나오는 데 대해 반성과 개선이 있고 나서야 한국사 필수가 진지하게 논의돼야 할 것이다. 한국사 교육은 민족, 민중, 통일지상주의라는 협소하고 폐쇄적인 사관史觀에서 탈피해 세계 속의 한국이라는 국제적 관점을 강화해야 한다. 이러한 역사서술을 위해서는 한국사학자 외에 서양사·동양사 관계자는 물론이고 정치사, 경제사, 인류학, 국문학 등 인접 분야 학자들이 함께 참여하는 비교사적 연구와 학제 간 연구가 시도돼야 한다. 일례로 일제강점기의 사회문화사는 국문학자들에 의해 주도되고 있지 않은가.

또한 '자기비하'적인 역사관과 '자화자찬'식 서술이라는 양극단적인 접근에서 탈피해야 한다. 의도나 선전보다는 엄밀한 사료비판을 통해 입증된 사실을 중심으로 명암과 공과를 균형적으로 서술해야 한다. 특히 1948년 대한민국 체제가 어려움과 시행착오 속에서도 이룩한 성과를 충분히 서술해야 한다. 그래야만 새로운 세대에게 미래를 책임질 수 있는 지혜를 심어주는 성찰적 교과서를 만들 수 있을 것이다.

<동아일보 동아광장> 2011.02.11

신화가 역사가 되고, 국사교육이 되면

로마문명 강의를 하면서 암늑대가 쌍둥이 인간 형제(로물루스와 레무스)를 키우고, 이들이 커서 자기 원래 가족의 복수를 하며 세운 나라가 로마라는 건국신화 얘기를 하면 학생들은 터무니없다며 웃는다. 그러면 나는 우리 민족기원신화인 단군신화와 비교해 보라고 한다. "곰과 호랑이가 마늘을 먹으며…" 학생들은 더 크게 웃는다. 필자는 다 커서까지 크리스마스가 예수의 진짜 탄생일인 줄 알았다. 그러나 예수가 실제로 탄생한 것은 A.D. 1년도, 12월 25일도 아니라는 것을 나중에야 알았다.

사실 신화와 역사의 구분은 모호했다. 그런데 19세기 근대역사학의 아버지인 레오폴트 폰 랑케는 사료에 충실하게 사실을 객관적으로 서술하라고 가르쳤다. '있었던 그대로의' 역사라는 랑케의 절대주의적 실증사관은 사실상 실현 불가능했기에 후세 학자들에게 비판의 대상이 됐다. 그러나 그는 역사와 신화를 분리했고 역사를 학문의 위치에 정립시켰다.

그런데 국사교과서들을 보면 아직도 신화와 역사를 구별하지 못하는 경향이 있으니 현행 국사교육은 랑케 이전 수준인지도 모르겠다는 탄식이 나온다. 요즘 들어 "다시 랑케로 돌아가자"란 주장이 나오는 배경이기도 하다. 새 한국사교과서들은 이전보다 많이 개선됐지만 아직도 다 언급하기 숨찰 정도로 왜곡 편향기술이 많다. 암기 위주의

편성도 여전하다. 전문가가 읽어도 지겨운 책을 학생들에게 읽으라고 할 수 있나. 그중 신화가 역사로 둔갑한 두 가지 예만 들어보자.

동학농민운동 항목에서의 폐정개혁안 12개조는 '역사소설 동학사'에서 인용된 것으로 사료로서 논란의 대상이다. 그중 '토지는 균등하게 나눠 경작하게 할 것'이란 문항은 다른 어떤 진짜 사료에도 나오지 않는 주장이다. 동학농민운동에는 공인된 농민군의 좋은 사료도 많다. 그런데도 일부 국사학계와 역사교육학계가 문제의 토지균작 항목을 교과서에 존속시키려 목숨 걸고 달려든다. 그 항목 없이는 허물어질 만큼 취약한 도그마에 매달리는 폐쇄성을 느낀다. 거대한 자폐적인 동굴에 갇혀 있지는 않은지. 그게 꼭 있어야만 내재적 발전론의 근현대사 체계가 지탱될 정도로 허약한가. 이런 선동적인 얘기를 해야 학생들이 좋아하고 예전부터 교과서에 있었던 내용이니 꼭 들어가야 한다는 한 고등학교 국사교사의 말을 들으면서 느꼈던 황당함이란…

신천학살 사건을 묘사한 피카소의 그림 '한국에서의 학살'은 북한 '아지프로(선전선동)'의 산물이었다. 실제 황해도 신천에서 학살이 있었던 것은 사실이나 지역의 좌우대립에서 일어난 것이지 북한의 대외적인 선전선동이 주장하는 미군과 국군의 학살이 아니었다. 그러나 공산주의자 피카소는 북한 선전에 휘둘려 격분해서 이 그림을 그렸고 미군의 학살을 상징하는 작품이 됐다. 남침론을 부정했던 브루스 커밍스의 책 표지에도 실린 그림이다. 이것은 한 교과서가 교묘히 왜곡 표현한 것처럼 "시대를 초월하여 모든 전쟁을 비판한 작품"이 아니다. 많은 교과서 시안이 사전에 짜맞춘 듯 이 사진을 매우 크게 걸어놓았고, 어떤 시안은 미군이 자행한 학살의 예로 들었다. 결국 이 사진은 역사적 사실과 전혀 부합하지 않는데도 두 교과서에 실렸다. 은연중 아지프로에 놀아난 셈이다. 이 외에도 친親북한 체제적 서술은 무수히 많다.

나는 (원래 역사교과서로 간행되기로 했던) 한국사 교과서 검인정 1차 과정인 연구위원으로 참여해 많은 문제점을 지적하고 수정할 것을 권고했다. 그러나 2차 과정인 검정과정을 통과한 문제 내용이 상당수 교과서에 수록됐다. 교과서에 들어갈 사실 내용을 표결로 결정한다는 것이 온당한가. 교과서의 문제점을 놓고 역사교육학계와 국사학계가 서로 책임을 미루는 모습까지 보인다. 탈락한 일부 교과서는 현행 교과서보다 더 심각한 문제를 가지고 있었다.

저번 주말에 고등학교 과정 국사필수화와 공무원 임용과정 및 고시에 국사를 포함한다는 내용이 발표됐다. 국사 필수화와 역사교육 강화에 반대할 사람은 거의 없다. 그런데 필수화하고 시험에 포함한다고 해서 역사의식과 국가관과 세계관이 바로잡힌다는 것은 얄팍하기 짝이 없는 생각이다. 만약 국사교육을 시키면 시킬수록 더 국가관이 나빠진다면 어찌할 것인가. 이것은 실제 일어나고 있는 상황이다.

아이가 배가 고프다면 먹여야 한다. 그렇다고 오래돼서 상한 음식을 먹일 수는 없는 노릇이다. 효용성이 다하고 낡아빠졌으며 왜곡된 정보로 가득 찬 한국사를 가르치는 것도 마찬가지다. 예전부터 필자가 주장했듯이 현행 국사교과서 체계의 효용은 예전에 끝났다. 낡은 체계를 새로 고치는 것은 많은 시간을 요하는 문제다. 그러나 틀린 사실을 바로잡는 것은 가능하다. 국사 필수화를 성급히 시행하기 전에 현행 교과서의 중장기 및 단기 개정 작업부터 했어야 옳은 순서였다.

<동아일보 동아광장> 2011.04.26

세계사 모르면서 세계화 외치나

얼마 전 윤증현 기획재정부 장관이 자신과 한국인의 '지식 빈곤'을 공개적으로 한탄했다. 세평에 윤 장관은 무식과 거리가 먼 분이라고 하던데, 아마 한국인이 세계무대에서 보이는 지식과 소양 부족에 대해 뼈저리게 느꼈던 아쉬움을 토로한 것이리라.

청소년부터 성인에 이르기까지 국제무대에서 한국인의 무식함과 매너 부족은 창피할 정도다. 세계에 대해 아는 것은 턱없이 부족하고 학창 시절 배운 것은 '열린' 민족주의가 아닌 폐쇄적인 국수주의 교육이니, 대화나 주장이 자칫 다른 이의 공감을 얻기 힘든 촌스러운 로컬리즘localism : 자기가 속한 지역 중심주의, 편협성으로 흐르는 것을 무수히 봐 왔다. 논의 주제가 뭔지도 모르니 아예 대화에 끼지도 못하거나, 가끔 알맹이 없이 '용감'한 이가 전혀 수준과 문맥에 맞지 않는 독백을 하니 그야말로 "자다가 봉창 두드리는 소리"다.

이런 현상은 왜 일어날까? 외국어 실력 부족만이 이유가 아니다. 독서가 한참 부족하고 편향적이며, 신문(특히 국제면)을 잘 안 읽는 것도 큰 원인 중 하나다. 거기에 더 근본적인 문제로 세계사 교육의 부재를 지적하지 않을 수 없다. 필자의 학창 시절 그래도 세계사는 문과 필수였고, 이과생에게는 선택이었다. 그런데 교과서가 사건·연도·인명 나열인 경향이 있었고, 매우 두껍고 어려워 학생들의 기피 과목이었다. 게다가 대입시험에서 문제(15점 배점)가 어렵게 출제됐기에 "세계사는 너무 어려워 아무리 열심히 공부해도 꼭 '세 개'는 틀리기에 '세개사'다"라는 썰렁한 농담도 있었다. 이과생들은 쉽고 분량이 적은 다른 과목을 택했지 세계사를 택하지 않았다.

　문과생에게도 선택과목이 되고 나선 세계사의 채택률은 처참한 수준이다. 7차 교육과정의 마지막으로 치러진 2004 수능에서 세계사 채택률은 처참한 수준인 3.4%(67만 4,000명 중 2만 3,000여 명)였다. 다른 제도하(사회탐구에서 2개 과목 이상 채택)에서 시행된 2010년 수능에서도 총응시자 63만 8,000명 가운데 세계사 선택자는 사회과 중 가장 적은 3만 8,000명(6%)이었다. 다른 사회과인 사회문화(28만 명)·한국지리(24만 8,000명)·한국근현대사와 비교하면 큰 차이다.

　타 사회과목에 비해 분량을 두어 배로 만들고 어렵게 출제해 세계사를 기피 과목으로 만든 서양사·동양사 교수와 교사들의 책임을 묻지 않을 수 없다. 여담이지만 각종 시험에서 학부 시절 일부 둔재가 나중에 교수가 돼 출제하거나 불성실한 교수들이 내는 문제들이 배배 꼬인 경향이 있어 실소失笑를 머금은 적이 있다. 실제로 필자의 대학 시절 대입시험에 출제된 한 세계사 문제는 큰 논란을 야기했다. 전공 학생은 물론 교수도 헷갈릴 정도고 학문적으로도 이견의 소지가 컸던 것으로 기억한다.

　고등학교 때 세계사를 안 배운 대학생들의 타 세계에 대한 이해는 다른 선진국 초등학생 수준이다. 명문대에서는 사정이 조금 낫지만 대체적으로 대동소이大同小異하다. 당연히 알아야 할 기초지식도 모르니 어디서부터 가르쳐야 할지 막막한 적이 많았다. "아는 만큼 보인다"고 해외여행을 다녀왔어도 놀다 온 것만 기억하지 정작 얻어야 할 정보와 경험은 축적되지 않은 경우도 허다하다. 세계화와 정보화

시대에 청소년들이 오히려 세계에 대한 지식과 정보에 깜깜한 것은 이 시대의 역설이다.

'2007년 개정 교육과정'에 의한 '역사' 교과서는 이런 문제를 부분적으로나마 타파하기 위해 근·현대사 부분의 한국과 관련된 항목에서 간소하나마 세계사 부분을 서술하기로 했다. 그런데 '2009 교육과정'에선 '역사'가 '한국사' 과목으로 바뀌고 수정될 예정이라 세계사를 교육시키려는 최소한의 노력조차 시작하자마자 또는 시작도 못 하고 끝날 운명이라고 한다. 일각에선 국사 교육의 약화를 우려한다. 일리 있는 얘기다. 그러나 국사는 그동안 특혜라고 얘기할 만큼의 대우를 받아 왔다. 하지만 세계사 교육은 약화가 아니라 예전부터 말살 수준이었다.

자라나는 학생들에게 세계화의 파고를 이겨 내고, 파도를 오히려 멋지게 탈 수 있도록 교육을 통해 준비시켜야 한다. 아쉽게도 한국 교육은 이런 면에서 낙제점을 면하기 어렵다. 세계사 교육 없는 세계화는 공허한 구호에 그칠 가능성이 크다. 정부와 국민의 각성과 개선 노력이 필요하다. 고교에서의 세계사 교육 제고 노력은 물론, 다소 늦은 나이지만 대학생에 대한 체계적인 세계사 교육 강화를 통해 이런 문제가 보완돼야 한다.

<중앙일보 중앙시평> 2010.07.29

국사학계에 '현대사' 독점권 없다

  필자가 사학과를 다닐 당시 한국사 분야에선 현대사를 가르치지
도 배우지도 않았다. 동同시대는 역사연구의 대상이 아니라는 묘한
논리 때문이었다. 수업과 연구 범위도 대개 구한말로 끝났다. 반면
서양사 동양사는 냉전시대의 여러 주제에 대한 현대사 강의 및 연구
가 제한적이나마 진행됐다. 나는 살고 있는 동시대에 대한 공부가
더 하고 싶어 정치외교학과 사회학과 경제학과의 수업을 들어야 했다.
그런데 유학을 가서 본 외국 역사학계에선 현대사contemporary history가 중
요한 분야 중 하나로 폭넓고 심도 깊게 연구되고 있었다.

  한국사에서도 뒤늦게 근현대사 연구에 대한 필요성이 제기됐으니,
국내 국사학계에서 첫 현대사 분야 박사가 나온 것은 1993년에 이
르러서다. 이후 많은 발전이 있었지만 당연히 연구 축적의 기간이
짧았다. 더군다나 현대로 관심분야를 넓히면서 근대와 전근대를 바
라봤던 기존의 민족지상주의와 역사발전단계론 역사결정론을 기계
적으로 현대사에 대입하는 우愚를 범하는 경향이 있었다. 제2차 세계
대전 후 신생국가들을 매혹시킨 폐쇄적 마오쩌둥주의의 영향이 컸다.

  탈脫근대주의자들은 아예 민족주의와 근대지향성을 부정한다. 그러
나 민족주의는 통일시대를 앞둔 우리에게 아직도 필요하다. 단지
"열린 민족주의"가 진정한 자유민주주의 공화주의와 결합될 때 빛
을 발하는 것이다. 국사를 배우면 국가관과 (맹목적이지 않은) 건전

한 애국심이 함양돼야 한다. 그러나 현실은 정반대다. 민족적 자긍심은 높아졌지만 대한민국에 대한 국가적 자긍심은 적어졌다. 그런 면에서 민족지상주의는 바람직하지 못한 요소가 많았다.

국사학에서 한국현대사에 대한 관심이 거의 없을 때 다른 학문에선 꾸준히 현대사 연구가 진행되고 축적됐다. 정치사 외교사 경제사 국문학사 사회사 문화사 등이 그것이었다. 그러나 국사학계 일부에선 이런 연구 성과를 무시하는 경향이 있었으며 갑자기 '현대사'가 자신들만의 고유 영역이라 얘기하며 배타적 권한을 주장했다. 이것은 마치 국문학에 큰 기여를 한 양주동 이양하 윤동주가 영문학도였기에 국문학의 범주에 넣어서는 안 된다는 것과 마찬가지 아닌가.

학문융합이 대세인 지금 학문 간 벽을 쌓으며 고립적인 자세를 취하는 것은 타당치 못하다. 재미있는 점은 일부 국사학자들이 숭앙하는 브루스 커밍스가 역사학과를 다닌 적도, 역사학 학위를 받은 적도 없다는 것이다. 그는 심리학사, 정치학 박사였다. 그런데 공산권 문서가 공개되기 이전에는 그의 연구를 혁신적인 것으로 인정해 사학과에서 가르치고 역사가로 대접했던 것이다. 이런 경우는 많다. 바이마르 연구의 권위자인 제프리 허프는 사회학 박사지만 독일 현대사에 대한 업적을 인정받아 사학과 교수로 재직하고 있다. 필자의 은사인 냉전사의 대가 존 루이스 개디스는 역사학 박사로서 현재 예일대의 사학과와 정치학과에서 동시에 석좌교수로 재직하고 있다. 학문 간 경계가 낮고 교류가 활발하다는 방증이다.

한국의 상황은 너무나 다르다. 타 학문에 대한 존중과 이해는 적고 자신들만의 담 쌓기는 견고하게 진행된다. 일제강점기 때 세워진 국사 동양사 서양사라는 임의적인 구분은 아예 고정됐다. 역사학 내부는 물론이고 국사학계 내부에서도 벽이 존재한다. 세계사는 광범위한 문명 교류의 전개과정이었기에, 세계체제가 구성되는 근현대는 물론이고 고대 중세에도 이런 구분 방법은 타당성이 없다. 이런 낡은 체제를 가지고는 제대로 된 역사를 공부할 수가 없다. 차제에 역사학으로의 통합 필요성이 절실하고, 국사학과만 있는 대학들은 사학과로 확대 개편을 해야만 한다.

역사교육과도 마찬가지다. 역시 사범학교라는 일제강점기의 시스템이 존속된 경우다. 국사학과 역사교육학은 그동안 한국 교육에 기여한 바가 컸다. 그러나 이제는 이 제도를 개혁해야 한다. 세계적으로 사범대의 틀을 유지하고 있는 나라는 거의 없다. 역사학과와 역사교육과, 국어국문학과와 국어교육과, 수학과와 수학교육과가 학부에 따로 존재하지 않는다. 그럴 필요가 없다. 그 대신 학부에서 교직과목을 이수하든가 교육대학원에서 중등교원을 키워내는 방식으로 운영된다. 아예 사범대가 없는 연세대와 몇 년 전 유사학과를 통합하며 사학과와 역사교육과 등을 통합한 성균관대의 경우를 벤치마킹해야 할 때가 왔다.

어제 한국현대사학회가 창립됐다. 새로 출범하는 한국현대사학회는 기존의 낡은 학문구분을 버리고 종합적인 역사로서의 현대사를 추구한다. 굴곡진 한국의 현대를 공정하게 바라보고 이뤄낸 성취와 입은 상처를 같이 다루며 세계사에서 한국의 위치를 자리매김하는 노력을 해 나가야 할 것이다.

<동아일보 동아광장> 2011.05.21

옹진반도와 6 · 25 진실

이번에 북한의 야만적 포격을 받은 연평도 바로 옆 북서쪽에 백령도가, 백령도 건너편엔 옹진반도가 있다. 브루스 커밍스를 비롯한 '수정주의' 학자들은 옹진반도 등에서 산발적으로 일어났던 분쟁이 자연스레 내전內戰으로 발전한 것이 6 · 25전쟁이라는 주장을 펴왔었다.

그러나 비밀 해제된 구舊 소련 기밀문서는 이런 얘기가 대부분 허구임을 드러냈다. 원래 스탈린과 김일성은 옹진반도에서 남한군의 교전을 유인한 다음에 남침을 감행하는 방식으로 "전쟁 발발을 위장"하려 했다. 그러나 전쟁 직전 이 계획 대신 "모든 전선에서의 즉각적인 남침"을 결정하고 6 · 25를 결행했다. 그런데도 한국 사회에는 아직도 자연발생설이나 남침유도설을 맹신하는 사람들이 너무 많다. 고등학교 근 · 현대사 교과서(특히 금성출판사 판)조차 그런 서술을 했었다는 것은 일부 학계 · 교육계 · 출판계의 저급성低級性을 방증한다.

얼마 전 차기 중국 최고지도자 시진핑 부주석이 중공군의 6 · 25 참전 60주년 기념식에서 "침략에 맞서 평화를 지킨 정의로운 전쟁"이라 언급한 것이 물의를 일으켰다. 이런 주장은 중국 측 참전자 치하를 겸한 '내부 격려용' 발언이기에 별로 신경 쓸 일은 아니다. 단지 천젠 · 장수광 · 선즈화 같은 중국의 1급 학자들이 6 · 25에 대해 이미 잘 분석·설명했으니, 부주석께서 자국 학자들의 저작을 면밀히 읽으시고, 잘못 기술된 중국의 역사교과서를 이참에 바르게 개정할 것을 정중히 권유 드리고 싶다.

그런데 "때리는 시어머니보다 옆에서 말리는(실은 부추기는) 시누이가 더 밉다"고, 이런 철 지난 논리에 동조하는 일부 한국인들의 행태가 한심할 따름이다. 한국뿐 아니라 외국에서 한국학을 가르치는 한국 학자들 중 상당수가 아직도 오류에서 못 벗어나는 것을 최근에 재확인할 기회가 있었다. 그들이 신격화하다시피 하는 커밍스는 1980년대와 90년대 초반 방대한 저작들을 통해 논쟁을 유발했고, 한국 학계의 주류가 되는 데 성공했다. 한국 현대사에 대한 논의를 심화시켰다는 그의 업적은 부정될 수 없다.

그러나 편견 때문에 결론을 먼저 설정하고 간접자료를 짜 맞췄으며, 터무니없는 주장을 근거 없이, 너무 많이, 그리고 무식할 정도로 용감하게 개진했다는 과오가 있다. 자연발생적 내전설을 강조하면서 김일성이 1950년 4월에 모스크바에 가지 않았을 것이란 황당한 주장까지 했었다. 그러나 이제 김일성의 당시 모스크바 방문 회담과 남침 논의는 회의록과 전문들에 자세히 나타나 있다. 커밍스의 논거들은 공산권 기밀문서들이 공개되면서 파산상태에 빠졌지만, 아직도 커밍스 자신은 물론, 아는 것이 그것밖에 없는, 아니면 그것 외에는 보지 않으려는 사람들은 사실을 인정하지 않는다.

게으르거나 외국 자료 해독능력이 없는, 또는 진실을 직시하지 않으려는 사람들을 위해 몇 가지 사실을 명시하고 싶다. 비밀문서 공개 훨씬 이전에 이미 구 소련 최고지도자 흐루쇼프는 회고록을 통해 스탈린-마오-김일성에 의해 면밀히 계획되고 집행된 6·25전쟁의 진실에 대해 비교적 정확히 증언했었다. 그러나 이런 증거는 대체로 무시됐다. 그러다가 캐서린 웨더스비 박사(당시 플로리다주립대 교수)가 1993년 1월에 러시아 문서고에서 결정적 증거가 담긴 문서를 발견하면서 6·25전쟁의 전모가 실증적으로 드러나기 시작했다.

놀랍게도 그 문서는 1966년 소련 외무성이 브레즈네프 등 소련 최고지도자들에게 보고하기 위해 6·25남침에 대한 자료를 요약·분석·설명한 문서였다. 소련의 "충분치 못한" 6·25전쟁 지원을 중국이 비판하는 것에 대해 조목조목 반박하려 준비한 자료였다. 그 문서 발견과 소개 이후 1948~50년 문서로의 역추적이 가능해졌다. 웨더스비와 우드로 윌슨 센터가 체계적인 비밀문서 정리를 진행해 왔다. 1994년 6월 옐친 당시 러시아 대통령도 크렘린궁에서 김영삼 대통령에게 러시아가 보유한 6·25 관련 문서 사본을 전달했다.

웨더스비 박사는 역사적 진실을 밝힌 것만 해도 평가받아야 하고, 특히 대한민국은 감사한 마음을 가져야 한다. 그래야 올바른 사회다. 그러나 그녀의 업적이 아직도 수정주의의 망령에서 벗어나지 못한 한국 사회의 입맛에 맞지 않아서인지, 아쉽게도 제대로 된 대접을 받지 못하고 있다. 다행히 성신여대가 내년에 그녀를 전임專任교수로 (고려대는 여름학기 초빙교수로) 초청한다는 반가운 소식이 들리니 만시지탄晩時之歎이란 생각이 든다.

<중앙일보 중앙시평> 2010.12.09

아직도 계급적 사회혁명론의 잔영殘影이…

요즘 온 나라가 세종시, 4대강 같은 긴급 현안에 물려있는 것 같지만 그것 못지않게 중요한 일도 소리없이 진행되고 있다. 미래의 인재를 키워낼 정신적 '인프라'를 까는 작업이 관련 학자들에 의해 현재 이루어지고 있다. 바로 중·고교 교과서를 새로 만드는 일이다. 한쪽으로 치우친 교과서가 만들어진 결과가 얼마나 심각한 것인지는 금성출판사 근현대사 교과서의 예를 보면 잘 알 수 있다.

필자 학창시절에는 1894甲午년의 동학농민운동을 갑오농민전쟁이라 부르는 것이 유행이었다. 즉 반反봉건·반외세적인 계급투쟁적 사회혁명이자 근대의 기폭제로 해석한 것이다. 이런 논리의 주요 근거는 1940년에 출간된 오지영의 『역사소설 동학사』에 나온 폐정개혁안 12개조(이하 12개조로 약칭)였고, 특히 "토지는 균등하게 나눠 경작케 할 것"이란 문항이었다.

12개조는 그동안 금과옥조처럼 여겨져, 현행 모든 고등학교 근현대사 교과서들에 상세하게 소개되고 있다. 그런데 『역사소설 동학사』가 해방 후 편집·출판되면서 '동학사'라는 이름으로 오기됐고, 교과서에도 계속 오기돼 인용되고 있다. 더욱이 지난 50여 년간 당연하게 여겨졌던 이 '사료'의 많은 부분이 후대의 창작물일 가능성이 높다는 문제가 있다.

이런 문제점은 원로학자 유영익 교수에 의해 그동안 치밀하게 논증됐다('동학농민운동과 갑오경장', 1998 등). 중진사학자인 노용필 교수도 "동학사'와 집강소 연구"(2001)에서 엄밀한 사료비판을 통해 이 자료의 신빙성에 의문을 제기하고, 다른 어떤 사료에서도 찾을 수 없는 문제의 "토지 평균분작分作"론은 집필당시 오지영의 개인적인 희망사항으로 판단했다. 오지영의 책은 비록 100% 소설이 아니며 간단한 저작이 아니지만, 집필과정에서 실제 사실과 다른 부분이 상당히 첨가됐기에 조심스럽게 다뤄야 한다.

농민군이 실제로 제시했던 요구안은 비교적 많은 자료에 의해 입증된다. 농민군이 백산에서 봉기했을 때 발표한 요구안, 무장에서 발포한 농민군 포고문, 전봉준이 전주에서 관군 수령인 홍계훈에게 보낸 호소문, 전봉준의 판결선고서에 나타난 14개조 개혁안 등을 보면, 부패한 민씨 척족을 몰아내고 흥선대원군을 복귀시키며, "임금과 신하, 아비와 자식의 의리"를 강조하는 충효사상에 근거해 탐관오리를 몰아내고 왕을 보위하며, 조세 및 부역의 부담을 줄이고, 외세인 일본을 몰아내려는 밑으로부터의 존왕양이尊王攘夷운동의 성격이 잘 나타난다.

이미 전석담과 가지무라 히데키 같은 좌파 역사학의 거목들도 동학농민운동의 '혁명성'을 부정했다. 현재 대표적인 진보사학자 중 하나인 박노자 교수도 "민중사학"에 의해 근거가 불명확한 토지분작을 무비판적으로 수용하고 서구식 근대혁명의 틀로 윤색하는 태도를 비판했다. 고故 이기백 선생도 가장 많이 팔린 대학교 국사교재인 '한국사 신론' 개정판(2003년)에서 유영익의 주장을 받아들여 그동안 인용했던 12개조를 삭제하고, 대신 농민군이 장성에서 전라감사에게 제시한 개혁안을 집어넣었다. 사정이 이럴진대 교과서가 아직도 관례적으로 12개조를 장황하게 인용하고 해석하는 것은 큰 문제이다.

농민군은 농민들의 전폭적 공감을 바탕으로 광범위한 사회개혁정책을 펼 것을 요구했다. 이런 노력은 비록 실패했지만 이후 갑오개혁 등 여러 개혁조치와 주장에 큰 영향을 미쳤다. 그것만으로도 우리 역사에서 아끼고 기려야 할 사건이다. 그렇기 때문에 동학농민운동이 근대성을 갖고 있느냐의 문제는 앞으로의 연구와 논쟁을 통해 더 신중하게 가려야 할 사안이다. 이때 기존 연구성과가 밝힌 것 이상으로 확대 해석해서는 안 될 일이다. 학계에서 합의된 내용만 쓰기에도 교과서의 지면은 모자란다. 이는 국사교과서뿐만 아니라 다른 모든 교과서의 경우도 마찬가지다.

역사는 정해진 방향으로만 흘러간다는 역사결정론에 입각해 계급적 사회혁명으로 해석하고 싶어서 무리하게 12개조를 집어넣는 것은 특정사관을 위해 자료를 끼워 맞춘다는 비판을 받기 쉬우며, 어린 학생들에게 단선적이고 왜곡된 역사관을 갖게 할 위험성이 있다. 단선적인 역사관에 함몰된 학생들이 균형감각을 가진 시민으로 자라나기는 어렵다. 기존 연구성과를 뛰어넘는 강력한 학술적 반론이 제기되기 전에는 교과서의 12개조 인용과 해석은 자제돼야 한다.

<조선일보 아침논단> 2009.12.24

김일영 교수를 떠나보내며

: 그대들, 그 사람을 가졌는가?[추모의 글]

金一榮(1960~2009)

⊙ 1960년 강원 동해 출생.
⊙ 성균관대 정치외교학과 졸업. 성균관대 정치학 박사.
⊙ 성균관대 교수, 바른사회시민회의 운영위원, 성균관대 사회과학연구소장, 동아일보 객원 논설위원, 조선일보 아침논단 필진 역임.
⊙ 저서:『건국과 부국』,『주한미군-역사, 쟁점, 전망』(공저),『1960년대의 정치사회의 변동』(공저),『1950년대를 어떻게 볼 것인가』(공저) 등.

성균관대 정외과의 김일영 선생님께서 2009년 11월 23일 영면하셨습니다. 향년 만 49세. 1960년 1월 강원도 동해에서 태어나, 초등학교 5학년의 어린 나이에 서울에 유학 와 성균관대학교에서 윤근식 교수님과 장을병 교수님의 지도로 학사, 석사, 박사(1991년)를 받으시고, 모교에서 1992년 9월부터 교수생활을 하셨습니다. 교수 생활 중에 성균관대 사회과학연구소 소장, 미국 하버드대 옌칭 연구소 방문학자visiting scholar, 일본 큐슈九州대학 법학부 방문학자를 역임하셨습니다. 재직 중 여러 번 최우수 연구교수, 우수 강의교수로 선정됐고, 2007년에는 성균관대 총동창회와 성균경영인포럼에서 공동수상하는 "성균학술상"을 수상했습니다. "한국정치학회", "한국국제정치학회", "한국국제정치사학회"의 임원으로 활발한 학회 활동을 했고, 여러 정부, 사회기관의 자문, "바른사회를 위한 시민회의", "교과서포럼" 계간, "시대정신" 등의 사회참여, 그리고 여러 언론매체에서의 활발한 기고활동 등 다방면에서 활동하셨습니다. 학생들에게는 자상하고 성실한 스승이었습니다. 많은 훌륭한 후학을 키워내기도 하셨습니다. 교수의 3대 책무를 교육, 연구, (사회)봉사라고 했을 때, 이 세 분야에서 모두 빼어난 활동을 한 분이었습니다.

올 초에 간암확진을 받고 투병 중이시긴 했지만 젊으시고, 워낙 회복의지가 강해서 이렇게 빨리 가실 줄 몰랐습니다. 돌아가시기 며칠 전 병원을 찾아뵜을 때도 비교적 건강하셨고, 즐겁게 대화를 나누면서 같이 웃고 했는데, 일요일날 위독하다는 전문을 듣고 달려가보니 의식이 없으시고, 그날을 못 넘기신단 말씀에 가슴이 찢어지는 고통을 느꼈습니다. 돌아가시기 3일 전 병문안 오신 연세대 김세중 교수님에게 "선생님, 염려마세요. 저 일어납니다"라고 말씀하셨는데 어찌 이리 빨리 가시나요? 이철우 교수님과 제가 "선생님 저 알아보시겠어요?"라고 물으니 눈을 번쩍 뜨시고 뭔가를 얘기하려 안간힘을 쓰시기에 뵙기에 안쓰러워 "선생님 말씀 안 하셔도 괜찮아요"라고 얘기했지요. 그 때 무슨 말씀을 그렇게 해주시려고 노력하셨는지요.

일요일날 자정 무렵에 사랑하는 가족(조인진 총신대 교수님과 일남 일녀)들과 평소에 좋아하시던 조전혁 의원의 손을 잡고 돌아가셨습니다. 빈소에 있는 선생님의 영정(p.258 사진)은 평소의 온화한 미소를 머금고 계셔서, 금방이라도 예전처럼 "강교수~ 오늘 나랑 얘기 좀 나눠요"라고 얘기하며 밖으로 나오실 것처럼 보였습니다.

빈소에는 평소 선생님을 좋아하고 존경하던 분들의 조문행렬로 발 디딜 틈이 없었습니다. 학자로서 훌륭했을 뿐만 아니라 인간적으로도 따듯했던 분이기에 조문객들의 슬픔 또한 컸습니다. 병환 중에 선생님을 지극정성으로 병문안한 연세대 법대 이철우 교수님의 우정을 보면서 감동을 받기도 했습니다.

영결식을 마치고 당신께서 거의 일평생을 보낸 성균관대의 연구실에 가족들이 모셔온 선생님 영정과 함께 들어갔었습니다. 이전 쓰던 연구실이 좁았었는데, 요번에 나온 연구실이 넓고 깨끗해서 좋다고 하시며 꼭 놀러오라고 하신 게 불과 몇 달 전인데, 그리고 많은 책을 소장할 수 있게 이중으로 된 책장을 마련했다고 좋아하시더니 이렇게 허무하게 가시다니요. 선생님이 자랑하시던 이중책장을 어루만지며 마음이 아팠습니다.

선생님을 처음 뵈었던 날이 생생히 떠오릅니다. 국제정치학회의 외교사분과 모임이었는데, 평소 선생님의 학문적 명성을 알고는 있었지만 뵌 건 그때가 처음이었지요. 하얀 얼굴에 초롱초롱한 눈빛, 해맑은 성품, 젠틀한 몸가짐, 그리고 유려한 언변으로 저에게 깊은 인상을 남기셨습니다. 그 이후 선생님과는 학연, 혈연, 지연 등 어느 부분에서도 겹치는 곳이 없었지만 저희는 너무나 자연스럽게 가까워졌습니다. 서로를 믿지 못하고 서로에게 상처받지 않으려 노력하는 이 각박한 세상에서 마음을 터놓고 얘기를 나눌 수 있는 인생선배이자 선배학자를 만날 수 있다는 것은 저에게 행운이었습니다. 서로의 고민도 스스럼없이 털어놓고, 학문적인 대화를 나누고, 선생님의 군더더기 없는 성격과 외모를 꼭 닮은 선생님의 명쾌한 글을 읽으며 행복했고 많은 것을 배웠습니다. 또한 저에게 아드님과 따님의 진로에 대해 고민하시면서 자문을 구하는 모습은 한국의 전형적인 자상한 아버지상이었습니다.

선생님과 대화를 나누면 언제나 배우는 것이 있어서 좋았지요. 진지한 대화를 나누면서도 무거운 분위기가 아니고 유쾌했던 것은 선생님의 온화한 인품 덕이었습니다. 저에겐 진지함과 열정, 냉철한 논리와 뜨거운 가슴을 적절한 비율로 가진, 그래서 닮고 싶은 완벽한 롤 모델role model이었습니다. 많은 학업과 일을 하시면서도 언제나 평상심을 잃지 않은 것에 대해선 경이의 마음으로 바라봤습니다. 저 같으면 그 스트레스를 이기지 못해 짜증이 났을 법한데도 언제나 한결같은 표정과 말투로 세상을 사셨습니다. 저보다 불과 몇 살 많으시지만 선생님은 저에게 마음의 스승이었고, 선비의 상징이었고, 인생의 벗이었습니다.

선생께서는 현대한국정치사, 한국외교사, 동아시아 정치경제발전모델, 국제관계론의 젊은 석학이었고, 법정치학에도 관심을 기울이셨습니다. 젊은 나이에 이미 많은 업적을 내고 대가로서의 자리에 한 발짝 한 발짝 다가서고 계셨고, 한국정치학계와 한국현대사학계를 이끌 차세대 리더였습니다. 명지대 김도종교수님 말씀처럼 "우리 사회가 김일영 같은 학자를 키워내려면 얼마나 많은 시간과 노력이 필요할지를 생각하면" 너무나 안타깝습니다. 실로 한국 인문사회과학계의 큰 손실이라 아니할 수 없고, 한국사회 자체의 불운이라 할 수 밖에 없습니다.

선생의 학문적 성향은 언제나 합리적이고 학구적이었습니다. 우리 세대 대부분의 학자들이 그렇듯이 학창시절 진보좌파의 길을 모색하다가, 학문이 무르익으면서 이성적인 보수의 길을 가며 한국사회의 갈 길을 제시해 주셨습니다. 그러나 선생은 파당적인 이데올로 그가 아닌 균형 잡힌 이론가이자 역사가였습니다. 학자가 성실함과 총명함을 공히 갖기란 매우 어렵습니다. 그러나 선생은 두 가지를 겸비한 드문 예였습니다. 작년에만 무려 12편의 논문을 발표하신 것만 봐도 선생님의 성실성과 생산성을 능히 짐작할 수 있습니다. 국내에서만 공부하신 분들이 자칫 가질 수 있는 식견의 협소함도 선생에게서는 전혀 발견할 수없었습니다. 오히려 어떤 유학파보다 더 넓은 통찰력을 갖고 있고, 최신이론에 해박했음은 선생님 특유의 성실함과 총명함에 기인한 것이라 생각됩니다. 그리고 정치학자들이 일차사료에 대해 등한시하는 것에 대해 비판의식을 가지고 성실히 일차사료를 섭렵하시기도 했습니다.

그 결과는 이론과 사실史實의 조화 속에서 탄생하는 독창적인 논리였습니다. 그래서 무작정적인 찬미가 아닌 학구적 분석을 통해 이승만 시기와 박정희 시기에 대한 재평가를 시도하셨고, 특히 이승만 농지개혁에 대한 분석은 그 이후 학설사의 주류를 이뤘습니다. 『해방전후사의 재인식』 편집·출간을 통해 한국사회에 대한 인식을 한 단계 더 높이시기도 했습니다. 그 이외에도 수많은 연구와 저술을 통해 한국현대사를 편향되지 않게 바라보는 시각을 제공했고, 앞으로 한국사회가 나아가야 할 방향을 끊임없이 제시했습니다. 설사 선생님의 주장에 동의하지 않은 학자라도 선생님의 논리를 무시할 수는 없었습니다. 진실성 있는 학자라면 선생님의 논리를 반박하기 위해라도 더 공부를 해야 했습니다. 그만큼 선생님의 글은 진지했고, 치밀했고, 명쾌했기 때문이지요. 그런 점에서 선생님이 한국학계발전을 위해 하신일은 매우 큽니다.

또한 선생님은 사회와 담을 쌓고 연구실에서만 틀어박혀 사는 백면 서생만은 아니었습니다. 사회활동도 적극적이었고 사회적 발언도 활발했기에 참여하는 지식인의 풍모도 갖고 계셨지요. 선생님이 추구하는 사회는 한마디로 품격있는 사회였습니다. 그래서 수준 낮은 좌파들이 날뛸 때도 준엄한 비판을 했고, 저질스런 우파가 잘못된 길을 갈 때도 통렬한 꾸짖음을 주셨습니다. 자유주의와 책임에 기반한 성숙한 시민사회를 갈구했기에, 생전에 좌건 우건 정치권력화를 추구하는 또는 정치권력과 밀착하려는 시민단체를 신랄하게 비판하기도 하셨죠.

제가 알기에 선생님은 기존 저서인 『건국과 부국』을 수정보완해서 학술적으로 더 탄탄한 책으로도 만들고, 그 책을 대중이 읽기 쉽게 대중용으로도 출간하는 작업을 하고계시는 등 한국현대사의 재평가 작업에 매진 중이셨고, 그 이외에도 국제정치경제학 이론, 만주국에 대한 연구, 냉전사에 대한 연구/번역 등을 심화해 나가고 계셨습니다. 서울대 전상인 교수님이 영결식 조사에서 "반백 년을 채 못살았어도, 업적으로는 일백 년 이상을 산 사람"이라 하셨듯이 지금까지 하신 일도 많지만, 앞으로 이루어낼 일들이 훨씬 더 많은 분이기에 아쉬움은 더 큽니다. 저희 같은 몽매한 후학들에게 우리 사회가 나아갈 옳은 방향에 대해 지적 영감inspiration을 주는 존재로 남아 계실 것입니다. 생전에 저에게 한국학계를 위해 냉전사의 대저이자 고전인 존 루이스 개디스 교수의 "냉전의 전략Strategies of Containment" 개정판을 반드시 번역해달라고 부탁하셨는데 그 부탁도 꼭 들어드리도록 노력하겠습니다.

영결식에서 서울대 전상인 교수님이 "왜 하느님이 김선 생을 일찍 데려갔는지 조금은 알 것도 같다. 김 선생이 너무 능력 있고, 점잖고, 똑똑해서 우리 사회가 김 선생을 한시도 내버려 두지 못하고 일을 시켰기 때문에, 이제 좀 쉬라고 데려가신 것같다"라는 말씀이 맞는 것도 같습니다.

이제 이생에서 너무 과로하고 사셨으니 부디 저생에서는 편히 쉬시면서 좋아하시는 책 읽으시면서 안식을 누리십시오.

선생님의 애송시는 함석헌 선생의 '그 사람을 가졌는가'였습니다.

만리길 나서는 길
처자를 내맡기며
맘놓고 갈만한 사람
그 사람을 그대는 가졌는가

온 세상 다 나를 버려
마음이 외로울 때에도
'저 마음이야'하고 믿어지는
그 사람을 그대는 가졌는가

탔던 배 꺼지는 시간
구명대 서로 사양하며
'너만은 제발 살아다오' 할
그 사람을 그대는 가졌는가

불의不義의 사형장에서
'다 죽여도 너희 세상 빛을 위해
저만은 살려두거라' 일러줄
그 사람을 그대는 가졌는가

잊지 못할 이 세상을 놓고 떠나려 할 때
'저 하나 있으니' 하며
빙긋이 웃고 눈을 감을
그 사람을 그대는 가졌는가

온 세상의 찬성보다도
'아니'하며 가만히 머리 흔들 그 한 얼굴 생각에
알뜰한 유혹 물리치게 되는
그 사람을 그대는 가졌는가

제 책상에 앉아 선생님에 대한 추모글을 쓰니 오래된 내상처럼 뒤늦게 서러움이 밀려듭니다. 선생님의 애송시를 읽다보니 선생님이 바로 그런 존재였더군요….

불초소생 후학 강규형 올림

<월간조선> 2010년 1월호

대학평가 · 교수평가 제대로 하려면

과거에는 교수직이 선망의 대상이었다. 그러나 요즘은 교수가 되려는 학생들을 찾아보기 힘들다. 열심히 공부해서 박사 학위를 받아도 교수되기 힘들고, 되고 나서도 끊임없이 평가받아야 하는 힘든 직업이 됐기 때문이다. 교수뿐 아니라 대학도 지속적인 평가를 받는다. 지금은 초 · 중 · 고 교사가 인기직종이다. 실질적 경쟁이 없는 이 직업이 그만큼 상대적으로 편하고 안정적이라는 것을 나타내는 현상이다. KAIST 교수들 중 많은 수가 정년보장에 실패했다는 보도가 나오면서 새삼 교수들 좋은 시절은 다 갔다는 것이 재확인됐다.

교수 간, 대학 간 치열한 경쟁과 평가를 통해 한국 대학이 과거와 비교하기 힘들게 업그레이드 된 것은 인정돼야 한다. 하지만 한국 대학들은 방향 설정에 있어서 문제점이 많으며, 외형을 중시하는 일괄적 평가 기준에 매달린 나머지 내실에 있어서 개선할 점이 있는 것도 사실이다.

우선 대학마다 내세우는 목표가 비슷비슷하다. 학교마다 사정이 다른데도, 너도나도 연구중심 대학을 지향한다는 것이 일례이다. 미국에는 엄청나게 많은 대학이 있지만 그중 극소수만 연구중심 대학이다. 한국에서도 연구중심 대학을 지향할 수 있는 학교는 몇 개에 불과하다는 사실을 이제는 냉정하게 받아들여야 한다. KAIST나 포스텍같이 실질적으로는 이공계 연구중심의 단과대학, 서울대 · 연세대·고려대와 같은 매머드 종합대학, 그리고 중소형 대학은 지향하는 바가 각기 달라야 한다. 예를 들어 윌리엄스대는 하버드대와는 전혀 다른 목표와 전략을 가진 소규모 학부교육 중심대학이지만 세계적인 명문이다. 한국에서 비슷한 전략으로 성공한 한동대의 경우를 주목해야 할 이유가 여기에 있다. 다른 종류의 대학들을 같은 기준으로 비교하는 것은 마치 같은 사과끼리가 아니라, 사과와 오렌지를 비교하는 격이 돼버린다. 또한 모든 분야를 다 잘할 수 있는 극소수 대학과는 달리 한두 분야에 선택과 집중을 하는 전략도 고려해야 한다. 일례로 델라웨어대나 네바다 라스베이거스대UNLV는 큰 대학이 아니지만 화학공학과 호텔경영이라는 분야에서만은 각각 최정상급이다.

두 번째로 지적하고 싶은 것은 국제화 문제이다. 영어강의를 늘리고 우수한 외국인 교수를 채용하는 정책은 전적으로 옳으나, 잘못 시행될 경우 부작용이 만만치 않다. 단순히 이런 기준을 대학평가의 중요 잣대로 삼는 것도 문제이다. 어떤 대학들은 교수가 영미권에서 박사를 받지 않았는데도 무조건 영어강의를 부과한다. 그러다 보니 가르치는 교수나 듣는 학생이나 무슨 얘기를 하는지 도통 모른 채로 진행되는 수업의 질 저하현상이 심각하다. 어떤 '영어' 강의에서는 "OK, Next"와 같은 몇몇 단어들만 빼고는 거의 한국어로 강의가 이루어지는 촌극도 발생한다. 대학은 수업을 통해 지식과 아이디어, 삶의 철학과 세계관, 그리고 진리탐구의 정신을 배우는 곳이다. 부차적인 목적인 영어습득이 오히려 주가 되는 본말전도가 우려된다.

세 번째로 교육기능의 강화가 시급하다. 실적 쌓기에만 신경을 쓰면서 대학의 가장 중요한 기능인 교육에는 무관심을 보이는 경향이 일부 존재한다. 특히 1 · 2학년 교양교육은 무의미한 통과의례로 여겨지며 부실해지기 십상이다. 동료 교수 한 분이 요 몇 년간 대학평가에서 두드러진 실적을 낸 대학에 자녀를 입학시켰는데, 빈번한 휴강 등 수업의 질과 성실도가 극히 불량한 데 놀라 해당 대학에 항의한 일도 본 적이 있다. 다행히 일부 대학은 교양기초교육전문 단과대학을 세우는 등 교육부문에 신경을 쓰고 있으나 아직 이런 인식이 전국적으로 보편화되어 있지는 않다. 연구중심 대학에서도 교육기능은 경시될 수 없다. 최근 하버드대학의 몇몇 유명 교수들이 대학에서 강의기능이 저하된 것을 비판하면서, 강의진의 교육능력과 학생의 학습상황 평가를 강화하고, 교수 연봉에서 연구의 성과뿐 아니라 지도능력도 반영할 것을 학교당국에 강력히 요구한 것은 시사하는 바가 크다.

한국대학들은 아직도 갈 길이 멀다. 대학의 특성에 맞는 방향설정과 국제화의 부작용 최소화, 그리고 경시되는 교육기능의 강화, 이세 부문에서 심각한 고민을 하고 현명한 선택을 할 때 대학의 미래가 더 밝아질 것이라 믿는다.

<조선일보 아침논단> 2007.10.04

교원평가제 당당히 받아들이자

필자의 중학교 시절 한 선생님은 "학생들만 보면 머리가 아프다. '선생질'이 너무나 싫다"고 하셨다. 고등학교 때 선생님 한 분은 자신은 "봉급 받는 만큼만 가르친다"고 하시면서 주로 자습을 시키거나 수업 내내 신세 한탄만 하셨다. 당연히 수업 진도는 제대로 못 나갔다. 공교롭게도 그분은 고령이라 학교에서 호봉이 가장 높은 편이었다.

한번 솔직하게 얘기해 보자. 어떤 선생님은 열의로 가르치고 사랑으로 인도해 주셔서 인생의 사표가 되시는 반면 어떤 선생님은 '저분은 왜 교사가 됐을까?' 하는 의문이 들만큼 불성실하며 때로는 비인격적이었다는 기억을 누구나 가지고 있을 것이다. 대다수의 학교에 '미친개', '땡땡이', '수면제' 등 차마 교사의 것이라 하기 민망한 별명을 가진 분들이 있지 않았나?

대학은 사정이 더 나빴다. 큰 환상을 가지고 들어온 대학에서 그 환상이 깨지는 데는 별로 시간이 필요하지 않았다. 필자가 작년 동아일보 '시론'(11월 24일자)에 언급했듯이 대학은 무능하고 게으른 교수들의 천국이었다. 그러나 대학은 변했다. 작지 않은 반발과 부작용이 있었으나 뼈를 깎는 고통 속에 교수평가제가 자리 잡았다. 이후 교수들은 교육, 연구, 봉사, 행정 어느 부분에서도 쉽게 살기는 힘들어졌다. 교수들은 괴로워졌으나 대학 교육은 빠른 속도로 충실해졌다. 어떤 제도건 완벽할 수는 없지만 그 제도의 시행으로 성과가 대가보다 크다면 그것은 해 볼만 한 일이다.

그러나 중·고등학교의 교육 상황은 오히려 과거보다 악화됐다고 한다. 사실상 평가시스템이 전무한 채로 한국 교육은 너무나 오랫동안 방치됐다. 열심히 가르칠지 말지는 교사들의 자의에 맡겨진 채, 교사들을 좋은 선생님으로 만들기 위해 격려하는 인센티브가 부족했다. 부적격 교사들이 존재해도 그들을 재교육하거나 도태시키는 메커니즘이 없었다. 세상의 모든 직업이 평가를 받는데 일부 교사는 온갖 이유를 대며 평가를 거부하고 있다. 더군다나 일부 교사가 교원평가제 시범학교 교장에 대해 인신공격을 하는 사태가 생기기도 했다고 한다. 이러니 교육의 질은 떨어질 수밖에 없었다.

반면 사설학원에는 이러한 관리시스템이 존재한다. 요즘 학생들이 학원 선생님들을 더 믿고 따른다고 한다. 참담한 일이지만 어찌 보면 자연스러운 결과일 수도 있다.

미국 일부 교사의 행태를 보자. 거기서는 370만 명이 가입해 있는 두 개의 거대 교원노조(전국교육협회, 미국교사연합)가 교직사회에 대한 개혁에 공공연히 저항한다고 한다. 이들은 좋은 교육을 하는 것에는 별 관심이 없고 단지 자신들의 이익을 지키기 위해 교육위원회와 협상, 투쟁하는 법을 주로 교사들에게 가르친다고 한다. 이들의 주 관심은 우수교사 채용에 반대하고 학생들의 학교선택권을 반대하는 등 정치투쟁이기에 미국 공립학교는 자신들의 지위 보전에만 관심이 있는 무능 교사들의 천국이 됐다는 것이다. 그 대신 사립학교들과 미국판 특수목적고 및 대안학교들이 인기를 끌고 있다. 어디서 많이들은 얘기 같지 않은가.

교육 평등을 주장하는 대표적인 정치인 겸 목사인 제시 잭슨, 앨 샤프턴과 같은 급진주의 성향의 위선자들은 자신의 자녀들을 공립 학교가 아닌 비싼 사립학교에 보냈다. 우리나라의 전국교직원노동조합(전교조) 교사 중 일부도 자기 자식의 교육 환경을 위해서는 이사를 하고 특목고, 대안학교를 찾거나 조기 유학을 보낸다는 얘기를 들으니 황당할 뿐이다.

다행히 교원 평가를 당당히 받아들이는 교원단체인 '자유교원조합'이 탄생한다고 한다. 사실상 독점적인 교원노조였던 전교조는 경쟁이 없었기에 초기의 긍정적인 모습을 잃어버리고 비정상적인 모습으로 변해 간 측면이 있는 듯하다. 경쟁이 없던 교육 현장에 경쟁이 생긴다는 것은 바람직한 일이다. 부디 철학이 다른 두 교원단체가 교육현장에서 선의의 경쟁을 해서 땅에 떨어진 공교육과 교사들의 위신을 되찾길 기대한다.

단지 국민의 절대 다수가 교원평가제를 지지한다는 차원의 얘기가 아니다. 교사들은 학생들과 학부모들의 존경 및 신망 속에서 살아가야 한다. 현실이 그렇지 않다는 것은 대한민국의 비극이다. 이제 교원평가제를 당당히 받아들이자.

<동아일보 동아광장> 2006.01.19

'게으른 교수' 차등적 연봉제 도입을

　필자가 학생 신분으로 대학에 다니던 20여 년 전만 해도 대학 교수는 세상에서 가장 편한 직업이었다. 교수의 본분인 교육과 연구에 아무리 소홀해도 그것을 제어할 만한 메커니즘이 전무한 가운데 25년간 교내 논문 두세 편 쓴 교수부터 휴강을 밥 먹듯 하는 교수에 이르기까지 대학은 게으르고 무능한 교수들의 천국이었다. 방만한 시스템 아래에서도 묵묵히 자신의 본분을 다한 교수도 많았는데 지금 생각해 보면 그분들은 정말로 사명감이 투철했던 것 같다.

　이러한 대학의 풍경은 최근 급격하게 변했다. 교수평가제가 어느 정도 정착됐기 때문이다. 기존 교수들에게 전면적으로 소급 적용할 순 없지만 신임 교수들은 교수평가, 특히 연구업적평가를 통해 재임용과 승진이 결정되기 때문에 나태한 모습을 보이기 힘들어졌다. 그러나 아직도 한국의 대학이 제자리를 찾으려면 갈 길이 멀었다는 얘기들이 들린다.

　정운찬 서울대 총장이 최근 기자들과 만나 "1주일에 하루 나오는 서울대 교수들이 있다. 창피를 좀 주라"며 불성실한 일부 교수를 비판했다 한다. 이는 서울대만이 아닌 한국 대학 전반의 문제다. 정 총장이 "연구하는 데에 바쁘다고 학생들 교육에 소홀해서야 되겠느냐. 연구 실적으로만 교수를 평가하다 보니 그런 모양"이라고 말한 것은 문제의 핵심을 찌르는 지적이다. 학교와 학생에 대한 기여가 천차만

별인데도 교수들이 똑같은 대우를 받는 것도 상황을 악화시키는 요인이다. 일주일에 하루 학교에 나오고 그 이외의 날은 골프치고 노는 교수와 이를 악물고 학교 교육과 행정에 힘을 기울이는 교수의 대우는 현재 거의 차이가 없다.

이러한 상황을 개선할 묘책이 있는가. 완벽하진 않지만 연봉제와 임금피크제의 요소를 부분적으로 도입하는 방안이 있긴 하다. 대다수 대학은 이미 교수평가제를 통해 각 교수에 대한 종합평점을 확보하고 있다. 예를 들어 필자가 다니고 있는 학교는 연구 40%, 교육 40%, 봉사 10%, 교육행정 10%의 가중치를 두고 학기마다 평가한다. 또한 일주일에 최소 4일은 학교에 나와 강의하는 것을 장려하는 제도도 있다. 문제는 연구 평가는 대단히 강화됐지만 다른 분야의 평가는 실시는 하되 현실적으로 영향을 미치지 못한다는 데 있다. 한국의 대학은 당장 능력과 기여도에 따른 차등적 연봉제를 실시해도 될 준비가 돼 있지만 현실 여건상 이것을 채택하는 대학은 거의 없다. 대신 거의 모든 대학이 근무연한에 따른 호봉제를 채택하고 있는데 이러한 기계적인 호봉제가 대학 사회의 활성화를 막는 하나의 원인이 된다.

현실적인 해결책으로 호봉제와 연봉제를 적절히 절충해 대학의 안정화와 활성화를 동시에 이끌어 낼 것을 제의한다. 그렇게 되면 교수가 일주일에 하루를 나오건 이틀을 나오건 거기에 대해 대학이 강제할 수 있는 방안은 없어도, 하루 이틀만 나와 깎이는 종합평점이 연봉에 부분적으로나마 영향을 미치기에 교수들의 노력과 참여를 유도할 수 있다.

외국에서는 이미 교육 능력 평가가 교수의 재임용과 승진에 큰 요

인으로 작용한다. 당장 그렇게까지는 못한다 해도 일단 교육 수행
능력도 연봉에 부분적으로 영향을 미치게 할 수는 있다. 세 번의 나
쁜 교육평점을 받은 교수에게 감봉 조치를 하는 대학도 있다 하나
현 단계에서 연봉제적 요소만 일부 도입하면 감봉이라는 강한 조치
없이도 교육에 교수들이 더 신경을 쓰게 할 수 있다.

　대학은 교육과 연구의 전당이다. 대다수 교수가 자발적으로 이러
한 본연의 임무를 성실히 수행하고 있지만 정 총장이 우려하는 상황
이 존재하는 것도 사실이다. 이는 몇 가지 제도적 개선과 교수 개개
인의 노력을 통해 충분히 극복될 수 있는 문제들이다.

<동아일보 시론> 2005.11.24

명예교수제도의 문제점

　내가 대학 다닐 때 일이다.

　자기 분야에 선구적인 업적을 내고 비록 명강의는 아니었지만 성의껏 가르치고 후학들을 잘 키워내기로 유명한 교수님이 은퇴를 하셨는데 그분이 명예교수가 못 된다는 것이었다.

　학생들은 당연히 거기에 대해 의아하게 생각했고 얼마 지나지 않아 그 이유를 알게 됐다. 바로 그분이 학교에 재직한 햇수가 명예교수의 조건인 근무연수인 25년을 못 채운 24년 6개월이기 때문이었다.

　단 한학기가 모자라 그분이 명예교수가 되지 못하는 것을 보고 학생들은 무언가 제도상의 문제가 있다고 느꼈다.

　반대의 경우도 얼마든지 가능하다.

　여기 C라는 한 가상의 교수가 있다고 치자. C는 한 대학의 교수가 된 후 논문하나 변변한 저널에 싣지도 않는 등 연구를 등한시했다. 또한 학생들 교육에는 관심조차 없고 강의를 불성실하게 해서 C교수의 수업은 학생들의 원성을 샀으며, 그 이외에도 교수로서 해야 할 일에 최선을 다하지도 않고 여러 사적인 문제도 가지고 있다고 가정하자. [사실은 실존 인물이다.]

　문제는 이런 교수조차 25년 이상 근속을 했다면 아무 문제없이 명예교수가 될 수 있는 제도상의 맹점이 존재하고 있다는 것이다.

즉 25년 이상 학교와 학생들에게 민폐를 끼친 "불명예스런 교수"가 "명예교수"가 되는 코메디적 상황이 얼마든지 발생할 수 있는 것이 우리나라 대학의 현 상황인 것이다.

혹자는 이런 질문을 할 것이다. 어떻게 그런 교수가 20여 년간 대학교에 아무 문제없이 근속할 수 있는가?

물론 현재 거의 대부분의 대학들은 신임교수들에게 재임용과 승진에 있어 높은 수준의 연구, 교육의 기준을 부과한다. 그러나 이러한 규칙은 소급 적용될 수 없기에 위와 같은 가상의 교수 같은 부류들은 아무 문제없이 대학에 적을 둘 수 있었다는 불가피한 현실적인 문제가 존재한다.

그리고 위에 언급한대로 현재 많은 대학들의 명예교수의 기준은 단 하나, 25년 또는 20년 근속을 했느냐 안했느냐는 기계적인 조건을 가지고 있을 뿐이다.

교직봉사의 실제 내용은 전혀 고려치 않고 단지 오래 근무했다는 것이 '명예'의 유일한 조건이 된다는 것은 상식적으로 납득하기 어렵다.

따라서 교수의 근무연수만 기준으로 삼고 있는 현행 명예교수 제도는 근본적으로 개선되어야 한다.

비록 물리적으로 근무한 햇수가 기존 근무연수에 다소 미달되더라도 뛰어난 연구와 교육성과로 재직했던 대학을 빛내고 학생들에게 좋은 영향을 끼친 교수들도 명예교수가 될 수 있고, 25년 또는 20년의 기계적인 조건을 채웠지만 여러모로 문제가 있는 교수들은 최소의 심사를 통해서라도 명예교수가 되지 못하게 하는 제도적 장치가 필요하다.

심사 기준은 현행 신임교수들에게 부과하는 재임용, 승진 기준의 10분의 1이라도 좋다. 이러한 제도개선은 그것이 재임용, 승진에 관한 문제도 아니기 때문에 소급 적용의 문제에서도 자유로울 수 있다.

그렇게 합리적인 최소의 기준이라도 마련함이 명예교수 직위를 진정으로 명예로운 것으로 만드는 길이 되지 않을까하는 생각을 가져본다.

<업코리아> 2004.05.29

대학원도 너무 많다

한국이 21세기 문명에서 살아남기 위해서는 과학기술의 발전과 수준 높은 정신문화의 진작이 절대적으로 필요하고, 이러한 것을 이뤄내는 데에 대학이 주도적 역할을 해야 한다는 것은 너무도 당연한 얘기다. 대학은 과학기술과 정신문화를 창출하는 주체인 동시에 그것을 향유하는 소비자다. 그러나 우리의 대학들이 이런 역할을 수행할 준비가 잘 안 돼 있다는 것 또한 주지의 사실이다.

그런 의미에서 이번에 교육인적자원부가 발표한 대학교 구조개혁안을 보고 올 것이 왔다는 느낌을 받았고, 만시지탄이지만 다행한 조치라고 생각한다. 대학의 난립과 인구 감소로 이미 대학 정원이 대학 지원자보다 더 많아진 상태이고 그에 따른 일부 대학의 부실화가 급속히 진행되고 있는 상황이다. 2009년까지 358개 대학 전문대 중 87곳을 없애는 동시에 전임교원 확보율을 높이고 교수 1명당 학생 수를 줄인다는 계획은 환영할 만한 일이다. 교육부의 이번 발표로 그동안 계속 논의되어 왔지만 지지부진하던 대학 간 통폐합도 가속화될 것으로 기대된다.

아쉬운 점은 인구학만 제대로 숙지했어도 예측할 수 있었을 대학 정원과 입시생 간 비율의 불균형을 무시하고 대학이 무분별하게 난립하도록 그동안 교육부가 일조했다는 점이다. 1996년에 대학, 대학원 설립기준이 완화되면서 대학이 기하급수적으로 늘어났지만 질적

향상은 도외시됐고 정원 미달과 교육 부실이라는 급박한 사태가 나타났다. 대학을 세우기는 쉬워도 통폐합하기는 무척 어렵고 많은 후유증을 낳을 수 있기에 대학 신설은 극도로 신중을 기했어야 할 일이다.

이번 발표를 계기로 필자는 대학원 부실화에 대한 대책을 아울러 촉구하고 싶다. 대학원 역시 난립해 있고 질적으로도 위험수위에 와 있다. 고등교육기관으로서의 기능이 약해지고 정원 채우기에 급급한 것이 대학원들의 현실이다. 이러한 현상은 생각보다 심각해서 세칭 일류대 일반대학원이라고 예외가 아니다. 우수 학생들이 대학원 진학을 기피하는 세태에 더해 대학원 과정과 정원이 너무 많아서 부실화가 이미 도를 넘어선 상태다. 무턱대고 대학원 과정을 만들어 편하게 지내려는 교수들의 이기심 또한 이러한 사태를 낳은 이유 중 하나였다는 것이 대학가의 공공연한 비밀이다. 일부 특수대학원은 학생들의 학위 취득을 위한 통과의례라고 할 수 있을 정도로 부실하다는 게 대학에 종사하는 사람이라면 누구나 다 아는 상식이다. 특수대학원 졸업자들을 위한 대리논문 작성이 성행하고 있다는 최근 보도는 대학원 부실의 일면을 잘 보여준다.

필자가 경험한 바로는 미국의 무수히 많은 대학 중에 대학원 과정, 특히 박사과정을 개설한 대학은 극히 일부분이다. 예를 들어 오하이오 주의 경우 주내에 역사학과를 개설한 대학은 수십 개가 넘지만 박사학위를 수여하는 곳은 7개에 불과했고, 그나마 근년에 주정부가 엄격한 심사를 거쳐 이를 2개로 줄인 것은 시사하는 바가 크다. 다른 5개 대학도 박사학위를 수여할 만한 역량이 충분하지만 시장수급 상황과 졸업생들의 장래를 고려해 가장 경쟁력 있는 두 곳만 살려낸 것이다. 대학원 교육이 가장 수준 높게 이뤄진다는 미국에서조차 이러한 구조조정을 통해 대학원의 내실화를 꾀하고 있는데 우리나라가 부실한 대학원 교육을 방치할 수는 없다.

대학 구조 개선에 있어 최대 문제 중 하나는 재정이다. 우리나라 대학은 재정의 대부분을 등록금에 의존하고 있다. 학생 수 감소와 교원 수 증가라는 구조 개선은 재정을 악화하는 과제다. 재정 문제에 대한 충분한 대비책이 필요하다.

대학과 대학원은 인재를 양성하는 곳이어야지 누구나 쉽게 들어와서 쉽게 졸업하는 곳이 돼서는 안 된다. 대학과 대학원이 제구실을 못할 때 우리의 미래가 암담하기 때문이다.

<동아일보 시론> 2004.12.31

'쓸모 있는 바보들'의 근·현대사

왜곡된 근·현대사 교과서 개정에 대한 논의가 뜨겁다. 원로·중진 인사들이 직접 일선 고교를 찾아가 이런 왜곡을 시정하는 근현대사 특강을 할 계획도 세워져 있다 한다. 근·현대사 교과서에 대한 문제제기는 요 몇 년간 꾸준히 있어 왔지만 참여정부에 의해 거부돼 오다가 최근 들어 새로운 국면을 맞고 있다. 그중 가장 문제가 많은 한 교과서는 그동안 무려 300여 군데에 걸쳐 오류와 편향을 수정했지만 아직도 대한민국의 정통성과 지난 60년간의 성취를 대체적으로 부정하고 북한체제에 호의적인 근본 기조를 유지하고 있다.

과거 냉전시대에 체제경쟁이 치열하게 벌어지고 있을 때 서방권에 살고 있는 일단의 사람들은 자신들은 공산주의자가 아니면서도 소련과 공산권체제를 더 선호했다. 역사는 그들을 '동반자fellow traveller'라 부른다. 레닌은 이들을 "쓸모 있는 바보들useful idiots"이라 불렀다. 예를 들어 노벨문학상 수상자인 조지 버나드 쇼는 스탈린의 흉상을 자기 책상 위에 올려놓고 존경했으며 소련체제를 찬양했다. 당시 소련에서는 참혹하기 짝이 없는 테러가 자행되고 있었는데도 말이다. 영국 작가 그레이엄 그린은 소련사회가 미국보다 더 우월하다는 견해를 소련이 붕괴되기 불과 몇 년 전까지도 여러 번 표명했다. 베를린 장벽이 무너지기 직전의 서독에도 이런 사람들이 꽤 있었다.

역사를 바라보는 데는 여러 관점이 존재한다. 그러나 이렇게 균형

감각을 잃은 역사관은 잘못된 것이었다. 그것은 관점의 차이가 아니라 상식의 문제였다. 그리고 그들의 잘못된 신념과 역사관은 베를린 장벽과 더불어 허무하게 무너졌다.

광복절을 건국절로 대체하자는 사려 깊지 못한 법안이 제출되면서 가열된 측면이 있지만, 대한민국 건국 60주년을 두고 벌어진 논쟁은 우리 사회에 존재하는 역사관의 혼란을 여실히 보여줬다. 10년 전에 김대중 정부에서 '건국' 50주년을 기념할 때는 별 문제가 없다가 이제 와서 이런 논란이 일고 있는 것은 정치적인 의도가 깔려 있기 때문이다. 건국의 기점을 1919년으로 잡아야 한다는 일각의 주장은 정통성의 측면에선 타당하지만, 국가의 3대 요소가 주권, 영토, 국민임을 상기할 때 현실성이 결여되어 있다. 임시정부도 앞으로 있을 진정한 건국에 대비한 '건국강령'을 1941년에 발표했으며, 해방 직후 여운형 선생이 '건국' 준비 위원회를 구성한 것도 온전한 국가를 만들자는 희망 아니었던가? 그러나 좌파들은 임시정부나 대한민국의 정통성에 대해 별로 인정하지 않으면서도 이러한 논의에 편승하는 기회주의적 경향을 보였다.

북한에서는 1946년 2월 북조선 임시인민위원회의 결성으로 사실상 정부가 수립됐지만, 공식적으로는 올해 9월 9일에 건국 60주년을 맞았다. 하지만 김정일 위원장의 건강문제로 성대하게 행사가 치러지지 못했다. 김일성을 위시한 공산주의자들도 나름의 열정으로 미래를 열어가려고 했다. 그러나 그들의 실험은 현실에서 처참하게 실패했다. 북한 체제가 지속 가능하다고 보는 사람들은 아마도 그렇게 믿고 싶은 사람들뿐일 것이다. 붕괴 직전의 소련이나 동구권에 대해 그렇게 믿었던 사람들이 있었던 것처럼.

돌이켜보면 대한민국의 역사는 대단히 불완전했고 상처투성이였다. 미화의 대상으로만 바라보는 것은 또 다른 왜곡일 것이다. 그것은 미국을 위시한 서구국가들의 역사도 마찬가지다. 불완전한 인간들이 만들어가는 역사는 불완전할 수밖에 없다. 그래서 역사를 바라볼 때 필요한 자세는 비교사적 관점이다. 대한민국의 역사를 지금의 입장에서 함부로 재단하지 않으면서 북한을 포함한 다른 나라와 비교하는 관점에서 균형 있게 바라볼 때 열악한 환경을 이겨내고 자유롭고 부강한 나라를 이룩했다는 진정한 의미를 찾을 수 있지 않겠는가. 교과서 개정은 결국 이 방향에서 이뤄져야 할 것이다.

<조선일보 시론> 2008.09.23

'좌편향 교과서', 교정해야 하는 이유

　편향된 근현대사 교과서 문제로 갈등이 고조되고 있다. 교육과학기술부는 왜곡 부분을 시정할 것을 권고했고, 해당 교과서 집필진들은 이를 거부한다. 여기에 대해 이원희 한국교총 회장은 "국가 정통성과 헌법정신을 훼손하는 교과서 수정을 거부할 경우 전국 학교에서 해당 교과서 불채택 운동을 전개할 것"이라고 선언했고, 가장 심각한 문제가 있는 금성출판사는 수정 지시를 받아들이겠다고 밝혔다.

　그러면 교과부가 지시하고 출판사가 수정한다고 이 현안이 해결될 것인가. 문제가 그렇게 간단치 않다. 애초에 교과서의 틀 자체가 잘못 짜였고, 편향된 교과서가 검인정을 통과한 것은 교과부의 책임임을 인식해야 한다. 오랫동안 숙성되어 왔던 거대한 조류가 이런 형태로 나타난 것이기에 이 문제의 뿌리는 매우 깊다. 1980년대 대학가를 풍미한 좌파적 수정주의와 민족주의의 강력한 결합은 그때까지 강요되어 온 일부 관변 논리의 허구성을 지적하면서 인기를 얻었고, 반反의 논리로서 학계에 커다란 지적 도전을 던지며 성장했으며, 이제는 교과서에 주류 논리로 등장했다.

　그러나 시간이 지나면서 국내외 학계의 연구는 '해방 전후사의 인식'의 수준을 넘어섰다. 문제는 일부 국사학계의 인식과 교과서 서술이, 그리고 일부 정치·사회세력의 인식이 그 수준에 머물렀다는 점이다. '정신적 83학번'인 노무현 전 대통령이 유권자의 80%가 등록

하고, 등록 유권자의 93%가 투표한 5·10 선거로 세워진 제헌의회와 제1공화국에 대해 "1948년 정부수립의 정통성을 강조하고 싶어 하는 사람들이 있으나 그 세력들의 평가일 뿐이고 실제로 정부수립을 할 때 우리 국민 상당수는 반대했다"고 몇 달 전 언급한 것이 대표적인 예다. 사상 첫 투표였으니 이상적일 리가 없다. 그러나 그때까지 우리 역사에 이 정도로 자유로운 민의에 의한 보통선거가 한번이라도 있었던가?

또한 6·25 전쟁을 누가 시작했는지 묻지도 말라고 한 것은 1980년대를 풍미했지만 이제는 공산권 붕괴 후 공개된 자료 연구들을 통해 폐기된 커밍스의 논리를 그대로 듣는 듯하다. 캐스린 웨더스비 박사는 이미 1990년대에 러시아의 비밀문서들을 통해 6·25가 면밀히 계획되고 집행된 사건이라는 사실을 규명했지만, 일부 근현대사 교과서에는 이런 서술이 전무했다. '냉전사 국제 프로젝트'라는 세계적 협동연구 네트워크는 6·25뿐만 아니라 다른 여러 주제에 대해 방대한 자료 발굴·수집과 연구를 하고 있다. 아쉽게도 국사학계는 이런 성과를 흡수하는 데 한 템포 늦거나 방기하는 경향이 다소 있다.

가상의 농민을 등장시켜 북한의 토지개혁을 긍정적으로, 남한의 농지개혁은 부정적으로 묘사한 부분은 어떤가? 이승만의 농지개혁은 최근 대표적인 좌파 국사학자들과 진보 이론가도 인정할 만큼 성공적이었다는 데 의견이 수렴되고 있다. 그들의 글을 읽으면서 이런 주장을 이미 했었던 선행先行 연구에 대한 인용이 전혀 없다는 학문적 비례非禮에 실망했다. 그러나 한편으론 뒤늦은 학문적 공정성에 경의를 표하고 싶었다. 그러나 금성출판사 교과서는 그 부분을 삭제하지 않고 있다. 그것은 학문적 나태와 다를 바 없다.

교과서 개정 문제가 위에서의 지시와 밑에서의 거부로 치닫고 있어 불편한 마음 금할 길 없다. 일단은 학문적 양심에 근거해 자발적인 개선과 수정이 있기를 기대한다. 자기 역사를 공부하는 것은 '기억의 공유'를 위한 작업이다. 이는 맹목적인 자화자찬과도 구별된다. 올바른 근현대사 교육은 앞 세대의 공과功過와 명암을 객관적으로 살펴 미래 세대의 바른 가치관을 형성시킨다. 학계의 부단한 자기 탈피 노력과 합의 도출 과정을 거쳐, 바람직한 방향으로 근현대사 서술의 틀이 마련되길 기대한다.

<문화일보 포럼> 2008.12.02

새로운 한국의학교육을 기대하며

: 『인문사회의학과 의학교육의 미래』 서평

96년 늦여름 한 의대 교수는 본과 4학년 학생들과 대화하던 중 "앞으로 의사로서 어떤 삶을 살고 싶으냐?"는 질문을 던진다.

침묵이 흐르자 그 교수는 다시 한 번 물어본다.

"그런 생각을 전에 깊이 한 적은 있니?"

다시 침묵이 흐른 후 나지막한 대답이 흘러나온다.

"아니요."

전우택, 양은배 연대 의대교수의 책 『인문사회의학과 의학교육의 미래』는 이렇게 시작한다.

"나는 의사들이 단 5분만이라도 내가 처한 상황을 심사숙고하고 그들의 진심 어린 배려를 받고 그들과 내가 교감하고 나의 신체적 어려움만이 아니라 정신도 위로받고 싶었다. 이런 것들이 없다면 나는 그저 하나의 질병에 지나지 않았다." 수필가인 아나톨 브로야드가 전립선암으로 사망하기 직전에 쓴 글이다. 세계적인 심장내과 의사이자 핵전쟁방지 국제의사회IPPNW의 대표로 노벨평화상을 수상한 버나드 라운 박사는 『치유의 예술을 찾아서』에서 현대의료제도의 위기가 바로 이러한 의사와 환자간의 신뢰관계의 단절에서 온다고 보았다.[1] 그는 환자를 질병과 따로 떨어진 존재로 생각하지 말고 환

---

[1] 버나드 라운(서정돈, 이희원 역), 『치유의 예술을 찾아서』(몸과 마음, 2003).

자의 말에 귀 기울이고 고통 받는 인간으로서 환자를 치유할 수 있는 길을 찾으라고 조언했다.

저명한 인류학자이자 정신의학자인 에모리대학의 멜빈 코너교수도 환자와 의사의 의사소통에 기반한 신뢰관계의 재설정을 통해 현대의학의 위기를 극복해야 한다고 보면서, '과학적 의학'에 머물고 있는 현대 의학을 '사회적 의학'으로 환원시켜야 한다고 보았다.[2]

이러한 문제는 한국에서는 더 심한 형태로 나타났었다. 어렸을 적부터 병마에 시달려 온 나는 병원을 제 집 드나들 듯이 했다. 기억을 더듬어보면 예전 의사들 중 친절한 설명을 하는 분을 많이 보지 못했다. 청진기 대고 아무 말 없이 진찰하고 처방하고 주사 놓고 약 지어주고, 아울러 세금 제대로 내지 않고 살아도 의사들은 존경받고 안락한 삶을 산 것이 과거의 풍경이었다.

의사들은 자기가 원하든 원치 않건 간에 사회 내에서의 위치가 대단히 높은 집단이다. 그만큼 사회에서의 발언권도 강하고 영향력도 큰 집단이고 아울러 책임감도 높아야 하는 집단이다. 그러나 아쉽게도 현실이 그렇지는 못하다. 이제 의사들이 과거의 방식으로 살 수 있던 시대는 지나갔다. 세상은 점점 더 복잡하고 세련된 곳으로 변해가고 있는데 의사들의 자세라던가 의학교육의 기본은 만족할 수준으로 바뀌고 있지 않다는 것이 한국의료계 위기의 본질이다.

우리나라의 의사들은 지금까지 자신들의 처치에 자족하고 타 세

---

2) 멜빈 코너(소의영 역), 『현대 의학의 위기』(사이언스북스, 2001). 클린턴의 의료담당 보좌관이었던 아툴 가완디도 비슷한 문제의식을 가지고 현대의학을 분석하고 있다. 아툴 가완디 (김미화 역), 『나는 고백한다, 현대 의학을: 불완전한 과학에 대한 한 외과의사의 노트』(소소, 2003). 다행히 한국의료계도 최근 이러한 반성을 하고 있고 그 해법을 찾는 노력을 하고 있다. 강신익 외, 『의학오디세이』(역사비평사, 2007).

계에 대한 몰이해 속에서 모르는 사이 소외되어 갔고, 그 결과는 의료대난 시에 쏟아진 의료계에 대한 곱지 않은 시선이었다. 그래서 필요 이상으로 부도덕한 집단으로 매도됐고 "귀족들 또는 특혜집단의 집단이기주의"로 매도되어도 의사 집단내의 결속력을 다지고 집단의 이익을 챙기는 것 이외에는 어떤 효율적인 대응을 하지 못하고 의사집단은 점점 더 사회로부터 유리되어 나갔다. 서구사회에서 의사들이 시민단체의 중심역할을 하는 데 반해 우리나라에서는 오히려 시민단체와 의사들이 적대관계에 놓여 있는 것만 봐도 한국의 의사들이 자신의 위치를 잘 깨닫지 못하고 안락한 생활에 너무 폐쇄적으로 살지 않았나하는 의구심이 든다. 지금 현재 벌어지고 있는 의료법 개정문제를 보면 의사들이 사회 내의 타 집단과의 연계에 너무나 무심했다는 것을 새삼 느끼게 된다.

이러한 상황이 생기는 근원에는 현행 의대교육의 심각한 문제가 도사리고 있다. 우리의 의대 교육은 "졸업할 때까지 자기 키 만큼의 답안지를 써내야 하고, 다른 '잡념' 없이 올인을 해야 겨우 통과될 수 있을 만큼의 과도한 암기 위주의 교육"을 시키고 있다. 답안지는 써 내는 것이 아니라 시험에서 쏟아 붓는 곳이다. 쏟아붓고 빨리 잊어버리고 다시 다음 시험 암기사항을 밀어 넣고 하는 과정의 반복이 의대교육의 핵심이었다는 것은 부인하기 어렵다. 여기에는 창의성이라든가 사회성 또는 품성교육이라는 것이 자리 잡을 여지가 적다. 필자가 과거 의대수업을 하면서 본 바로는 의대교육은 인내심과 체력테스트를 하는 곳이 아닌가 할 정도로 학생들은 암기위주의 단순하고 살벌한 교육을 받고 있었다.

이러한 상황에서도 의대의 인기는 단지 유행차원을 넘어 광기의 수준으로 치닫고 있는 것이 한국의 또 다른 현실이다. 유사 이래 이만큼 의대의 인기가 높았던 적이 있었던가. 여기에 바로 커다란 괴리가 존재한다. 한편에는 새로운 시대에 부합하지 않는 낡은 방식의 교육, 다른 한편에는 수험생들의 의대로의 과도한 편향성.

이러한 문제점을 해결하기 위해 여러 고민이 있어 왔고. 이 책 "인문사회의학과 의학교육의 미래"는 연세대 의대에서 의학교육을 책임지고 있는 두 사람의 고민의 결과이다. 그리고 난산 끝에 세브란스에서 2004년부터 시행하게 된 CDP-2004(의학교육 개선안에 따라 2004년부터 시행되는 새로운 의대 커리큘럼)는 이러한 첫 시도이다.

여기에는 학생들에게 과도한 암기의 부담을 줄여주고, 대신 생각하게 하는 교육을 제공하며, 이미 구미 의학계에서 광범위하게 시행되는 "인문사회의학人文社會醫學"이라는 새로운 개념을 도입해 예비의사들로 하여금 타인, 타 집단, 타 사회, 타 세계에 대한 이해를 높여 복잡계複雜系의 세계에서 남과 더불어 살기위한 사회적 능력을 배양시키는 프로그램이 추가됐다. 의대에서의 인문사회의학 교육은 의사들로 하여금 건전한 교양이 되게 하고 사회의 구성원으로서 사회에서 존경받고 사회에 기여하는 사람들로 만들기 위한 프로그램인 것이다. 의학이라는 매우 어려운 실용학문을 추구하면서 자칫 소홀할 수 있는 "Why"의 문제, 즉 목적의 문제와 어떻게 살 것이냐의 문제 등보다 근본적인 문제를 생각하게 함으로서 보다 더 성숙한 사회인 또는 국제인이 되게 하는 것이 주목적이다. 뉴튼적인 기계론적 세계관의 시대는 종말을 고하고 있다. 기계론적 세계관에서의 의사는 인간을 대하는 것이 아니라 병을 대하는 것일 뿐이다. 그러나 이제 우리는 복잡계Complexity 또는 복잡적응계의 유기적인 세계관 속에서 살아야 한다. 이러한 복잡적응계에서 의료계는 타 집단과의 유기적 관계를 세워나가며 공생의 미덕을 실천해야 하는 것이다.[3]

인문사회의학은 의사들의 의사전달능력과 표현을 향상시키기 위해 '글짓기' 실력을 늘리는 것이 아니다. 인간과 사회, 더 나아가 세계에 대한 기본적인 지식, 다시 얘기해서 세상의 운행논리를 파악할 때 이러한 능력이 생기고 더 나아가 사회에서 더 높은 차원으로 기여할 수 있다. 어떤 세상이건 문제가 없는 사회는 없다. 이러한 문제의 본질을 정확히 인식하고 그것의 해결방법을 진지하게 고민하는 것이 바로 문제의식을 지닌 지식인의 의무이다. 이렇게 봤을 때 의사야말로 참된 지식인이 될 수 있는 유리한 위치에 있다. 예를 들어 환경문제, 빈곤문제, 질병의 문제 등의 거대한 난제難題 앞에서 의사들은 그들의 능력과 기술, 그리고 사회적 위치를 가지고 이러한 문제에 능동적으로 대처할 수 있기 때문이다.[4]

의사들이 남들과 더불어 사는 사회적 능력을 배양하고 더 나아가 사회를 이끌 수 있는 리더로 키워내는 것이 바로 인문사회의학의 핵심일 것이다.

집단 내에서건 밖에서건 많은 갈등과 반목은 타인에 대한 이해의 부재에서 오는 경우가 많이 온다. 타인, 타 집단, 타 사회, 타 세계에 대한 이해를 높이는 교육은 의대뿐만 아니라 모든 교육의 목표가 돼야 한다고 생각한다. 다시 한 번 강조하거니와 유기적인 세계에서 의사집단이 조화롭게 공존하기 위해서는 이러한 교육은 필수적이다.

인문사회의학의 또 다른 효과는 학제 간學制間, interdisciplinary 연구에

---

3) 로제 르윈·버루트 레진(김한영역), 『컴플렉소노믹스』(황금가지, 2002) 참고.
4) 대표적인 예가 '국경없는 의사회'일 것이다.

도움이 된다는 사실이다. 기존 지식 간 경계가 무너지는 이 시점에 학문 간 교류는 더욱 더 필요해 지고 있다. 인문사회의학은 의학과 다른 전공을 연계할 수 있는 학문적 응용능력을 배양할 수도 있다. 또한 우리 사회문화적 토양 위에 전공을 접속하는 실천의식의 함양을 도울 수도 있다고 생각한다. 다시 말해 인문사회의학을 통해 얻어진 지식과 감성을 통해 예비의사들에게 우리의 사회, 문화 토양을 바로 이해하고 자신의 전공과 능력을 실천하는 데 큰 도움을 줄 수도 있는 것이다.

현재의 구태의연한 의학교육에 만족하지 않고 새로운 교육 패러다임을 창출하기 위해(이것은 특히 힘든 작업이다) 고민하는 이 책의 저자들을 비롯한 CDP-2004 관계자들에게 격려의 박수를 보내며, 모쪼록 CDP-2004가 성공해서 좋은 모범을 보여 주어서 한국의학교육이 새로운 전기를 맞게 되기를 간절히 기대한다. 현실적으로 봤을 때도 관행에 자족하는 낡은 방식의 의학 교육만 가지고는 의료개방 등을 앞둔 새로운 시대의 요구에 부응할 수가 없기 때문이다.

<시대정신> 2007년 봄호(34호)

북한 인권에 말문 여는 대학가

: 이대 총학생회 캠페인 충격 주며 확산 기대

대학가에서 지금 '자그마한 사건'이 일어나고 있다.

이화여대 총학생회가 4·19기념행사의 일환으로 북한 인권 개선을 촉구하는 캠페인을 벌인 것이 바로 그 사건이다.

이대 총학생회는 북한 인권을 위해 일하는 미국 내 70여 개 대학의 교포 학생들과 전문가들로 구성된 단체인 LINKLiberation in North Korea 와 학내 동아리 Hello NKNorth Korea 공동 주최로 참혹한 북한 인권 실태를 보여주는 사진전, 다큐멘터리전, 강연 등의 행사와 더불어 학생들과 탈북자들이 직접 북한식 주먹밥을 만들어 학생들에게 나눠주는 이벤트를 열면서, 이 문제에 대한 학생들의 관심과 참여를 호소하고 정부의 대책을 촉구하고 나섰다.

이러한 움직임은 앞으로 대학가에 신선한 충격을 주며 확산될 전망이다. 숙명여대 총학생회 등은 이미 탈북자들과의 간담회 같은 소규모 행사를 해왔고 앞으로 더 큰 규모의 행사를 준비할 예정이라고 한다.

필자가 대학을 다니던 1980년대 초반은 '권위주의' 정권에 대한 분노가 강했던 시절이었다. 그러나 그런 정권도 적어도 북쪽에 있는 '전체주의' 정권보다는 훨씬 나은 체제라는 생각이 있었다. 그러나 무슨 연유에서인지 주체사상과 북한체제 찬양이라는 사조가 그 이후 대학가에 널리 퍼졌고, 대학가에서 북한체제의 문제나 북한 인권

문제를 거론하는 것은 금기시되어 갔다. 더군다나 대학 총학생회에서 이런 문제를 본격적으로 제기했던 적은 없었던 것 같다.

그렇기에 이번에 이대 총학생회가 대학가의 터부를 과감히 깼다는 점에서 이 사건의 의의는 결코 작지 않다고 할 것이다. 아마도 이 캠페인을 성사시키기 위해 겪었을 어려움이 무척 컸을 것이다.

스탈린의 공포정치시대에 1,000여만 명이 넘는 사람들이 폭력과 기근으로 죽어가고 있을 때 외부세계는 별 관심을 보이지 않았다. 대표적인 예가 퓰리처상 수상자이자 당대 최고의 언론인인 뉴욕 타임스의 월터 듀란티였다. 소련 문제의 최고전문가라고 자처했던 그는 그곳에서의 대규모 숙청과 아사餓死에 대해 "별 것 아닌 일", "단순한 영양실조 상태"라고 의미를 축소했고 사람들은 그의 말을 믿었다. 히틀러 시대의 유대인 탄압에 대해 보인 세상의 무관심도 소련의 경우와 별반 다르지 않았다.

사람들은 자기에게 닥친 일이 아니면 별 관심을 보이지 않거나 자기 눈으로 보기 전에는 믿지 않으려는 경향이 있는 것이 사실이다. 그러나 소련과 독일에서 보인 세상의 무관심은 훗날 이들에게 '방관자'라는 씻기 힘든 치욕의 낙인을 찍었다.

"역사의 상상력은 인간의 상상력을 언제나 초월하였다." 역사결정론자인 마르크스가 얘기했다고는 믿기지 않을 이 명제는 진리이다. 조그마한 일이 역사적인 사건이 될 수도 있는 것이다. 사건 당시에는 별로 사람들의 관심을 끌지 못하고 지나간 일이 되돌아보면 역사의 전기가 된 경우도 많았다.

이번 이화여대 총학생회의 북한 인권 개선 캠페인은 비록 지금은 작은 사건이다. 그러나 이런 첫 시도가 북한 인권 문제의 불모지였던 한국의 대학가에서 생겨났고 확산되는 것에 대해 훗날 역사는 어떻게 평가해 줄까. 인류가 스탈린 체제와 히틀러 체제의 참상에 대해 외면했던 역사의 오류를 우리가 되풀이할 것인가?

이제 한국 대학생들에게 북한 인권 문제는 정치적 문제라기보다 양심의 문제이고 자존심의 문제이다. 양식을 가진 한국의 대학생들이 이 문제에 대해 계속 눈 감고 침묵한다면 이 얼마나 큰 비극이겠는가.

<조선일보 시론> 2005.04.23

'실용·反폭력' 목소리 커지는 대학가

매년 11월은 학생회 선거로 캠퍼스가 달아오르는 달이다. 올해도 예외 없이 학생들의 지지를 호소하는 후보들의 열띤 선거전이 시작됐다. 현재 학생회 장악을 위해 뛰는 그룹은 크게 두 개로 나뉜다. 한총련계와 민노당계로 대변되는 '구舊운동권'은 예전보다 세勢가 약화됐지만 반미자주反美自主, 북한 체제에 대한 호감, 반反세계화, 반反시장경제 등 이념 성향의 거대담론을 표방하고 있고, 전국적인 조직력과 자금력을 발판으로 아직도 무시 못 할 세력이다. 거기에 반대하는 '비非운동권' 또는 '신新운동권'은 탈脫정치, 기독교권, 신자유주의 성향 등 다양한 모습을 띠고 있다.

두 세력이 부딪치는 현재의 대학가를 이해하는데 지난 8월 중순 연세대와 경희대에서 일어났던 일은 큰 도움이 된다. 당시 한총련·통일연대·민중연대와 같은 단체들은 연세대학교 당국의 불허에도 불구하고 연세대 캠퍼스에 무단 진입해 '8·15 통일축전'을 벌이려 했다. 학교의 시설 보호 요청이 공권력에 의해 지켜지지 않자 총학생회는 교문 앞 1인 시위를 결행했고, 결국 대다수 학생들의 지지를 등에 업고 불법 행사를 무산하였다. 연세대 캠퍼스는 매년 이런 행사의 무대가 되어 왔고, 그 후유증을 수습하는 데 매번 수억 원의 돈이 들어갔다. 그동안 본인들의 뜻과는 다르게 아수라장이 된 캠퍼스를 속절없이 바라보면서 분노를 삭여왔던 학생들은 예년과 달리 강경한 대응을 천명한 이번 총학생회의 행동에 열렬히 호응했다.

반면 행사의 대체 집회 장소가 된 경희대는 혼란에 빠졌다. 학교 당국의 공식적인 거부를 무시하고 갑자기 몰려들어 온 외부인들에 의해 상처 난 캠퍼스를 본 학생들은 격분했다. 학생들의 의견 수렴 없이 일방적으로 집회를 수용한 이 대학 총학생회에 대한 비판이 거세게 일어났다. 결국 총학생회는 "학우들의 의견을 듣지 않고 학내에서 큰 행사를 열어 죄송하다"는 사과 성명을 발표해야만 했다. 이 두 사건은 학내 면학勉學 분위기를 저해하고 구성원의 의사를 무시하는 집회 강행이 더 이상 불가능하다는 것을 상징적으로 보여 줬다. 이러한 상황은 불과 몇 년 전만 해도 상상하기 힘든 일로, 캠퍼스의 달라진 풍속도를 절감케 한다.

이번 학생회 선거에 뛰어든 '비非운동권' 또는 '신新운동권'에는 일정 부분 공통점이 발견되는데, 그것은 탈脫이념적인 실용주의와 반反폭력의 '작은 총학생회'를 추구한다는 점이다. 일단 이들은 학교 내의 다원성을 인정하고 학생들의 후생 복지와 면학 분위기 조성을 위한 노력에 중점을 두고 학교 발전을 도모한다. 일례로 외국어대 총학생회는 학기 중 15개 서울 시내 대학을 직접 돌아다니면서 각종 자료를 취합해 60페이지가 넘는 학교 발전안을 만들어 학교 당국에 제출해 호평을 받고 있다. 공부하고 싶은 도서관 만들기 프로젝트, 강의 정보 SMS 서비스, 도서관 CCTV 설치 등의 문제와 함께 대학 어학원 발전 방안, 유학원 사업계획서 제출 등 재단 수익사업 방향에 대해서도 구체적인 계획을 내놓아 대교협에서 실시한 대학 종합평가 강평에서도 "총학생회가 학교 발전에 매우 적극적이라는 점이 인상적"이라는 평가를 받았다.

또한 청년 실업 문제 해소와 미래에 대한 불안을 적극적인 방법으로 타개하기 위한 노력도 일부분 보인다. 특히 요즘 20대들의 관심을 끌고 있는 국민연금 문제에 대해서는 그들이 졸업 후 사회에 진출해서 부담해야 할 비용과 은퇴 후에 받을 혜택의 불일치에 대해 민감하게 반응한다. 이러한 문제들에 대한 사회적 발언권과 비판의식을 키워나가고 있는 것이 새로운 경향이다.

그리고 북한 체제와의 무조건적인 협조를 비판하며 젊은이다운 기백과 정의감의 표출로서 북한 인권 문제를 제기하는 것도 주목할 만하다. 이화여대·숙명여대·원광대 등의 경우에서와 같이 총학생회의 주도로, 혹은 동아리 중심의 밑으로부터 이러한 운동이 퍼져나가고 있는 것도 흥미로운 현상이다.

이번 대학가의 선거 결과가 어떻게 되건 새로운 총학생회들이 획일화된 모습이 아닌 다양성을 포용하고, 다수 학생이 공감하고 참여하는 주체가 되기를 기대해본다.

<조선일보 시론> 2005.11.11

비운동권 선거연대 주목해야

1980년대 대학 총학생회의 리더들은 이념이 충만한 시대의 스타였다. 그들은 운동권의 열성적인 지원과 학생들의 폭넓은 동조 속에 사회운동의 중심으로 떠올랐다. 그들 중 상당수가 현재 정치권에 광범위하게 포진한 것은 전혀 놀라운 일이 아니다.

그러나 세월이 흐르면서 세계사의 조류는 변해갔고 우리 사회의 시대적 요구도 급격히 변화해갔다. 대학가의 풍경도 이제는 80년대와 많이 달라졌다. 물론 아직도 일부 대학에서는 과거의 이념적, 정치적 담론에 얽매인 지루한 투쟁이 벌어지고 있다. 총장실 점거 그리고 학생운동의 이념과는 전혀 동떨어진, 거의 반달리즘이라고 해도 무방할 정도의 기물파손 등 폭력적 방법도 종종 발생하고 있다. 하지만 운동권에 동조하는 학생들의 수는 점점 줄어들었고 대학의 정치적 이념적 학생운동은 과거의 폭발적인 에너지를 잃었다. 2003년 말 대학 총학생회 선거결과를 보면 비운동권이 총 당선자수의 75%를 넘는 반면 운동권은 25% 미만인 것으로 나타나고 있다.

이러한 현상은 대학생들이 정치적으로 무관심해졌을 뿐만 아니라 극심한 취업난 때문에 학생 복지나 취업과 같은 실용적인 문제에 더 큰 의미를 두고 있는 데에 그 일차적인 이유가 있다. 얼마 전 서울의 한 대학에서는 최근 대학사회의 '탈정치화' 흐름을 보여주는 '충격적 사건'이 발생했다. 그 대학 중앙도서관 주변에 설치된 한 '80년대 민주열사'의 영정이 훼손됐던 것이다. 당시 중앙도서관 주변에서는 그 열사에 대한 추모행사 등 시위가 계속됐고, 도서관에서 공부에 열중하던 학생들은 그로 인한 소음 때문에 지장을 받는다는 불만을 제기해 오던 상황이었다. 영정 훼손 사건 이후 추모행사의 의미와 거기서 생기는 소음을 둘러싼 공방이 학교 자유게시판을 장식했다.

최근 그 대학의 총학생회장 선거에 출마한 한 후보측 선거운동본부(선본)는 '도서관 앞에서의 모든 행사 금지'를 아예 가장 중요한 공약의 하나로 들고 나왔다. 또한 최근의 한 연구결과가 말해주듯, 대학생들의 정치적 이념 성향이 진보에서 중도로 점차 바뀌고 있다는 것도 비운동권 확산의 중요한 원인이라 하겠다.

이미 15개 대학 비운동권 총학생회로 구성된 '학생연대 21'도 존재하고, 세계화의 흐름에 부응하는 학생회 건설을 목표로 내건 각 대학 비운동권 선본들의 연대체인 '세계화 학생회' 같은 움직임도 있었다. 이렇듯 비운동권의 대두는 이미 확연한 사실이지만 지금까지 그들의 연대는 산발적인 경향을 보였다. 그러나 대학가가 선거전에 한창인 요즘 비운동권 출마자들이 본격적인 연대 움직임을 보여 관심을 끈다.

서울대를 비롯한 홍익 경북 원광 전북 군산대 등 전국 9개 대학 총학생회장 후보들이 10일 홍익대에서 '신新학생회를 준비하는 총학생회 후보자 연대회의'를 결성하고 정치투쟁 위주의 정치편향 학생회를 지양하고 학교 내의 다양한 이해와 요구를 수용하고 실현하는 새로운 학생운동체를 제안한다고 선언한 것이 그것이다.

지금 비록 소수라고는 하지만 전국적으로 조직화된 힘을 갖고 엄청난 힘을 행사하는 대학 내 이념지향의 정치적 운동은 아직도 대학

사회에서 기득권을 행사하고 있다. 그뿐 아니다. 정치권력과 시민사회 운동의 중심에는 그들의 선배들이 일종의 테제로 뿌리를 내리고 있다.

이 점에서 기존 운동권 세력에 대항해 시대변화와 발전의 조류에 호응하는 새로운 학생회를 만든다는 비운동권의 선거연대 움직임은 앞으로 안티테제로 기능할 것 같다. 그들의 실험이 조직화된 연대를 이루어내 성공을 거둘 것인가. 그것은 아마도 이미 테제가 된 '운동권(출신)'들이 변화의 흐름을 수용해 자기수정을 하느냐의 여부에 달려 있을 것 같다.

<동아일보 시론> 2004.11.12

대학, 自淨만이 살 길이다

  필자는 기여 입학제의 도입을 지지한다. 그러나 현재 일부 대학사회의 도덕 불감증으로 볼 때 이 제도를 곧바로 실시하기에는 무리가 있다는 생각도 한편으로 갖고 있었고, 그러한 취지의 글을 쓴 적도 있다. 과연 우리나라 대학이 이 제도를 받아들일 만한 도덕적 기반이 있는지 강한 의문이 들었던 것이다.

  이런 우려는 기우가 아닌 것으로 드러났다. 서강대의 입학 부정사건은 대학의 도덕적 해이를 극적으로 보여주는 대형 사고다. 입학사무를 담당하는 교수 아들의 입학 과정에 의혹이 있다는 교육인적자원부의 지적에 대해 '대학의 자율성 침해'라는 논리로 강하게 반발하던 서강대는 호미로 막을 일을 가래로도 못 막게 된 셈이다. 우리나라에서 가장 철저한 학사관리로 신망이 높던 이 학교에서 일어난 이번 사태는 다시금 대학의 자정 노력의 필요성을 절감케 한다.

  우리나라는 예로부터 자식문제, 특히 교육문제에 있어서는 물불을 가리지 않는 '문화'가 존재했다. 평소 매우 이성적인 사람도 자녀의 대학입학 문제만 닥치면 이성을 잃는 경우를 많이 봐 왔다. 이러한 왜곡된 애정과 일부 대학의 도덕 불감증이 결합돼 입시부정이 일어날 개연성은 상존했다. 그래서 감히 이런 질문을 던져본다. 과연 이러한 부정이 서강대에서만 있었을까. 이 사건의 당사자들은 '나만 재수 없게 걸렸다'라고 생각하지나 않을까. 사실 이번과 같은 형태의 부정은 여러 대학에서 소규모나마 암암리에 있었을 것 같고, 특히 학부모들의 선망의 대상인 명문대는 이러한 유혹이 훨씬 더 컸을 것이다.

이번 경우처럼 노골적인 불법은 아니더라도 얼마든지 합법을 가장한 편법이 판쳤다는 것을 아는 사람들은 다 안다. '해외유학 후 특례입학', '이중국적을 이용한 편법입학', '지방캠퍼스나 타 대학을 경유한 우회 입학' 같은 것은 이제 편법 축에도 못 낀다. 현재 시행되고 있는 수시·특례입학, 예체능 입시, 그리고 편입에 있어서 우리나라의 대학들이 긍정적인 모습을 보인 것만은 아니다.

특히 교수 및 교직원 자녀들이 비록 제한적인 범위에서나마 특혜를 받고 있다는 항간의 소문은 그냥 소문이라고 하기에는 미심쩍은 부분이 많다. 대학입시에서 대단히 중요한 '정보와 연줄'을 장악한 교수 및 교직원들이 유리한 입장에 있는 것은 어쩔 수 없는 일이라 치더라도 그러한 수준을 넘어선 편법·불법의 유혹은 문제가 아닐 수 없다.

이런 풍토에서 사립대학들이 요구하는 대로 기여 입학제를 도입할 경우 입학 부정이 더 만연할 소지가 크다. 기여 입학제는 대학들의 엄격한 학사관리와 교육의 질 확보, 그리고 건전한 자율성과 도덕적 기반이 세워질 때에만 가능하다. 그렇지 않을 경우 이 제도는 입학자격과 졸업장을 편법적으로 사거나 얻는 제도로 전락하기 쉽다.

흔히 우리나라는 교육열이 매우 높은 나라라고 한다. 하지만 필자는 교육열이 높다기보다는 학벌을 얻으려는 욕구가 강한 나라라고 표현하고 싶다. 실제 우리나라 사람들은 학벌이나 학위를 받는 데에 더 관심이 있지 교육의 과정이나 질에는 상대적으로 덜 관심을 갖는 경향이 있다. 학부모들은 자녀의 인격적인 내실화나 지식습득에는 무관심한 채 죽기 아니면 살기 식으로 명문대 입학에 매달리고 있는 것이다.

입학 문제에서 절대적으로 유리한 위치에 있는 교수 및 교직원들의 편법·탈법 행위는 단지 개인적인 비리수준의 문제가 아니라 대학의 자율성을 근본부터 뒤흔드는 독이라는 사실을 치열하게 인식해야 할 순간이 왔다.

그러기에 이번 사건은 대학사회에 경각심을 일깨우는 좋은 약이 될 수도 있다고 생각한다. 그런 의미에서 서강대에서 총학생회가 강력한 '자체개혁'을 요구하고 대학측도 총장 이하 보직교수 총사퇴라는 강도 높은 반성의 모습을 하고 있는 것은 불행 중 다행이라는 생각이 든다.

이 사건을 계기로 모든 대학, 특히 부정의 유혹이 큰 명문대학일수록 보다 치열한 자정 노력을 기울여야 한다.

<동아일보 시론> 2005.02.26

드레퓌스 사건과 에밀졸라

: 『나는 고발한다 — 드레퓌스 사건과 지식인』 서평

고2 때인 1980년 여름 어느 날, 나는 대학교 졸업반인 형과 함께 훗날 대스타가 된 최순호 선수의 국가대표 데뷔전을 보고 있었다. 그가 첫 골을 성공시키는 순간 신군부의 수사관들이 집안으로 들이닥쳤다. 그들은 전두환 장군의 집권에 대해 비판적이었던 부친(강창성 전 보안사령관, 국회의원 역임 — 편집자 주)을 연행해갔다. 이날 나의 평범한 청소년기는 종말을 고했다.

원래 병약했던 나는 집안에 불어 닥친 우환과 함께 다시 병을 앓기 시작했다. 안 그래도 인생에 있어서 가장 힘든 시기 중 하나인 고2, 고3 시절, 집안은 풍비박산 나고 학교에 제대로 나가지도 못하고 자리에 누워 있는 나의 심정은 처참했다.

내가 가장 좋아하는 과목은 세계사, 국사와 국어였다. 특히 역사 관련 과목은 교과서 수준을 넘어선 독서를 꾸준히 해왔다. 여기에 개인적으로 무척 암울했던 그 시대를 나중에 역사적으로 '심판'하겠다는 치기가 겹쳐 더욱 역사라

대학교 2학년 때 '스터디' 친구들과 강화도에서 (맨 앞줄에서 오른쪽)

는 학문을 좋아했던 것 같다.

운 좋게 지망했던 사학과에 입학한 나는 묘한 해방감을 느꼈다. 건강이 여전히 안 좋았지만, 내가 하고 싶은 공부를 택해서 할 수 있는 대학은 지적知的인 신천지新天地였다.

문제는 무기력하고 나태한 교수들이었다. 물론 훌륭한 교수님들의 열성적인 강의도 있었다. 그런 교수님들을 찾아 다른 과의 수업도 많이 찾아 들었다. 하지만 대부분의 교수들은 1980년대 격동기의 학생들에게 지적인 감동을 주기에는 역부족이었다.

그 공백을 메운 것이 1980년대 대학가를 풍미한 이른바 "스터디"였다. 1980년대에는 신입생들(당시에는 '새내기'라는 용어가 없었다)이 대학에 들어오면 선배들은 스터디 그룹이라는 것을 조직해서 그들을 의식화하려 했다.

스터디 그룹은 매우 흥미 있는 시스템이었다. 선배 두 명이 조를 짜서 신입생들을 한 그룹씩 지도하면서 이념적 주입을 하는 형식이었다. 이러한 학습은 동아리단위나 과단위에서 광범위하게, 그리고 효과적으로 행해졌다.

그와 함께 과에 처음 들어왔을 때 선배들이 정리해서 신입생들에게 나눠준 "필독서 리스트"에 있는 책들을 읽어 나가기 시작했다. 이런 과정을 통해 1980년대를 풍미했던 소위 "사회과학 서적"을 마음껏 접할 수가 있었다.

필독서 리스트에는 이념서적만 있었던 것은 아니다. 지금 생각해도 놀라울 정도의 다양한 주제의 수준급 서적들이 망라되어 있었다. 누가 작성했는지 모르는 리스트이지만, 당시 공들여 이런 노력을 한 이름 모를 선배에 대해 아직도 감사한 마음을 가지고 있다.

필독서 리스트 가운데 "지식인의 의무"라는 소분류 항목 아래 놓여있던 니콜라스 할라즈의 "드레퓌스: 眞實과 虛僞, 그 對決의 歷史"(한길사)라는 책이 눈길을 끌었다.

드레퓌스 사건을 흥미진진하게 추적한 이 책을 구해 읽기 시작했다. 책에서 손을 놓을 수 없었다. 결국 그 책을 읽기 시작한 자리에서 다 읽었다. 이 책은 『드레퓌스 사건과 知識人 : 歷史的 展開過程과 집단발작』, 『나는 고발한다 : 드레퓌스 사건과 에밀 졸라』라는 제목으로 계속 복간됐고, 아직도 출간되고 있는 스테디셀러이다.

드레퓌스 사건의 개요는 이미 많은 사람들이 잘 알고 있기에 장황하게 설명할 필요를 느끼지 못한다. 19세기 말 "독일에 군사기밀을 팔아먹었다"는 죄를 뒤집어쓰고 악마도惡魔島에 종신 유배된 유태인 드레퓌스 대위를 둘러싸고 벌어진 진실게임은 프랑스대혁명의 정신적 가치를 시험하는 계기가 됐고, 전 세계 지식인에게 양심과 용기의 문제를 진지하게 생각하게 했다.

권력과 대중의 편견, 정신적 폭력에 대항해 진실을 위한 고난의 길을 간 에밀 졸라와 피카르 중령 같은 지식인들의 피나는 노력에 의해 진실은 결국 밝혀졌다. 특히 에밀 졸라는 1898년 일간지에 "나는 고발한다"라는 역사에 남을 명문장으로 드레퓌스 사건의 진상과 군부의 음모를 폭로하고 허위의식을 옹호하는 프랑스 대통령을 비판하면서 이 사건의 재심을 요구, 양심과 용기를 가진 지식인의 표상이 됐다.

이 책은 서슬 퍼런 전두환 체제에서 "이건 아니라!"라고 외치는 소수 지식인들의 행동과 오버랩 되면서 큰 감동을 불러일으켰다. 12·12와 5·17을 거쳐 집권한 5공 세력이 "정의正義사회"를 내세우며 위선과 허위로 가득 찬 허세를 부릴 때, 이 책은 한줄기 빛과 같은 가르침을 주었다.

이 책을 읽은 감동이 너무 커서인지 당시 감옥에 있었던 부친에게 장문長文의 편지를 썼다. "지금은 고난의 길이겠지만 드레퓌스 사건처럼 나중에 진실이 밝혀져 역사의 정당한 평가를 받을 것"이라는 내용이었다.

대학신입생의 글이니 얼마나 유치했을까? 하지만 당시에는 매우 심각하고 비장한 마음이었다.

그 이후 나의 관심은 지식인論 전반으로 확대됐다. 원제原題가 "백장미"이며 "아미자"라는 애칭으로 사랑받은 잉게 숄의 "아무도 미워하지 않는 자의 죽음"과 디트리히 본회퍼의 "옥중서간"은 나치체제라는 거대한 허위 앞에서 항거한 지식인들의 기록이었다. 장 폴 사르트르의 "지식인을 위한 변명", 한완상의 "민중과 지식인"은 지식인과 지식기사知識技士를 구분하며 사회변혁의 주체로서의 지식인의 역할을 강조한 책이었다.

그 후 많은 시간이 지났다. 그만큼 연륜이 쌓이고 세상을 바라보는 눈이 그 때보다는 넓어졌다. 하지만 그 시절 이런 책들이 준 감동과 문제의식은 아직도 가슴속에 남아있다.

지식인이란 단지 전문지식을 갖고 전수하는 기사들이 아니라, 사회를 바라보는 일관되고 폭넓은 관점을 가지고 무한無限 책임을 지는 '소금'과 같은 존재라는 것이 바로 그것이다. 즉 권력이, 혹은 사회가, 심지어는 대중이 잘못된 방향으로 가고 있을 때, "그것은 아니다!"라고 외칠 수 있는 식견과 용기를 가진 자가 바로 진정한 지식인이라는 믿음이다.

<월간조선> 2007년 8월호

정부가 가난을 외면해선 안 된다,
그러나 갤브레이스의 방법은?
: 『풍요한 사회』 서평

몇 달 전 97세를 일기로 타계한 존 케네스 갤브레이스John Kenneth Galbraith, 1908. 10. 15~2006. 4. 29 하버드대 교수가 『풍요한 사회』를 처음 썼을 때 미국은 그야말로 풍요의 시대를 구가하고 있었다. 사람들은 2차 세계대전이 끝난 후 아이젠하워 시대를 미국의 황금기라고도 평가한다. 그러나 이러한 풍요 뒤에 어두운 그림자도 존재했으니, 빈부 격차와 인종 갈등 같은 사회문제가 잠재해 있었다. 주류경제학이 상대적으로 이러한 문제에 둔감할 때 갤브레이스는 이것이 장차 미국을 갉아먹는 요소가 될 것이라 판단했다. 아마도 캐나다의 농촌에서 태어나 농대를 나와 버클리에서 박사학위를 받은 그의 아웃사이더적인 배경도 이러한 인식에 영향을 미쳤을 것이다.

이러한 그의 고뇌가 탄생시킨 것이 필생의 역작인 이 책이다. 그 자신도 가장 아끼는 저작이라며 이 책에 대한 애정을 표시했었다. 이번에 번역된 이 책은 1998년

수정 증보한 출간 40주년 기념판 이다.

1958년에 처음 나왔을 때 많은 사람들이 이 책의 기본 철학에 공감했다. 그중 하나가 바로 갤브레이스의 하버드대 제자였던 존 F. 케네디 상원의원이었다. 몇 년 뒤 대통령이 된 케네디는 미국 여러 지역의 가난에 충격을 받고 '가난과의 전쟁'을 선포했다.

그때 이 책이 정책의 철학을 제공했다. 이후 린든 존슨 행정부의 '위대한 사회' 정책도 이 책의 철학을 계승 발전시키려는 노력의 일환이었다. 갤브레이스도 케네디와 존슨 행정부 시절 경제자문으로서 또는 인도대사로서 현실문제에 적극 참여했다.

선량한 도덕론자였던 그는 이 책에서 풍요 속에 살게 된 우리가 '그 혜택과 문화로부터 배제된 이들을' 잊지 말아야 한다고 주장한다.

또한 자본주의사회의 과잉 생산과 과잉 소비가 공공선의 증진보다는 개인의 탐욕을 충족시키는 방향으로 간다는 비판을 하기도 했다. '개인의 자유'보다 '공공公共'의 중요성을 강조한 것은 그의 평생 지론이 됐다. 그는 시장이 스스로를 제어할 수 있는 능력을 불신했다.

대신 선한 의도를 가진 큰 정부가 국민을 보호해야 한다는 온정적 진보주의의 입장을 강하게 개진했다. 그가 내세운 해법은 높은 세금과 큰 정부, 정부의 개입, 그리고 사회복지 강화였다.

그러나 그의 철학을 현실에서 실현시키려 했던 정책들은 결국 처참히 실패했다. 그가 꿈꾸었던 사회복지국가는 사회적 약자들에게 의존성을 심화하여 가난과 불평등을 악화시켰고, 만성적인 재정적자를 야기했으며, 궁극에는 도덕과 자율성의 붕괴를 가져왔다. 갤브레이스도 개정판에서 '정부가 개입해서 빈곤층을 보조하면 개인의 노력과 의지를 꺾게 돼서 문제를 악화시킨다는 인식이 이토록 널리 확산될 줄 몰랐다'는 말로 자신의 곤혹스러움을 표현하고 있다.

이렇듯 그의 사상은 많은 한계를 가지고 있었다. 그렇다고 해서 이 책의 중요성이 반감되는 것은 아니다. 아마도 한 권의 책이 한 시대에 영향을 미친 정도로는 이 책을 능가할 만한 경우가 거의 없을 것이다. 그가 그토록 강조했던 사회적 약자에 대한 배려도 절대로 잊지 말아야 할 명제임에 분명하다. 단지 방법론에서의 이견이 존재할 뿐이다.

무절제한 성장 지상주의와 그것이 필연적으로 동반할 환경 파괴를 비판하고 절제된 사회와 공공선을 지향한 그의 주장은 오늘날에도 곱씹어볼 가치가 충분하다. 더군다나 통제되지 못하는 욕망과 이기주의가 분출하는 한국 사회에 이 책은 많은 교훈을 줄 것이다.

<한국경제신문> 2006.09.01

적절한 도전이 새로운 문명을 탄생시켜

: 『역사의 연구』 서평

"누구나 다 알고 있지만 실제로 읽은 사람은 거의 없는 책." 고전에 대한 정의를 이렇게 내린다면 아마도 아놀드 토인비Arnold J. Toynbee, 1889~1975의 '역사의 연구A Study of History, 1934~1961'가 바로 그런 예일 것이다.

영국 런던에서 태어난 역사학자 토인비는 1914년 보편적 문명사를 쓸 구상을 시작했다. 1934년 '역사의 연구' 첫 권을 낸 토인비는 저술

을 이어가 1954년 제10권을 편찬하면서 시리즈를 일단 완성했다. 이후 보론補論 또는 부록의 성격을 띤 '아틀라스'와 '재고찰再考察 Reconsiderations'을 1959·1961년 각각 출간해 총 12권의 전집을 이뤘다. 이 책은 실제로 다 읽은 사람을 거의 찾아보기 힘들 정도로 방대한 책이다. 일반 대중은 역사 교사인 D.C. 서머벨Somervell이 토인비의 도움을 받아 정리한 축약본을 많이 읽었다. 그 자체로도 결코 적은 분량이 아닌 축약본은 우리나라에서 여러 차례 번역됐고 지금도 여러 출판사에서 출간되고 있다. 전집 번역본은 절판된 지 오래다. 토인비의 어

머니는 역사 관련 책을 편찬하는 역사가였다. 숙부이자 같은 이름을 가진 아놀드 토인비 교수는 산업혁명의 개념을 정립한 대경제학자로 이름 높았다. 학구적 분위기로 가득했던 명문가에서 태어난 토인비는 옥스퍼드의 밸리올 칼리지Balliol College에서 서양 고대사를 공부했다. 그는 투키디데스를 읽던 젊은 사학도 시절 고대 그리스와 현대에서 많은 유사점을 발견하면서 문명사를 개관하는 작업을 구상했다. 토인비는 오스발트 슈펭글러Oswald Spengler가 쓴 '서구의 몰락The Decline of the West'에서 큰 영향을 받은 것으로 알려졌다. 슈펭글러는 역사가 생물체와 같은 숙명적인 과정을 거친다고 주장했다. 이러한 생각은 토인비의 사상에 무시하지 못할 영감靈感을 주었다. 굳건해 보이는 서구문명의 몰락을 예견한 이 책을 읽고 토인비는 큰 문명의 흥망성쇠 과정에 대해 다시 한 번 깊이 생각하게 됐다.

그러나 그는 슈펭글러의 경직된 숙명론적 또는 순환론적 역사관을 거부했다. 대신 토인비의 역사관은 훨씬 더 다양성을 인정하는 방향으로 진전됐다. 그는 '역사의 연구'에서 문명도 생명체와 같은 주기cycle를 가지고 있지만 모두 똑같은 과정을 밟는 것이 아니라고 이해했다. 다른 환경 아래에서 다른 방향으로 진전될 수도 있고, 또한 도전挑戰에 대한 구성원의 응전應戰 방식에 따라 여러 형태를 나타낸다고 봤다. 즉 역사의 전개 방식은 그 구성원이 어떻게 하느냐에 따라 달라질 수 있다는 것이다. 그는 민족이나 국가가 아닌 문명을 기본단위로 분석했다. 이러한 노력은 19세기식 민족주의 시대를 마감하려는 토인비의 의지가 표현된 것이라고 분석되기도 한다.

토인비는 인류역사상 명멸했거나 현존하는, 이집트부터 극동極東에 이르는 20여 개의 문명을 포괄적으로 고찰했다. '역사의 연구'를 읽는 독자는 일단 그 거대한 스케일에 압도당한다. 여러 문명을 분석하는 과정에서 토인비는 서구 중심주의와 기독교 중심주의에서 벗어난 보편적 관점을 통해 세계 역사와 인류 문명을 해석하려 노력했다. 그는 문명이란 유기체와 마찬가지로 발생·성장·쇠퇴·해체(소멸)의 과정을 밟으며, 역사는 인류 문명의 생성과 소멸의 과정이라고 파악했다. 그리고 그 과정을 밟아가는 원인을 밝혀냄으로써 많은 교훈을 얻을 수 있다고 생각했다. 여기서 "문명이란 것은 생명에 대한 도전에 대한 응전에서 나온다"는 너무나도 유명한 '도전과 응전Challenge&Response'론이 자연스럽게 표출됐다. 토인비에 의하면 역사는 어느 시대건 당면한 도전이 있다는 것이다. 도전이 너무 극심하면 응전이 성공적일 수 없으며, 너무 약할 경우 응전도 약화된다. 그러나 도전이 적절할 경우 문명이 탄생할 확률이 높아진다. 그리고 한 문명의 미래운명은 '창조적 소수Creative Minorities'에 달려 있다. 그들은 도전에 대한 적절한 응전을 해낼 수 있는 자들이고 그들의 모범을 대중들이 따르는 것이 바로 '미메시스Mimesis'다.

그러나 새로운 도전에 대한 응전을 제대로 못하는 경우 문명은 쇠퇴한다. 그리고 주로 내적 원인에서 쇠퇴가 온다. 창조적 소수가 현재의 성공에 만족해 자아도취에 빠질 경우 새로운 도전에 안이하게 대처하게 돼 문명은 쇠퇴의 길을 겪게 되니, 토인비는 이것을 '휴브리스Hubris'로 설명했다. 휴브리스는 원래 신의 영역까지 침범하려는 정도의 오만을 뜻하는 그리스어語에서 유래한 용어인데 토인비는 성찰과 반성이 결여된 자아만족, 오만, 승리의 도취를 뜻하는 용어로 사용했다. 휴브리스에 빠지게 된 창조적 소수는 과거 업적을 이룩한 자신의 능력이나 방법을 과신하면서서 창의적 지도력을 상실한 체

무력과 폭력으로 대중을 강압하고 우상화를 강요하는 '지배적 소수 Dominant Minorities'로 전락한다.

"역사의 연구"는 전 세계의 역사를 포괄한 거대한 프로젝트로서 수많은 도덕적 또는 종교적 교훈을 제시하는 책이다. 토인비는 서구 문명조차 쇠퇴와 해체의 과정을 겪을 수도 있다는 것을 경고하며 앞으로는 비서양이 주도문명이 될 것임을 암시하기도 했다. 태평양시대의 도래, 또는 중국문명의 중흥이 얘기되는 현 상황은 그의 생각이 재조명되는 계기가 되기도 했다.

그러나 "역사의 연구"는 수많은 비판의 대상이기도 했다. 일단 인류역사를 너무 단순화하였다. 그러다보니 세밀한 부분에서의 오류도 많았다. 그래서 엄밀한 역사 서술이라기보다는 형이상학적 역사철학의 범주에 빠졌다는 비판이 일어났다. 문명쇠퇴기에 즈음해서 문명 전체를 통합하는 세계국가가 등장한다거나, 새롭고 더 강력한 정신적 식견을 가진 자들이 새로운 고등교회를 만들고 이것이 세계교회로 발전돼 나가며 이것을 중심으로 새로운 문명이 태동될 수도 있다는 그의 주장은 너무나 거시적이고 때로는 신비주의적인 모습을 보이기도 한다. 사실 토인비는 단순한 역사가가 아니라 사상가, 더 나아가서는 인류에 여러 메시지를 던지는 예언자로서의 역할을 수행했다고 해석해야 한다. 예언자들의 예언이 다 실현되지 않는 것처럼 그의 사상은 많은 결함을 가지고 있다. 그러나 "역사의 연구"는 누구도 부정할 수 없는 예지叡智에 가득한 책이다. 문명뿐 아니라, 국가, 사회, 기업, 소규모 집단, 개인에 이르기까지 적용되는 범위가 매우 넓은 지혜를 제공하기 때문이다. 적당한 도전이 있는 환경에서 자라난 사람들이 삶에서 성공할 가능성이 더 높다든지, 70년대에 성공한 기업가가 90년대의 변화된 환경에서도 겸허함과 도전정신을 결여한 채 과거의 성공경험과 방식을 고집하다가 실패하는 경우 등을 보면서 이 책이 얘기한 지혜를 되새기게 된다.

<주간조선> 2007.01.22(1939호)

소유보다 존재에 충실할 것을 주장

: 『소유냐 존재냐』 서평

"나는 나를 위한 모든 것을 가지고 싶다. … 소유가 나의 목표일진대 많이 소유하면 할수록 그만큼 나의 존재가 커지기 때문에, 나는 점점 더 탐욕스러워질 수밖에 없다. … 나의 욕망은 끝이 없기에 나는 결코 행복해질 수 없다." ─ 본문 중에서

현대사회는 유례없는 물질적 풍요를 구가하고 있다. 그러나 현대인은 결코 더 행복하지 않다. 상대적 박탈감과 불안, 그리고 피로는 가중된다. 그들은 물질적 가치에 집착하고 과도한 경쟁에 휩싸이며 과다소비에 빠진다. 이러한 과다소비는 현대사회의 다른 문제인 환경오염을 악화시키는 요인이기도 하다. 자신의 소유를 과시하기 위해 명품에 집착하는, 소위 명품족도 이러한 현상의 하나다.

에리히 프롬Erich Fromm은 이러한 현대 산업사회 문제의 근본에는 '소유'에 집착하는 삶의 방식이 존재한다고 믿는다.

산업사회는 사람들을 '그가 갖고 있는 것'에 의해 평가한다. 그가 소유하고 있는 자동차나 집은 물론이고 그의 직업, 위치, 경력이 그

를 규정짓는다.

이런 소유적 모드의 세계에서는 더 많이 갖는 것이 더 나은 인간으로 평가받는 기준이 된다. 그래서 사람들은 더 많이 갖기 위해 노력한다. 그러나 이렇게 소유적 모드에 집착하는 한 인간은 결코 행복해질 수 없다. 프롬은 인간이 진정으로 행복해지려면 오히려 '소유Haben'가 아닌 자신의 '존재Sein'에 집중해야 한다고 말한다.

프롬은 '존재'적 모드가 지배하는 사회를 다음과 같이 규정한다. 첫째, 새로운 사회는 무한성장보다는 필요에 의한 선택적 성장을 지향한다. 둘째, 물질적 이익보다는 정신적 만족을 추구한다. 쾌락이나 다른 사람의 인정認定이 아닌 진정한 내면적 깨달음에 삶의 중심이 있다. 셋째, 사람들은 기본적인 삶의 안정을 보장받으며 관료제에 얽매이지 않고 주체적인 결단에 의한 삶을 살아간다.

에리히 프롬은 1900년 독일 프랑크푸르트의 유대인 가정에서 태어나 프랑크푸르트대학과 하이델베르크대학에서 공부하고 1933년 나치스의 발흥을 뒤로 하고 미국으로 이주해 예일대, 뉴욕대 등 여러 곳에서 강의를 했다. 1950년에서 1965년 사이에는 멕시코 국립대학의 의학부에서 가르쳤으며 1980년 스위스에서 사망했다.

에리히 프롬은 프로이트의 정신분석학을 사회문제 해결에까지 적용한 후기 프로이트 학파의 대표적인 학자다. 그는 청년기에 지그문트 프로이트와 칼 마르크스의 영향을 받으며 현대인의 불안과 자유의 의미에 천착했다. 특히 대중이 파시즘의 선풍에 빠져 들어가는 것을 목격하고 '근대인에게서의 자유의 의미'를 탐구했다. 현대의 정신적 불안은 개인적인 정신분석요법으로는 치유가 불가능하다고 판단하여 사회구조변혁과 인간의 심리적 해방을 동시에 추구했다.

이러한 노력은 『자유로부터의 도피』(1941), 『인간의 자유』(1947), 『건전한 사회』(1955), 『선(禪)과 정신분석』(1960), 『사랑의 기술』(1971), 『소유냐 존재냐』(1976)와 같은 저작으로 결실을 맺었다.

『소유냐 존재냐』To Have or to Be는 '사랑의 기술'과 더불어 프롬의 후기저술 중 가장 널리 알려지고 이미 고전의 반열에 올라있는 저작이다. 산업사회가 절정에 있던 1976년에 발표된 이 책에서 프롬은 현대 산업사회의 문제는 근본적으로 '소유'에 집착하는 삶의 방식에 있다고 주장했다. 인간은 소유를 추구함으로써 무력감과 고독감에서 벗어날 수 있다고 생각하지만, 불행히도 소유에 대한 욕망은 끝이 없으며 이러한 추구는 궁극적으로 인간을 불행하게 만든다고 보았다.

10억 원을 가진 사람은 100억 원을, 100억 원을 가진 사람은 1,000억 원을 갖기를 갈망한다. 그래서 그는 인류가 산업화가 가져온 불행과 소외에서 벗어나기 위해 '소유모드'에서 '존재모드'로 전환해야 한다고 생각했다.

이러한 두 가지 판이한 삶의 방식을 설명하기 위해 프롬이 든 예(알프레드 테니슨의 시와 일본의 마쓰오 바쇼의 하이쿠)는 너무나 적절하다. '갈라진 벽 틈새에 핀 꽃이여/ 나는 너를 그 틈새에서 뽑아내어/ 지금 뿌리째로 손안에 들고 있다 …', '눈여겨 살펴보니/ 울타리 곁에 냉이 꽃이 피어있는 것이 보이누나!'

'꽃을 본 테니슨은 그 꽃을 뿌리째 뽑아 들고 소유한다. 그래서 꽃에 대한 그의 관심은 꽃의 생명을 단절시키는 결과로 이어진다. 그러나 바쇼는 다만 바라보기만을 원한다. 또한 꽃을 그냥 관조하는 데에 그치지 않고 꽃과 일체가 되기를, 꽃과 결합하기를 원한다.'(본문 중에서)

여기서 프롬은 바쇼의 태도가 무엇을 소유하거나, 소유하기 위해 탐하지 않고 기쁨에 차서 세계와 하나가 되는 실존양식이라 설명한다. 지식을 주워 담고 필기하고 단순 암기하는 데 골몰하는 공부습성을 가진 학생과 지식을 내면화해서 자기화하는 학생의 차이도 마찬가지다. 인터넷 시대의 도래는 이러한 두 모드의 차이를 다시 한 번 극명하게 보여 준다. 인터넷에 거의 모든 지식이 있다고 생각하고 검색만을 즐기고 오려 붙이기를 하는 학생과 꾸준한 독서로 지식을 내면화하고 인터넷의 정보검색을 통해 그것을 더 강화하는 학생의 진짜 실력 차이는 궁극적으로 하늘과 땅의 차이를 가져올 것이다.

동양문명에 대한 깊은 이해를 추구했던 프롬은 현대사회의 문제를 해결하기 위한 방안의 하나로서 동양의 존재 모드적 사고방식의 장점을 받아들이려 한 것 같다. 소유와 정복을 추구하는 다이내믹한 서양문명은 동양문명의 정체성에 충격을 가했지만 이제 동양문명은 서양문명의 한계를 일정 부분 치유할 수 있는 지혜를 주는 것은 아닐까. 산을 보면 정복하려 하는 서양의 진취적 태도와 산을 관조하며 산과의 일체화를 즐기는 동양문화의 차이도 좋은 예가 될 것이다.

'소유냐 존재냐'는 현대사회의 병리를 치유하려는 프롬의 노력이 집약된 저작이다. 그가 주장한 내용은 30년이 지난 지금에도 적실성을 잃지 않고 있고, 그래서 아직도 많은 사람의 공감을 얻고 있다. 여러 분야에서 분출하는 벌거벗은 욕망을 통제하지 못하고 있는 한국 사회는 프롬의 경고를 심각히 받아들여야 한다. 이 책이 열악한 한국 출판시장에서 현재도 스테디셀러의 위치를 고수하는 것은 전혀 놀라운 일이 아니다.

<주간조선> 2006.04.24(1901호)

글로벌 미국을 이해하려면

: 『COLOSSUS-The Price of America's Empire』 서평

　　과거 냉전사를 둘러싼 학계의 논쟁은 치열한 양상을 띠었다. 초창기 냉전연구의 주도권을 잡았던 전통주의자들은 냉전의 기원과 격화가 주로 소련의 팽창주의적 행태에 원인이 있다는 입장을 견지했다. 이들은 소련의 공산주의적 팽창을 막기 위해 미국이 자유세계의 전사로 활동한 측면을 강조했다. 그러나 이러한 전통주의에 대한 비판적 태도를 견지하는 새로운 조류인 수정주의가 60년대 초반에 태동해 베트남 전쟁의 격화와 함께 발전해 나갔다. 미국 자본주의의 근본적 문제점을 비판했던 혁신주의 사학자들의 영향과 베트남전으로 격발된 뉴레프트의 조류 속에서 그들은 냉전의 책임을 주로 미국, 특히 미국의 경제적인 제국주의적 팽창욕구에 묻고 있었다. 이러한 대립 속에서 변증법적 합습, synthesis의 논리로 나타난 것이 후기 수정주의post-revisionism, 탈수정주의라고도 한다. 존 루이스 개디스가 1972년 내놓은 『미국과 냉전의 기원』[1] 이후 후기 수정주의적 연구들은 다양한 모습을 보이며 발전해 나갔고 80년대 들어 완연한 모습을 나타냈다. 당대의 학자들에게 큰 영향을 미친 83년의 한 논문을 통해 개디스는 이러한 현상을 "떠오르는 후기 수정주의적 통합emerging post-revisionist synthesis"이라고 표현했다.[2] 후기 수정주의는 냉전 초래의 책임을 미

---

1) John Lewis Gaddis,, *The United States and the Origins of the Cold War*(New York : Columbia University Press, 1972).

국과 소련 어느 한쪽에만 물을 수 없다는 절충주의적 입장을 취했다. 후기 수정주의학파는 한쪽에만 책임을 묻는 당시의 조류를 배격하고, 결국 미소 양국 모두가 전쟁 이후 자신의 전 세계적 영향력을 확보하려는 '제국帝國 empire'의 형태를 띠었고, 이 와중에 냉전이 격화되었음을 주장했다.

이러한 냉전사의 연구방향은 냉전해체기에 들어 큰 전환점을 맞이 한다. 한 시대가 마감되며 새로운 자료들이 쏟아져 나오자 '새로운' 냉전사 연구의 시대가 왔던 것이다. 소련을 비롯한 동구권의 붕괴 이후 쏟아져 나온 공산권의 비밀자료들과 그에 따른 새로운 해석들로 인해 개디스와 같은 우파 후기수정주의 학자들은 전통주의적 관점에 경도됐다. 또한 개디스는 미국과 소련 모두 제국이었다는 기존의 자신의 해석을 견지하면서도 노르웨이의 저명한 후기 수정주의 사학자이자 노벨평화상위원회 사무총장인 가이르 룬데슈타드Geir Lundestad가 90년 『비교 관점에서 본 미제국과 미국외교정책에 대한 연구』3)에서 주장한 논리를 발전하여 미국은 '초대받은 제국empire by invitation'인 반면 소련은 '강압에 의한 제국empire by coercion'이었음을 구별하고자 했다.

이러한 논쟁은 현재 냉전사 연구를 넘어서 탈냉전시대의 성격규정에 대한 논쟁으로 이어지고 있다. 특히 유일 초강대국이 된 미국에 대한 성격규정을 놓고 벌어지는 제국논쟁이 가장 큰 관심을 끌고 있다. 노엄 촘스키, 이매뉴엘 월러스틴, 안토니오 네그리와 같이 미

---

2) John Lewis Gaddis, "The Emerging Post—Revisionist Synthesis on the Origins of the Cold War," Diplomatic History 7 (Summer 1983): 171~90.

3) Geir Lundestad, *The American "Empire" and Other Studies of US Foreign Policy in a Comparative Perspective* (Oxford: Oxford University Press, 1990).

제국 또는 제국일반에 대해 부정적인 의견을 내놓는 학자들[4]과 니알 퍼거슨, 즈비그뉴 브레진스키, 조지프 나이, 존 개디스[5]와 같이 '제국의 오만'과 결점을 경계하지만 기본적으로 "자유의 제국"으로서의 미국의 역할을 강조하는 학자들이 풍부한 논의를 계속하고 있는 것이 현대 국제관계사 연구의 현 주소다.

영국 스코틀랜드 출신의 신예 역사학자인 니알 퍼거슨 하버드대 교수는 이러한 제국에 대한 논쟁을 이끌어가고 있는 대표적 역사학자이다. 그는 1964년생이라는 젊은 나이에도 불구하고 그동안 엄청난 양의 연구업적을 쏟아낸 역사신동으로 유명하다. 그는 1985년 옥스퍼드 마그달렌 칼리지를 최우등 졸업하고, 옥스퍼드대 정치 및 금융사 교수와 뉴욕대 스턴 경영대학원에서 금융사 담당 석좌교수를 역임했고, 현재 하버드대학 사학과의 종신교수 겸 로렌스 티쉬 석좌교수Laurence A. Tisch Professor로 재직하고 있다. 로스차일드가에 대한 연구서인 *The World's Banker: The History of the House of Rothschild*(Weidenfeld & Nicolson, 1998)과 *The House of Rothschild* 2 vols.(Viking Books, 1998&1999), 그리고 돈과 권력의 역할을 역사적으로 고찰한 *The Cash Nexus: Money and Power in the Modern World, 1700-2000*(Allen

---

4) Antonio Negri & Michael Hardt,, *Empire* (Cambridge, Mass.: Harvard University Press, 2000) 안토니오 네그리·마이클 하트, 윤수종 역『제국』(서울: 이학사, 2001); 이매뉴얼 월러스틴, 한기욱, 정범진 역『미국 패권의 몰락: 혼돈의 세계와 미국』(서울: 창비, 2004); 노암 촘스키, 장영준 역『불량국가: 미국의 세계 지배와 힘의 논리』(서울: 두레, 2001) 참고.

5) Joseph S Nye, The Paradox of American Power: Why the World's Only Superpower Can't Go It Alone (New York: Oxford University Press, 2002) 조지프 나이, 홍수원 역『제국의 패러독스』(서울: 세종연구원, 2002); Zbigniew Brzezinski, *The Choice: Global Domination or Global Leadership* (New York: Basic Books, 2004) Z. 브레진스키, 김명섭 역『제국의 선택: 지배인가 리더십인가』(서울: 황금가지, 2004); John Lewis Gaddis, *Surprise, Security, and the American Experience* (Cambridge, Mass.: Harvard University Press, 2004) 존 개디스, 강규형 역『9·11의 충격과 미국의 거대전략: 미국의 안보경험과 대응』(서울: 나남, 2004) 참고.

Lane, 2001)[6]로서 원래 전공인 금융사에서 확고한 위치를 차지했고, 역사학 방법론에서 새로운 시각을 제공한 *Virtual History: Alternatives and Counterfactuals*(Basic Books, 1999)와 제국논의에 관한 논쟁거리를 제공하는 *Empire: How Britain Made the Modern World*(Allen Lane, 2003)와 본 서평의 대상인 *Colossu s: The Price of America's Empire* 등을 위시해 수많은 大著들을 저술했다.

퍼거슨은 *Colossus*에서 전작인 *Empire : How Britain Made the Modern World*가 끝난 곳에서 얘기를 시작한다. 즉 전임 세계제국이었던 대영제국이 과거에 해왔던 개명된 "자유주의적 제국liberal empire"으로 역할을 이제 미국이 해야 한다는 것이 논의의 출발점이다. 그는 미국을 이전의 제국들, 특히 영국과 비교하면서 "시장경제, 법에 의한 지배, 대의 민주주의를 외국에 전파하려는 의지를 가진 강대국"이라는 자유주의 제국의 책임을 수행할 것을 주문한다. 그러나 제국으로서의 역할을 해야 하는 미국이 "자기 역할을 부정하고 그 역할을 제대로 하지 못하고 있기 때문에 국제질서에 불안요소가 된다"는 것이 이 책의 결론이다.

대체적으로 미국은 그동안 자신이 제국임을 부정해 왔다. 조지 W. 부시 대통령은 "미국은 결코 제국이었던 적이 없다"라고 얘기하고 있고 도널드 럼스펠드 미 국방장관은 "우리는 제국이 될 의지가 없다"라고 공언한다. 그러나 퍼거슨은 미국이 직접적 제국은 아니지만 군사와 경제 양면에서 세계사에서 가장 강력한 제국임을 부정할 수 없다고 주장한다. 실제로 750여 개가 넘는 세계 각국에 군대를

---

6) 국내에는 니알 퍼거슨, 류후규 역, 『현금의 지배』(서울: 김영사, 2002)로 번역됐다.

주둔하고 있으며 "전 세계에 자유를 확산하려는 의지를 가진" 미국
은 막강한 제국이다. 퍼거슨에 따르면 이러한 사실을 부정하고 초강
대국 제국으로서의 의무를 수행하지 않으며, 제국을 유지하기 위해
장기적으로 돈과 인력을 투자하기를 꺼리는 데에 미국의 문제가 있
다고 지적하고, 미국 헤게모니가 얼마나 지속될 것인지는 결국 미국
인이 초강대국으로서의 의무를 얼마나 기꺼이 부담할지에 달려 있
다고 주장한다. 그래서 미국이 과거의 성공적인 제국들, 특히 영국
의 경험에서 배울 것을 권고한다. 특히 미국의 젊은이들이 제국을
관리하는 방법을 과거 제국들의 역사를 통해 더 잘 배워야 한다고
충고하기도 한다. 이러한 퍼거슨의 논지는 과거 국제정치에서 정통
성 있는 패권국가hegemon의 역할을 강조한 "패권안정론"7)과 1차 대전
이후 미국이 글로벌 세력으로의 자신의 위치를 망각하고 고립주의
에 빠진 것이 2차 대전의 중요원인이었다는 E. H. 카아의 논거8)를
연상한다. 퍼거슨은 이 책에서 이러한 논의들을 특유의 박식함으로
역사적 실례를 들어가며 풀어나가고 있다.

　제국은 종종 부정적인 모습으로 비춰져 왔다. 그러나 퍼거슨은 제
국이 부정적 기능도 있지만 순기능이 더 크다고 생각한다. 전염병
확산을 막고, 끔찍한 독재자를 폐위하고, 국지전을 억제하며, 테러조
직을 와해시키는 역할을 하기에 UN은 너무나 무능한 조직이며 이
러한 역할을 수행할 주체는 다른 나라들의 협조를 얻은 미국이라고

---

7) Robert Gilpin, *The Political Economy of International Relations*(Princeton, N.J.: Princeton University Press,
　　1987) 로버트 길핀, 강문구 역, 『국제관계의 정치경제학』(서울: 인간사랑, 1996); Gilpin, *War and
　　Change in World Politics*(Cambridge: Cambridge University Press, 1981)참고.
8) Edward Hallett Carr, *The Twenty Year's Crisis, 1919 ~1939; An Introduction to the Study of International
　　Relations* (London: Macmillan, 1940).

생각한다. 물론 퍼거슨이 모든 제국을 옹호하는 것은 아니다. 퍼거슨은 최근 동아일보와의 인터뷰에서도 "한국은 35년간 일본 제국주의가 가져다준 고통을 경험했기 때문에 리버럴하지 않은 제국이 얼마나 나쁜지를 안다"라고 얘기하며 비자유주의적 제국의 부정적인 면을 언급했다.[9] 그러나 미국은 다른 국가가 "자본주의와 민주주의로 가는 것을 도와주는" 자유주의적 제국의 역할을 해야 하지만 국제적으로 이러한 역할을 충분하게 수행하지 못한다고 생각한다. 퍼거슨은 또한 미국의 내부적 붕괴 가능성이 상존한다고 경고한다. 특히 사회보장제도의 문제로서 재정적 파탄이 올수 있다는 것을 경고하는 것은 적절한 지적이라 하겠다.

그러나 세계적으로 더 큰 책임을 지면서 더 적극적이고 더 장기적인 개입을 해오지 않았기에 미국의 초강대국으로서의 성적은 좋은 편이 아니라는 그의 주장은 좀 더 신중히 접근해야 할 것이다. 더 적극적이고 장기적인 개입이 더 좋은 결과를 낳았으리라는 증거는 없다.[10] 그리고 미국이 아무리 유일 초강대국이라 하더라도 이러한 개입을 하기 위해 지불해야만 하는 재정적 그리고 정신적 자원이 있는지가 일단 의문이다. 베트남에서와 같이 큰 오판과 실패를 하기도 했지만 자신의 힘의 한계를 인식하고 절제된 모습을 보였던 과거 미국의 행태가 오히려 국제사회에서의 성공을 담보하지는 않았을까? 개디스가 주장하듯이 냉전시기 미국의 성공 요인 중 하나는 일방주의의 원칙대신 "동의에 의한" 전 지구적 규모의 헤게모니라는 팽창을 이루어냈기 때문이었다.[11]

---

9) "英출신 역사학자 니알 퍼거슨 하버드대 교수 특별인터뷰"『동아일보』(2006. 1. 23).

10) John Lewis Gaddis, "The Last Empire, for Now," *The New York Times* (July 25, 2004).

미국에 대한 대부분의 유럽 지식인들의 비판과는 달리, 퍼거슨은 세계에는 효과적인 자유주의적 제국이 필요하며 미국은 그 일을 맡기에 가장 적합하다고 생각한다. 그러나 미국이 이러한 일을 하기 위해서는 퍼거슨 자신도 이 책에서 스쳐지나가듯이 언급하고 있듯이 "오만이 아니라 겸손함으로" 행동해야 하는 것이다. 퍼거슨은 이 책에서 자신의 압도적인 지식을 자유자재로 사용하면서 의도적으로 격렬한 논쟁을 촉발시키기 위해서라고 까지 생각될 정도로 파격적인 견해를 전개한다. 이 책은 앞으로 상당히 오랜 기간 논쟁의 중심에 서 있을 것이 확실하며 적어도 글로벌 파워로서의 미국을 연구하기 위한 필독서로서 자리 잡을 것이다.

<미국사 연구> 2006년(22호)

---

11) 개디스, 『9·11의 충격과 미국의 거대전략』 2장 참고.

상상력과 과학, 양 극단서 고뇌하는 역사

: 『역사의 풍경』 해제

"역사는 시간과 공간, 규모를 불문하고 더 넓은 시야를 위한 토대이다. 따라서 올바른 생태균형이 건강한 숲과 지구를 위한 전제조건이듯, 집단적 역사의식도 건강하고 균형 잡힌 사회를 위한 전제조건일 것이다."

역사라는 것은 기록이 시작된 이래 많은 사람들의 흥미를 불러일으켰다. 사람들은 역사를 공부하면서

교양을 쌓고 인간과 세계에 대한 통찰력을 높였다. 『역사란 무엇인가?』 그러나 역사의 의미를 묻는 이 쉽고도 어려운 질문을 놓고 수많은 학자들이 자기 나름대로의 답변을 내놓았다. 그중 가장 유명한 것이 영국의 사가史家 E. H. 카Carr가 쓴 역사학 입문서이자 역사철학서적인 "역사란 무엇인가?What is History?"이다. 여기서 카는 역사란 "과거와 현재의 끊임없는 대화"라고 규정했다. 즉 역사란 죽어있는 학문이 아니고 현재에도 생생히 살아 숨 쉬는 살아 있는 학문임을 강조했던 것이다. 카의 이 책은 오랫동안 역사학입문서로서의 역할을 훌륭히 수행했다. 그 이전의 역사학 입문서로서 대표적인 것은 위대한 중세사가

였던 마르크 블로크Marc Bloch의 '역사를 위한 변명'이었다. '역사가 무엇이냐'고 묻는 아들의 물음에 답하기 위해 쓴 이 책은 2차 대전 발발로 미완성으로 남겨졌는데, 2차 대전 당시 레지스탕스 운동에 투신했다가 나치스에 처형당한 그는 행동하는 지식인의 표상으로 남겨져 있다.

위의 두 책은 오랫동안 역사를 공부하는 학생들에게 훌륭한 지침서 역할을 해 주었다. 그러나 두 책이 출간된 후 시간이 많이 지났기에 역사학에 대해 새로운 입문서 겸 역사철학서가 필요했고 이러한 기대에 부응하기 위해 나온 책이 바로 2002년 옥스퍼드 대학 출판사에서 출간된 『역사의 풍경』이다. 이 책의 저자인 존 루이스 개디스John Lewis Gaddis 교수는 냉전사의 수장이자 현대사의 권위 중 한 사람으로 미국의 인문학 증진에 공이 큰 사람에게 수여되는 국가 인문학 훈장National Humanities Medal을 2005년 수여받았다. 오랫동안 미국 오하이오대학교의 석학교수 겸 현대사 연구소the Contemporary History Institute

소장으로 오랫동안 재직했으며, 영국 옥스퍼드대학의 함스워스 석좌교수와 이스트먼 초빙교수를 역임하기도 했다. 미국 국제관계사학회 회장을 지냈으며, 현재는 예일대학교 사학과와 정치학과의 로버트 러빗 석좌교수로 있다.

현재 개디스 교수의 연구 방향은 세 가지로 압축된다. 첫째, 냉전 해체 이후 끊임없이 쏟아져 나오는 새로운 사료들을 이용한 새로운 냉전사 해석이고,[1] 둘째는 냉전 이후 시대post-Cold War period에 대한 성격규정과 분석이다.[2] 셋째는 비선형적非線型的 과학 논리의 인문사회과학적 적용이다. 세 번째 연구 방향에서 개디스는 이미 1992~1993년에 미국 국제정치학계의 대표적인 학술잡지에 국제정치학 방법론의 이론적 파산을 선고한 방대한 논문을 발표해 격렬한 논쟁을 불러일으킨 바 있다. 그 이후에도 현실과 동떨어진 '독립변수'의 추구를 지향하는 기존 정치학과 다른 사회과학의 주류적인 경향을 통렬히 비판하고 있다. 다시 말해, 선형 과학적 패러다임의 적용을 추구해 온 사회과학에 대한 비판과 비선형 과학 패러다임의 인문사회학적 적용을 꾸준히 주장해왔다. 카오스와 복잡계이론, 판板구조론, 단속평형斷績平衡론과 같은 '새로운' 과학(신과학)은 바로 비선형적 논리에 기반을 두고 있고, 20세기 중·후반까지 과학계를 지배하고 아울러 사회과학계까지 절대적 영향을 미치던 뉴턴적인 선형 과학의 논리는 이제 낡은 패러다임이 되었으며, 따라서 인문사회과학도 이에 발맞춰 패러다임 전환을 해야 한다는 것이다. 『역사의 풍경』은 이런

---

1) 대표적인 예가 존 개디스, 『새로 쓰는 냉전의 역사』 박건영 역(사회평론, 2002).
2) 역시 대표적인 예가 존 개디스 『9.11의 충격과 미국의 거대전략: 미국의 안보경험과 대응』, 강규형 역 (나남, 2004).

개디스의 노력이 집약된 역사학 입문서로서 출간 시에 큰 반향을 몰고 왔다.

과거의 기록을 액면 그대로의 진실로 받아들이지 않는 포스트모더니즘은 객관성을 완전히 부정하고 상대주의를 강조하며 역사학의 학문성을 부정했다. 개디스는 신과학의 방법론을 가지고 이러한 도전에 대해 대응하고 있다. 역사가는 '백미러로 보이는 이미지'로서의 과거를 '묘사'한다. 역사가는 추상과 사실 사이의 긴장 위에 있는 대상인 과거를 상상력과 객관성을 가지고 다룬다는 것이다. 즉 그는 상상력을 발휘하기 위한 상대주의의 수용과 사실성 확보를 위한 과학적 태도의 견지란 양극단에서 균형을 잡기 위해 고뇌하는 것이 진정한 역사가의 모습이란 사실을 보여준다. 그런데 개디스는 역사학의 방법이 대부분의 역사가들이 인식하는 것보다 더 세련되었으며, 역사가의 접근 방식은 재밌게도 복잡계와 임계성臨界性 등 새로운 과학의 방법과 비슷하다고 주장한다. 예를 들어, 자연 상태에서처럼 역사에서도 전혀 무관해 보이거나 사소한 요인이 예기치 못한 결과를 야기하는 '나비효과'가 존재하기에, 그동안 역사에서 폄훼되어 온 '우연성' 개념이 결코 비과학적인 것이 아니며 이론적으로 확립될 수 있는 기반이 마련된다는 것이다.

마르크 블로크와 E.H. 카는 자연과학과 역사학의 교류를 추구했다. 그러나 그 둘의 노력은 여러 이유로 중단됐고 당시는 새로운 과학의 용어가 아직 대중화되기 전이었다. 개디스는 이 책에서 이러한 두 선구자의 노력을 잇는 작업을 수행했고, 그 결과는 뉴욕 타임스의 "블로크가 살아 있었으면 썼을 책"이라는 평가로 요약될 수 있다. 역사의 풍경은 이제 지난 수 세대 동안 블로크와 카의 책이 해

온 역할, 즉 동시대인들을 위해 역사학의 위치를 규정짓는 역할을 할 것으로 기대된다. 이 책은 역사학에 대한 업데이트된 교재로서 역사가의 기술技術에 대한 심도 있는 평가와 재확인을 하고 있으며, 왜 역사의식이 오늘날 우리에게 중요한 지를 보여 주고 있다. 또한 그는 마지막 장에서 역사, 역사가, 그리고 역사 교육의 중요성을 일깨우는 것을 잊지 않고 있으며, 더 나아가 요즘 경시되는 경향이 있는 교육 자체의 중요성을 강조하고 있다. 역사란 인간의 '유일한 데이터베이스'이기에 인간은 역사를 통해 '더 넓은 시야'를 갖게 되며, '미래를 더 잘 대비'할 수 있게 되고, '건강하고 균형 잡힌 사회'를 가질 수 있다는 것이다.

<주간조선> 2007.05.21(1955호)

강규형 ──────────────────────────────

서울 출생
연세대학교 사학과 졸업
인디애나대학교 역사학 석사
오하이오대학교 역사학 박사(서양현대사·러시아사·국제관계사 전공)

오하이오대학교 현대사연구소 연구원
연세대학교 통일연구원 연구교수
명지대학교 방목기초교육대학 조교수·부교수·주임교수

동아일보·조선일보·중앙일보 고정 칼럼니스트
진실과화해를위한과거사정리위원회 위원
유네스코 한국위원회 위원
KBS교향악단 운영위원
서울스프링실내악페스티벌(SSF) 집행위원
연세대학교 의과대학 의학행동과학연구소 객원연구원
기후변화에너지대책포럼 국제협력위원장

현) 명지대학교 기록정보과학전문대학원 교수
    대한민국역사박물관 운영자문위원
    국가기록원 대통령기록관리전문위원회 위원
    방송통신위원회 시청자권익위원회 위원
    『수필춘추』 등단 수필가

대한민국,
가까운 오늘의
기록

정치·사회·국제·교육 편

초 판 인 쇄 ㅣ 2013년 08월 30일
초 판 발 행 ㅣ 2013년 08월 30일

지 은 이 ㅣ 강규형
펴 낸 이 ㅣ 채종준
펴 낸 곳 ㅣ 한국학술정보㈜
주   소 ㅣ 경기도 파주시 문발동 파주출판문화정보산업단지 513-5
전   화 ㅣ 031) 908-3181(대표)
팩   스 ㅣ 031) 908-3189
홈 페 이 지 ㅣ http://ebook.kstudy.com
E-mail ㅣ 출판사업부 publish@kstudy.com
등   록 ㅣ 제일산-115호(2000. 6. 19)

ISBN   978-89-268-4576-9 03070 (Paper Book)
          978-89-268-4577-6 05070 (e-Book)

이담 _{Books} 는 한국학술정보(주)의 지식실용서 브랜드입니다.